A ESCOLA VAI AO CINEMA

Organizadores
Inês Assunção de Castro Teixeira
José de Sousa Miguel Lopes

A ESCOLA VAI AO CINEMA

3ª edição
1ª reimpressão

autêntica

Copyright © 2003 Os autores
Copyright © 2003 Autêntica Editora

Todos os direitos reservados pela Autêntica Editora. Nenhuma parte desta publicação poderá ser reproduzida, seja por meios mecânicos, eletrônicos ou em cópia reprográfica, sem a autorização prévia da Editora.

REVISÃO
Rosemara Dias dos Santos
Ana Elisa Ribeiro

PROJETO GRÁFICO E ARTE FINAL
Jairo Alvarenga Fonseca

CAPA
Ilustração bordada de Antônia Zulma Diniz Dumont, Ângela, Martha, Marilu e Sávia Dumont, sobre desenhos de Martha Dumont
Fotos: Rui Faquini

DIAGRAMAÇÃO
Waldênia Alvarenga Ataíde

T266e   Teixeira, Inês Assunção de Castro
         A escola vai ao cinema / organizado por Inês Assunção de Castro Teixeira e José de Sousa Miguel Lopes. – 3. ed., 1. reimp. – Belo Horizonte : Autêntica Editora, 2014.

         240p.

         ISBN 978-85-7526-093-7

         1. Educação. 2. Cinema. I. Lopes, José de Sousa Miguel. I. Título.

                                                     CDU 37:791.4

GRUPO AUTÊNTICA

Belo Horizonte
Rua Aimorés, 981, 8° andar
Funcionários - Belo Horizonte - MG
30140-071
Tel.: (55 31) 3214-5700

São Paulo
Av. Paulista, 2.073, Conjunto Nacional,
Horsa I - 23° andar, Conj. 2301
Cerqueira César - São Paulo - SP 01311-940
Tel.: (55 11) 3034-4468

Televendas: 0800 283 1322
www.autenticaeditora.com.br

Índice

APRESENTAÇÃO.. 9

PRIMEIRA PARTE
Cenários e planos: preconceito, discriminação, intolerância e escola... 25

Adeus, meninos: um discurso contra o esquecimento
Neidson Rodrigues.. 27

Billy Elliot ou, na dança, o cisne
Arnaldo Leite Alvarenga e Maria Cristina Soares de Gouvêa 49

Os múltiplos sons da liberdade
Nilma Lino Gomes... 63

Usando *Gattaca*: ordens e lugares
Alfredo Veiga-Neto.. 73

Bicho de sete cabeças ou de como elas estão fazendo falta
Mirian Jorge Warde... 91

Infâmia
Eliane Marta Teixeira Lopes..103

SEGUNDA PARTE
Imagens e enredos da escola, seus sujeitos e contextos: crianças, jovens, professores e famílias..............................113

O jarro: uma metáfora do professor?
Núcleo de Estudos e Pesquisas sobre
Profissão Professor – PRODOC/FaE/UFMG)....................................115

Uma celebração da colheita
Miguel G. Arroyo..125

O carteiro, o professor e o poeta
Bernardo Jefferson de Oliveira...137

Filhos ou órfãos do paraíso?
Célia Linhares...145

Nas cartas, nos enredos, fragmentos do Brasil
José de Sousa Miguel Lopes..161

Reinventando diálogos, vínculos, razões e sensibilidades
Cecilia Goulart..175

Quando tudo começa
Lea Pinheiro Paixão..187

TERCEIRA PARTE
Referências e indicações...201

- Ficha técnica, sinopse, dados biográficos e filmografia
  dos diretores..203

- Sugestões de atividades a serem desenvolvidas a partir
  dos filmes e dos textos...229

- Referências sobre cinema...233

- Indicações de *sites* sobre cinema.......................................236

OS AUTORES...238

Em memória de Neidson Rodrigues

Neidson Rodrigues deixou-nos, depois de produzir seu último escrito *Adeus, meninos*: um discurso contra o esquecimento", sem o ter visto publicado. Que Adeus é este que Neidson nos dirige e que nos traz algumas indagações? De quem está se despedindo? Do filme, que comenta com rara maestria e sensibilidade? Da escola (dos meninos), que sempre entendeu e analisou tão sabiamente? Da vida, que viveu intensa e apaixonadamente? Que despedida é essa? Não quereria ele "espantar o imobilismo da [nossa] consciência como meio para ativar a atenção dos futuros caminhantes [dos futuros educadores]", como nos disse em seu texto? Quereria ele nos fazer um alerta para que não nos deixemos desarmar pela desmemorialização, alienados por um discurso contra o esquecimento? Pensamos ser possível responder afirmativamente a todas essas indagações. Sendo assim, só nos resta, em nosso nome, dos colegas autores desta coletânea, da Editora Autêntica e de todos os educadores com quem partilhou sua caminhada, deixar aqui nosso aceno, nossa despedida. Nosso "Adeus, menino" impregnado da firme e inabalável compreensão do pedido que ele nos faz: o de não esquecermos o "eloquente discurso contra o esquecimento que aliena os homens de sua responsabilidade no passado e os perdoa, previamente, da responsabilidade para com o futuro".

Apresentação

Esta coletânea tem uma história. Ela tem origem em nosso afeto pela Educação e pelo Cinema, duas artes diferentes. A primeira, tão antiga quanto nova e desafiante. A outra, mais jovem, mas sempre renovada, reinventada. Duas artes que, desde a infância, nos acompanham e fascinam. Artes que aqui tentamos emendar. Artes que aqui se completam e encantam, mutuamente e que desejamos ver reunidas nos tempos, espaços, projetos e práticas do cotidiano da escola e dos processos educativos.

A ideia do livro nasce, pois, de nossos afetos, de nossas paixões, diríamos. Mas nasce também de nossas preocupações, de nossos compromissos e de uma certa compreensão sobre a educação e os processos educativos. Entendemos a educação como uma complexa e delicada arte de tecer vidas e identidades humanas, fazendo fruir as capacidades lógico-cognitivas, estético-expressivas e ético-morais existentes, potencialmente, em cada criança e em cada jovem. Sabemos, ainda, que os educadores também devem ser educados, desenvolvendo tais capacidades e sensibilidades, para bem realizarem seu ofício e responsabilidade histórica e social. E como fazer fruir a experiência estética e a sensibilidade dos educadores, para que as fecundem em nossas crianças e jovens, sem nos lembrarmos do cinema, aqui entendido como manifestação artística, e não somente como parte da indústria cultural?

Depois de nascer e crescer sob a forma de um projeto, a ideia da coletânea foi muito bem-recebida pela Autêntica Editora e por vários colegas, educadores e pesquisadores, com quem falamos a respeito, o que nos estimulou neste trabalho. Agora, esperamos que esta boa acolhida se repita em cada um de vocês, leitor e leitora, sobretudo os que partilham conosco esse "caso de amor" pela educação e pelo cinema, que com estas artes se encantam e se deixam encantar.

O projeto do livro vem, pois, ao encontro dos educandos e dos educadores. Dos profissionais da educação em geral e, por que não, dos pais e demais responsáveis e interessados pela Educação das novas gerações humanas.

Mas além dessa afeição e desse encantamento, que outras razões dão origem a este livro? Quais foram suas motivações mais concretas e imediatas? Por que e para que montá-lo? Que referenciais o inspiram? Ou ainda: com quem contar e a quem destiná-lo?

Antes de entrarmos nessas questões, não o esqueçamos, o cinema é uma forma de criação artística, de circulação de afetos e de fruição estética. É também uma certa maneira de olhar. É uma expressão do olhar que organiza o mundo a partir de uma ideia sobre esse mundo. Uma ideia histórico-social, filosófica, estética, ética, poética, existencial, enfim. Olhares e ideias postos em imagens em movimento, por meio dos quais compreendemos e damos sentido às coisas, assim como as ressignificamos e expressamos.

Parte da criação artística, o cinema, é bom lembrá-lo, é ainda uma arte da memória, da memória individual, coletiva, histórica. Ele ritualiza em imagens, visuais e sonoras, os eventos e locais que o espectador fiel deve recordar ao debruçar-se sobre o passado, o presente e o futuro de sua vida. O cinema participa da história não só como técnica, mas também como arte e ideologia. Ele cria ficção e realidades históricas e produz memória. É ele um registro que implica mais que uma maneira de filmar, por ser uma maneira de reconstruir, de recriar a vida, podendo dela extrair-se tudo o que se quiser. E por ser assim, tal como a literatura, a pintura e a música, o cinema deve ser um meio de explorarmos os problemas mais complexos do nosso tempo e da nossa existência, expondo e interrogando a realidade, em vez de obscurecê-la ou de a ela nos submetermos.

Deve-se destacar, ainda, que tudo o que aqui dizemos sobre o cinema e sobre seus vínculos com a educação refere-se à sua manifestação como arte. Não estamos nos referindo a qualquer filme ou ao cinema apenas como indústria cultural, apropriado pelo mercado, como um bem de consumo, mercantilizado.

Também não se trata de "escolarizar" o cinema ou de "didatizá-lo". Não estamos e não queremos concebê-lo e restringi-lo a um instrumento ou recurso didático-escolar, tomando-o como uma estratégia de inovação tecnológica na educação e no ensino. Isso seria reduzi-lo por demais. Ao contrário, por si só, porque permite a experiência estética, porque fecunda e expressa dimensões da sensibilidade, das múltiplas linguagens e inventividade humanas, o cinema é importante para a educação e para os educadores, por ele mesmo, independentemente de ser uma fonte de conhecimento e de servir como recurso didático-pedagógico como introdução a inovações na escola. Com isso não estamos dizendo que o cinema não ensina ou que não possa ser utilizado para tal.

Essa perspectiva, contrária à "escolarização" ou à "didatização" do cinema, sem contudo perder essa possibilidade, porque ela é real, inspira toda esta coletânea: da escolha dos filmes aos autores convidados para constituí-la. É ela também a razão pela qual optamos pelo título *A escola vai ao cinema*, quando poderíamos ter invertido os termos, dizendo "O cinema vai à escola".[1]

A constatação da importância do cinema por si só, qual seja, a necessidade de "formar" a sensibilidade e as capacidades das crianças e jovens para melhor usufruírem e sentirem esta arte e outras, não desconhece nem desconsidera seu caráter pedagógico e até mesmo didático. Contudo, a importância do cinema em si mesmo é que inspira este nosso projeto.

Esse olhar também orientou nossa opção em relação aos contornos e à montagem da coletânea que se inscreve, a um só tempo, no campo do cinema, da estética, da educação e das relações entre eles. De que direção se trata? A que estamos nos referindo? Com isso queremos dizer que estamos conscientes e acompanhando outras publicações, eventos e debates que têm feito a aproximação entre a educação e o cinema, em direções diferentes desta que se expressa nas escolhas, natureza e montagem desta coletânea. Embora reconheçamos a importância, o valor e a necessidade dessas iniciativas, com as quais pretendemos somar, em vez de optarmos por uma discussão teórico-conceitual desses dois campos e suas relações, qual seja, em vez de optarmos por uma discussão das potencialidades do cinema na e para a educação, para a escola e para os

---

[1] Para sermos justos e íntegros, devemos lembrar que o título e alguns aspectos da forma como concebemos esta coletânea foram inspirados na coletânea *A História vai ao cinema*, organizada por SOARES, Mariza de Carvalho & FERREIRA, Jorge. Rio de Janeiro: Editora Record, 2001. Trata-se de um livro com vinte artigos/capítulos, escritos por historiadores, cada um deles contendo uma análise de um filme da cinematografia brasileira.

processos de ensino-aprendizagem, coerentemente com nossa direção e perspectiva acerca de ambos e suas relações, optamos por fazer uma coletânea que trouxesse o cinema propriamente dito, ou seja, as películas. Assim sendo, aqui estão filmes cuidadosamente escolhidos para compor o livro. Selecionamos um conjunto de obras cinematográficas que foram comentadas, analisadas, discutidas, contempladas pelos autores dos artigos do livro. E como estamos sensibilizados e comprometidos com as questões da educação e da escola, optamos por trazer à coletânea películas sobre ambas, além de escolhermos educadores e pesquisadores do campo da educação para escrever os trabalhos.

Como nos relacionamos com o bom cinema entendendo-o como arte e, portanto, para muito além de suas possibilidades didático-pedagógicas, nada mais indicado do que buscar o que esses educadores sentiram, viram, salientaram diante das películas de que nos falam. Assim, e em certo sentido, buscamos algo da experiência estética dos autores em relação ao filme que analisam na coletânea.

Com esses propósitos e preocupações, escolhemos significativas obras da arte cinematográfica de diferentes países e épocas e de importantes diretores para compor o livro. Coincidentemente, considerando a duração dos filmes, chegamos a 24 horas de projeção cinematográfica: a escola no cinema durante um dia!!![2]

Quanto à escolha dos autores, deve-se a várias razões, começando pelas nossas afinidades e admiração. Fomos também motivados por nossos laços afetivos, pelos elos que nos aproximam, tanto quanto pela confiança, pela estima e pelo reconhecimento que sentimos por esses colegas como pessoas e como profissionais. Tudo isso ao lado de nossas identidades político-pedagógicas e da certeza e da tranquilidade que nutríamos quanto à capacidade e à sensibilidade de cada um deles e delas para realizar o que lhes propusemos.

---

[2] Sabemos que esses critérios e escolhas, como em toda seleção, implicam em perdas ou em faltas, em nosso caso, de filmes outros, igualmente importantes e apropriados para uma coletânea como esta. Contudo, esperamos que essas omissões possam ser corrigidas em outros volumes dessa série de livros sobre "Educação e Cinema" que a Autêntica Editora pretende dar continuidade a partir deste volume. Traremos, em outras publicações, mais películas significativas na produção cinematográfica que discutam questões e aspectos relevantes para o campo da educação e para os educadores.

Além disso, tentamos obter, nesta publicação, uma certa "representação" de educadores localizados em diferentes estados do Brasil, áreas de atuação no campo educacional e instituições. No cômputo final, estamos convencidos de que foram felizes, acertados e profícuos nossos critérios e escolhas, o que se revela no nível e na qualidade dos trabalhos que recebemos. A todos e a cada um desses colegas somos muito gratos. Seja pelo prazer que nos proporcionaram com o que escreveram, seja pela forma como nos relacionamos ao longo da elaboração da coletânea, seja porque esta publicação não teria sido possível sem suas preciosas colaborações.

Destacamos também que estamos conscientes de que os artigos se diferenciam em vários sentidos: tamanho, linguagem, enfoque, ênfase, entre outros aspectos, o que foi uma outra opção. Optamos pelas particularidades e sensibilidades que distinguem nossos autores e autoras, tanto por nosso respeito, consideração, apreço e confiança em cada um, quanto para não perder a riqueza de suas distintas perspectivas e formulações, possíveis quando se assegura a diversidade.

Ainda quanto aos autores, devemos salientar a nossa alegria e nosso orgulho porque aqui estão alguns de nossos grandes mestres. Nossos ex-professores/as e orientadores/as, que podem se alegrar pela "celebração da colheita", de que nos fala Miguel Arroyo, em seu artigo sobre o filme *Madadayo*.[3]

Visto por outro ângulo e tentando responder às questões que nos propusemos de início – ainda em termos da origem e das motivações que nos levaram à organização desta coletânea; às escolhas que exigiu e à forma como se apresenta – tivemos a preocupação de preencher uma lacuna no meio editorial brasileiro, no que diz respeito ao tratamento cinematográfico de temas ligados à educação. Esta temática tem seduzido inúmeros diretores em todo o mundo, que têm trazido às telas esse rico e complexo universo. Sobre esses filmes têm surgido, aqui e ali, frequentemente, algumas análises de críticos de cinema e/ou sinopses que apenas situam a temática da obra, sem recorrer a uma análise crítica. Por outro lado, sente-se a ausência da análise de educadores e da perspectiva dos educadores em relação a filmes que tratam de temas educacionais.

---

[3] Aqui estamos nos referindo aos nossos ex-professores e/ou orientadores: Eliane Marta, Lea Paixão, Miguel Arroyo, Mirian Warde e Neidson Rodrigues, que, mais uma vez, colaboraram conosco, oferecendo-nos seus artigos.

De outra parte, tal como a palavra escrita, a imagem precisa ser decifrada e compreendida, para dela melhor se retirar toda a mensagem, para melhor usufruirmos seu prazer e para melhor nos precavermos contra suas ciladas. É, portanto, urgente exercitar os professores, como também os jovens, nossos estudantes, no seu manuseio. E nenhum outro local será, à partida, mais indicado para fazê-lo do que a escola. Nesse sentido, é urgente o trabalho educativo de formar e sensibilizar as novas gerações para a especificidade dessa linguagem, tanto para as suas potencialidades na leitura do mundo e da vida, quanto para os perigos e as armadilhas que ela comporta. De igual forma, é necessário despertá-las para o fascínio de sua magia, combatendo todas as formas de massificação de narrativas, contra todo o colonialismo de qualquer sistema de signos que se procure impor. Enfim, como transformar leitores passivos do cinema em leitores críticos e esclarecidos, sem, com isso, restringir o prazer contido na experiência estética proporcionada pelo cinema de qualidade?

Observa-se hoje um enorme entusiasmo pelo mundo fascinante da imagem. No entanto, ele não nos pode fazer esquecer aquilo que tende a constituir-se como uma tendência hegemônica, ou mesmo totalitária, do visual, para nele integrar e diluir outros discursos da contemporaneidade, essenciais à construção e ao aprofundamento dessa mesma contemporaneidade.

Deve-se considerar ainda que o mesmo que dissemos acima sobre os nossos jovens estudantes poderia ser dito em relação aos professores. Entendemos que uma publicação como esta coletânea é bem-vinda e significativa também para eles, no que se refere às suas vidas e ao seu trabalho, podendo aprimorar e enriquecer suas visões, sensibilidade e relações com o bom cinema, agregando-lhes experiências. Lapidando seus gostos e sua formação estética, particularmente em relação ao cinema. Além disso, ou para além de tudo isso, assistir aos filmes aqui discutidos e ler os artigos a seu respeito poderá trazer-lhes bons momentos de prazer e fruição estética.

Mediante essas ideias e propósitos, a coletânea está organizada em três partes. Na primeira, intitulada "Cenários e planos: preconceitos, discriminação, intolerância e escola", estão seis artigos/filmes. Dado que as problemáticas da exclusão, da xenofobia, do preconceito, do racismo e da discriminação (povos indígenas, negros, mulheres, pobres, crianças de favela, entre outras) está fortemente presente na sociedade contemporânea, torna-se importante instaurar uma pedagogia por meio da qual os professores e outros profissionais possam dar sua contribuição para eliminar tais mazelas.

Assim sendo, as temáticas presentes nessa primeira parte poderão contribuir, de algum modo, para que os docentes questionem sua prática cotidiana e desenvolvam a criatividade e a ética profissional, explicitando que modelo educativo os orienta e que valores e atitudes desenvolver. Poderão também contribuir para que possamos, professores e estudantes, aprender a respeitar as diferenças e aprender com elas, lutando por direitos e oportunidades iguais para todos em todos os tempos e lugares.

Importa, pois, que esses filmes e textos, ainda que de forma modesta, ajudem numa reflexão e ações que levem ao reconhecimento do direito à diversidade, auxiliando-nos nos movimentos e práticas contra todas as formas de discriminação e desigualdade social, procurando promover relações dialógicas e igualitárias entre pessoas e grupos que pertencem a universos culturais diferentes. Sem perder a perspectiva de que é este um processo permanente, sempre inacabado, marcado por uma deliberada intenção de promover uma relação dialógica e democrática entre as culturas.

O primeiro artigo desta primeira parte é "*Adeus, meninos*: um discurso contra o esquecimento", do professor Neidson Rodrigues. Ao convidar-nos a rever o filme *Adeus, meninos*, dirigido por Louis Malle (1987- França/ Alemanha), o autor propõe-nos um olhar que possa resgatar a memória. Destaca que o cenário da película é perpassado pela retratação de fatos condenáveis, como forma de sacudir o imobilismo da consciência, estimulando a atenção dos "futuros caminhantes". A humanidade deve reter na memória o tempo do horror para que ele não se repita. Neidson salienta que, no filme *Adeus, meninos*, o mal instala-se naquele que se predispõe a recebê-lo. Assim, torna-se imperiosa uma vigilância crítica para evitar recaídas. No curso de seu trabalho, o autor salienta, ainda, que o filme faz um alerta sobre o discurso contra o esquecimento, que nos remete à compreensão de que ninguém estará a salvo. A escola do filme, no interior de um convento, promove ideias de isolamento, moralidade, segurança, tal como o símbolo nazista inserido na farda do soldado revela poder e repressão. Simultaneamente, o autor trabalha com metáforas, uma vez que se movimenta por representações simbólicas que são discursivas, em si mesmas. Segundo o autor, no cenário da guerra e da ocupação, aquela escola religiosa se constitui em modelo simbólico da justiça, da paz, da alienação esperada pelos opressores, do espaço da resistência daqueles que condenam a repressão. "Por isso o filme, *Adeus, meninos* deve ser compreendido como um eloquente discurso contra o esquecimento que aliena os homens de sua responsabilidade no passado e os perdoa, previamente, da responsabilidade para com o futuro", nas palavras de Neidson Rodrigues.

O segundo artigo é *"Billy Elliot*, ou na dança, o cisne", uma coautoria da professora Maria Cristina Soares de Gouvêa e do professor Arnaldo Leite Alvarenga. Trata-se de um trabalho sobre o filme *Billy Elliot*, produzido na Inglaterra em 2000 e dirigido por Stephen Daldry. Em sua reflexão, os autores nos mostram como o diretor da película constrói um fio narrativo semelhante aos contos de fadas. De um lado, transportando elementos dos contos tradicionais para a contemporaneidade, de forma a provocar uma identificação dos espectadores com seus heróis. De outro, procurando fazer com que experienciem sensações de estranhamento diante dos heróis ali personificados. Os autores salientam que o filme procura abordar aspectos relativos à construção da própria identidade, identidade do menino, gênero que leva à imposição de determinados papéis e desempenhos sociais. Mostram-nos, também, que estamos diante de um menino filho de trabalhadores, num contexto específico, de especial dramaticidade. Enfim, um menino que se depara com a dança e que a ela se entrega. A dança vai esculpir seu corpo, vai transformar Billy num bailarino. Por meio dela, ele se sente transportado para além do real, do trivial, do possível, do correto. Neste filme, dizem-nos ainda os dois autores, o que se configura de forma marcante é o amor à beleza, expressa no "corpo que dança, seja homem ou mulher, na trajetória milenar da busca da expressão através da arte".

O terceiro artigo, sobre o filme *Sarafina*, intitula-se "Os múltiplos sons da liberdade" e é de autoria da professora Nilma Lino Gomes. Ao analisar esta película realizada em 1993 pelo sul-africano Darrel James Roodt, nos EUA, Nilma Lino destaca os aprendizados e a vivência sofrida de tantas crianças, adolescentes e jovens negros e negras, que viveram sob o regime do *apartheid* na África do Sul. A autora discute, de forma contundente, a experiência do racismo naquele país e o paralelismo que se pode estabelecer entre esta e o contexto brasileiro. Destaca que, apesar de a escola ocupar um lugar importante na trama do filme, as vivências e o aprendizado de Sarafina não se restringem ao espaço escolar, antes, acontecem com muito mais intensidade no seu cotidiano. Diante desta narrativa, a pergunta que emerge é, inevitavelmente, a seguinte: que espaço tem sido concedido, na escola brasileira, à afirmação de figuras humanas cuja trajetória de luta tem sido um exemplo a ser seguido para nós e para nossos alunos(as)? No entendimento de Nilma Gomes, "no filme, a escola pode ser entendida como uma metáfora da vida sob a dominação do regime do *apartheid*." Essa escola reflete e reproduz o que ocorre na sociedade sul-africana. Apesar de destruída, a instituição escolar ainda se mantém como um lugar em que é possível pensar o significado da liberdade.

Em quarto lugar temos o artigo do professor Alfredo Veiga-Neto, intitulado "Usando *Gattaca*: ordens e lugares". Trata-se de um trabalho sobre o filme *Gattaca* – experiência genética, dirigido pelo neozelandês Andrew Niccol, numa produção dos EUA, de 1997. Este filme e o artigo, assim como *Bicho de sete cabeças*, fogem, em certo sentido, ao conjunto dos demais filmes da publicação, por trazerem temáticas mais amplas do que as contidas em outras películas escolhidas, mais diretamente relacionadas aos cenários da escola. Contudo, se pensarmos nos múltiplos tempos, espaços e processos educativos próprios das sociedades modernas e contemporâneas, vê-se que também esse filme e artigo discutem questões da educação.

Segundo Alfredo Veiga-Neto, *Gattaca* é uma obra "muito" aberta e "muito criativa", permitindo inúmeras e diferentes leituras. Ao expor "alguns comentários e sugestões de cunho pedagógico sobre o mesmo", o autor salienta que pretende fugir de duas questões muito evidentes e presentes em análises dessa produção hollywoodiana (que, segundo ele, exemplifica claramente o hipermoderno), quais sejam, ética e política. Conforme observa, o autor discute *Gattaca* por meio de dois outros temas colocados na película, temáticas que atravessam o mundo contemporâneo: a "busca da ordem" e "o lugar". Quanto à primeira, salienta que é ela uma das "marcas da Modernidade", associada à "busca excessiva da classificação". No que diz respeito à segunda temática, do *lugar*, além de estar intimamente relacionada com a primeira. Depois de distinguir as ideias de lugar e de espaços nas sociedades pós-modernas, o autor salienta que essa diferenciação funciona como possibilidade de exercício do poder sobre os sujeitos, de seu "apoderamento", entre outros aspectos de sua análise.

A película e a reflexão que Alfredo Veiga trouxe à coletânea acrescentam significativos elementos ao conjunto dos filmes e da temática desta primeira parte, seja pelo próprio enredo e por questões contidas no filme, seja pela perspectiva de análise do autor. Ambos nos conduzem a novos ângulos de compreensão do problema do preconceito, da discriminação e da intolerância, no contexto de uma sociedade do futuro: *Gattaca*. Um mundo totalitário e constituído mediante uma "limpeza étnica", em que "a engenharia genética faz pessoas melhores, mais bonitas, mais inteligentes, mais desejáveis", mas que pagam por isso um grande preço. O preço da ausência de liberdade e da diversidade, em última instância, o preço da discriminação, da hierarquização, do preconceito e da perda das identidades e da felicidade. Contudo, mesmo neste contexto, Alfredo destaca a ação dos dois personagens da trama que se descortina em *Gattaca*, observando que, cada um a seu modo, no foguete e no forno, tentam mudar de lugar, para uma vida fora de *Gattaca*, livrando-se de seu totalitarismo.

O quinto artigo, da professora Mirian Warde, é *"Bicho de sete cabeças ou de como elas estão fazendo falta"*, que analisa o filme *Bicho de sete cabeças*, uma produção brasileira dirigida por Laís Bodansky, em 2000. A autora focaliza a película na perspectiva da tragédia de um adolescente, problema decorrente da ausência de diálogo e de afeto, de um pai áspero e de uma mãe "cooptada" pelo marido. Analisando o significado mais comum da adolescência, a autora mostra-nos como é ela, na realidade, um invento social e cultural das sociedades urbanas ocidentais, que começaram a conceituá-la nas últimas décadas do século XIX. No entanto, segundo Miriam, as psicologias relativas à criança, que então emergem, conduziram a "uma inversão perversa: o que era para ser descrito e explicado – comportamentos, valores, expectativas, etc. – foi transformado em características esperadas ou características necessárias". Importa perceber, então, que as proibições surgem como decorrências de situações autoritárias, que têm como único sustentáculo a violência. Não é surpreendente que a reação a esta, ou como esta se manifesta, seja da mesma natureza violenta.

Fechando esta primeira parte, *"Infâmia"*, assinado pela professora Eliane Marta Teixeira Lopes, analisa o filme com este mesmo nome. Trata-se de um trabalho do diretor William Wyler, feito em 1962, nos EUA. A autora tece considerações da maior pertinência, ao debruçar-se sobre alguns aspectos do universo educacional feminino norte-americano dos anos 30 do século XX, no qual a sexualidade e o distanciamento dos homens eram severamente reprimidas. Com efeito, era desejável que as mulheres não se casassem para não prejudicar sua total dedicação às crianças e à sua tarefa docente. Nesse quadro, surge a fantasia de Mary e o boato que lhe dá suporte com um sentido concreto: remete para comportamentos sexuais (o homossexualismo) não aceitos naquele meio social. Daí decorre o estigma e a não inserção social dos que sofrem o preconceito. A construção de um boato, por sua vez, passa por caminhos surpreendentes: "ninguém viu, mas alguém tem um tio que jura que viu porque sua mãe disse que acha que viu". Do boato ao estigma vai apenas um passo e ninguém fica imune a ele. A dor da identificação com aquele que aponta o estigma pode ser insuportável. Estamos em presença do olhar antropológico: aquele que, ao me remeter para a alteração do meu olhar sobre o outro, me conduz inevitavelmente à mudança do meu olhar sobre mim mesmo.

A segunda parte da coletânea, "Imagens e enredos da escola, seus sujeitos e contextos: crianças, jovens, professores e famílias", contém um conjunto de filmes agrupados em torno da temática da escola, de seus sujeitos e contextos. Escolhemos este conjunto de filmes tanto por sua beleza como cinema, quanto pelas reflexões que nos possibilitam sobre questões presentes e relevantes no mundo da educação. Entre elas estão: o cotidiano da escola; o trabalho e a condição docente; a condição infantil e juvenil; as relações entre a família e a escola; ao lado de outras temáticas que estes filmes nos trazem com olhares sensíveis e importantes reflexões.

Também os escolhemos porque a escola, seus diferentes sujeitos/ segmentos e contextos, está se tornando objeto de preocupação crescente dos profissionais da educação, de pesquisadores e demais interessados pela questão educacional, além de tratar-se de temáticas que devem percorrer as propostas e projetos de formação inicial e continuada dos professores, visto sua centralidade nos tempos, espaços e processos educativos. Além disto, os sujeitos sociais da escola – crianças, jovens, adultos, famílias –, a despeito de sua importância e do crescimento do interesse investigativo a seu respeito, ainda precisam ser mais conhecidos, estudados e considerados, seja em nossas reflexões, seja no dia a dia das instituições escolares. Para tanto, necessitamos de estudos que se utilizem não somente das teorias das denominadas Ciências da Educação, como também de outras perspectivas e linguagens que possam afinar nossa compreensão a respeito desses sujeitos sociais que dão vida e vigor à escola, de que são a própria razão de ser.

"*O jarro*, uma metáfora do professor?" é o artigo que abre esta parte da coletânea. É um trabalho sobre o filme *O jarro*, uma produção iraniana, de 1992, dirigida por Ebrahim Foruzesh. Este texto é uma coautoria dos professores pesquisadores do Núcleo de Estudos e Pesquisas sobre Profissão Docente da Faculdade de Educação da UFMG (PRODOC/FaE/UFMG). O artigo expõe alguns dos elementos centrais da trama do filme além de interrogar sobre o objeto e a imagem do jarro. Os autores nos convidam a pensar aquele pote de barro, um recipiente de água, que motiva toda a trama, não apenas como um protagonista central daquela escola de uma aldeia do deserto do Irã, mas também como uma metáfora da condição professor. Salientam ainda que, embora o filme focalize uma única escola e um único professor, seu diretor, Ebrahim Foruzesh, conseguiu apresentar e deslindar na película, com sensibilidade e beleza, aspectos universais do cotidiano, da experiência e da identidade dos professores de todo o mundo.

Na sequência, temos o artigo "A celebração da colheita", do professor Miguel Gonsalez Arroyo, que analisa o filme *Madadayo*, uma película japonesa, dirigida por Akiro Kurosawa, de 1993. Com delicadas e belas imagens, ideias e palavras, por meio das quais Arroyo vai lapidando nossos olhares e sentimentos para melhor percorrermos esta obra de Kurosawa, vamos nos identificando com a figura humana daquele velho professor nos tempos da aposentadoria. Um mestre aposentado, mas sempre rodeado por seus ex-alunos, que com ele comemoram seus aniversários, sua vida. E neles, nos rituais do aniversário, celebram naquela vida e daquele viver, as lições que com ele aprenderam. Os ensinamentos tantos que aquele mestre trouxera e trazia para cada um deles. Todos nos apaixonamos por aquele velho professor aposentado e, por que não, pelo texto de Arroyo, que, como os demais, enriquece e qualifica a coletânea. Não haverá, certamente, aquele ou aquela, espectador/a ou leitor/a, que não se lembrará dos grandes mestres que passaram por suas vidas, diante daquele velho professor e de suas histórias com seus alunos. Professores e professoras, sempre lembrados. Nossos Madadayos, que podem "celebrar a colheita" porque exerceram seu "ofício de mestre" como uma arte de semear.

O artigo que se segue, "O professor, o carteiro e o poeta", de Bernardo Jefferson de Oliveira, discute o filme *O carteiro e o poeta*, de Michael Radford, produzido por Inglaterra/Itália/França, em 1995. Este é um outro artigo/filme da coletânea, no qual o autor nos traz algo imprevisível, original ou talvez inesperado. Numa película em que a escola e as situações formais de aprendizagem estão totalmente ausentes, em que os protagonistas são um carteiro e um poeta, Bernardo descobre o professor. Um professor que por vezes se assemelha ao carteiro, trazendo e levando mensagens, mas que não pode se afastar do poeta. Transitando entre esta e outras ideias e destacando, sobretudo, o lugar da poesia no filme e em nossas vidas, o autor nos instiga a refletir sobre a importância das mensagens e das marcas que elas podem imprimir em nós. Entre as várias surpresas que o texto esconde e revela, vamos revisitando os lugares da poesia e do pensamento. Neste percurso, sentindo e lendo o filme e o trabalho de Bernardo, acompanhando seus diálogos e com eles dialogando, trazemos questões que nos foram propostas pelo autor para com elas prosseguir: seriam os professores como os carteiros e os poetas? Seriam eles e elas um pouco de cada um deles? Ou ainda: existiria em suas lidas e afazeres uma "pedagogia da metáfora", própria do ato de professar?

A seguir, o artigo "Órfãos ou filhos do paraíso?", da professora Célia Linhares, sobre o filme *Filhos do paraíso*, uma obra da cinematografia iraniana, de 1998, dirigida por Majid Majidio. Começando com a lembrança do "escurinho do cinema" e se valendo de Walter Benjamin em suas considerações sobre a aura, Célia Linhares observa que, ao assistir a esta película, "deslizamos em nossas memórias", nos aproximando de um tipo de experiência que este pensador identifica com "a aura que nos permite ver-nos nela, mas também que a obra de arte nos veja". A autora destaca ainda que *Filhos do paraíso*, tal como *Central do Brasil*, narra experiências de crianças pobres – aquelas que "passam despercebidas pelo mundo adulto, mas que nem por isso deixam escapar a intensidade dos paradoxos, ambivalências, ambiguidades e hibridismos tão discutidos na contemporaneidade". Entre observações que articulam elementos da película com as condições do povo e da cultura iranianos nos contextos atuais, com questões da educação e com certas características da cinematografia do Irã, que, segundo a autora, tanto se afasta das pirotecnias hollywoodianas, o texto vai "recontando" a história de Ali e de Zahara, um garoto e uma garota para quem a ida à escola aparece entrelaçada com a problemática social, conforme Célia. Neste percurso, a autora nos convoca a "dar as mãos às meninas e aos meninos de nosso tempo, para ampliar seus horizontes de amanhã". Dentre estes e outros delicados planos e direções de leitura de *Filhos do paraíso* arquitetados por Célia Linhares, ela ainda se interroga sobre o título do filme. A este respeito nos lembra que se, por um lado, poderia ter sido mais adequado denominá-lo "Órfãos do paraíso" (pelas trajetórias edênicas que a película aponta e pelas experiências de negação que predominam em toda a narrativa), por outro, enfrentar aquele tipo de cotidiano sem nele naufragar, sem abdicar de esperanças e sonhos, apropriando-nos da própria falta, é um anúncio do paraíso.

Na sequência temos o artigo "Nas cartas, nos enredos, fragmentos do Brasil", que analisa outra produção brasileira, *Central do Brasil*, dirigida por Walter Salles, em 1998. Neste seu trabalho, o professor José Miguel Lopes analisa esta película destacando a procura e a recusa do pai, na busca da identidade que fica quase próxima em alguns instantes da trama do filme, mas que se distancia ou se perde como o ônibus que percorre as estradas cheias de poeira da realidade brasileira. Trata-se de um olhar sobre a necessidade de vermos o outro e de descobrirmos o afeto capaz de mudar nossa relação com a vida, ao colocar no centro de nossa visão de homem e de mundo o sujeito, o desejo, a emoção e a possibilidade de transformação da realidade. O autor destaca ainda que Dora é uma professora aposentada, que, sem vislumbres maiores a não ser a perspectiva enviesada da janela de seu conjunto habitacional, começa a imaginar um novo tempo para sua própria existência. A professora tem caminhos e descaminhos diferentes para sua identidade profissional: uma primeira reflexão, tanto em termos de sua formação quanto em termos de sua prática. Segundo Miguel Lopes, numa linguagem poética, mas sem dobras ou subterfúgios, o filme é um soco na indiferença, um belo canto à solidariedade, um convite à reflexão sobre a construção de nossa subjetividade, nosso desejo de mudar a sociedade e o papel que cabe à educação.

O próximo artigo é "Reinventando diálogos, vínculos, razões e sensibilidades", da professora Cecilia Goulart. Entrar na história narrada no filme chinês *Nenhum a menos,* de Zhang Yimou, China, 1998, nos diz a autora, é rever, simultaneamente, questões relativas à universalidade da cultura escolar e do comportamento das crianças. Somos colocados diante de uma realidade que não é diferente da realidade brasileira, mas que, ao fim e ao cabo, diz respeito à "materialidade humana que nos identifica como pertencentes a um mesmo mundo". Uma menina que se torna educadora procura assumir e lutar por objetivos que se fazem comuns, articulando-se de forma comprometida com seus alunos. Segundo Cecilia, "O sentido da educação no espaço escolar pode revitalizar-se nele e com ele, no contexto do saber que ali circula e se produz e das relações que ali se criam". Provavelmente reside aqui a lição maior deste filme. Ele nos ensina a condição humana – o significado de ser humano e de afrontar – como ponto de partida para que se fundem as bases dos encontros e diálogos densos que levam à cidadania e à aprendizagem, da professora e dos alunos. O conhecimento, respondendo a desejos, indagações e curiosidades, passa a congregar a todos, assumindo um valor coletivizado, completa a autora.

Finalizando este segundo conjunto de filmes está o artigo *"Quando tudo começa",* da professora Lea Paixão, sobre o filme homônimo, dirigido por

Bertrand Tavernier, França (1999). Lembrando que "não há uma única leitura deste filme como de outros, da mesma forma que fazemos leituras diferentes do mesmo filme visto mais de uma vez", a autora brinda a coletânea com um cuidadoso e delicado trabalho. O artigo contém vários elementos da película – do contexto francês em que o enredo se descortina a elementos biográficos e indicativos da obra do diretor –, numa clara exposição. Apresenta, com fruição e luminosidade, as bases do roteiro e da montagem do filme e de seu enredo, que envolve várias questões do cotidiano escolar, dos professores, de um diretor de escola, das crianças (pequenos alunos e alunas) e de seus familiares. Tudo isso em uma narrativa que "escapa das armadilhas do gênero didático" porque é construída "com o gosto de documentário e ingredientes da ficção", nas expressões da autora. Como observa a autora, o filme descortina no dia a dia da escola e da vida na qual o professor-diretor aparece por inteiro, em suas ambiguidades e humana condição, alternando "comportamentos que mostram afetividade, carinho, cansaço, desesperança e violência... Um professor que cozinha, ama, namora, beija, dança, pesca, briga com o enteado, tem problemas com o pai e dúvidas sobre o que faz". Nesses cenários e cenas, vão se constituindo os dilemas a que esse profissional está exposto tanto na França quanto no Brasil, pois "as tensões de fundo transcendem as diferenças de contexto social", fazendo do filme "uma inequívoca homenagem aos professores". Convidando-nos a ouvir o que esses "heróis do dia a dia" têm a dizer, completa a autora. Ainda segundo Lea Paixão, "Se o filme toca o público em geral pela narrativa, emociona, mais particularmente, àqueles que são sensíveis aos destinos da escola". Mas diríamos mais, pois, com seu artigo, Lea Paixão amplia essa experiência do público. A autora envolve os leitores e leitoras que apreciam as ideias, os sentimentos, os olhares e as palavras bem-ditas (bem-vindas!!!) sobre o mundo da escola e do cinema.

Concluída esta segunda parte, a coletânea apresenta uma terceira, onde, sem qualquer propósito de esgotar seus conteúdos, procuramos oferecer aos nossos leitores informações, referências e sugestões que consideramos enriquecedoras: a ficha técnica e a sinopse de cada filme, acompanhadas de alguns dados biográficos e da filmografia de seus diretores; sugestões de atividades para serem desenvolvidas em sala de aula a partir dos filmes e dos textos além de um conjunto de referências de livros, periódicos e dicas de *sites* sobre cinema de modo geral. Deve-se esclarecer, ainda, que tais complementos não têm outra pretensão senão a de oferecer algumas sugestões ligadas ao Cinema, de modo a estimular e facilitar a busca de outros filmes, o conhecimento de novos diretores e leituras sobre a arte cinematográfica, além de procurar fazer do bom cinema um suporte importante para o processo educacional.

E agora?

Luz, câmera, ação!

Desejamos que a viagem pelos filmes, textos, perplexidades, imagens e sonhos desta coletânea seja prazerosa, feliz e envolvente como a Educação e o Cinema.

Boa leitura!

Inês Assunção de Castro Teixeira
José de Sousa Miguel Lopes
[Organizadores]

PRIMEIRA PARTE

Cenários e planos: preconceito, discriminação, intolerância e escola

Adeus, meninos: um discurso contra o esquecimento

Neidson Rodrigues

Com sua sensibilidade, Neidson nos narra a cena final do filme: 'Neste momento, ao passar o padre Jean grita: ADEUS, meninos. Era a palavra de despedida, pois, em seguida o filme é interrompido...". Demasiada coincidência. Com este texto Neidson nos disse ADEUS. É seu texto de despedida, pois, uns meses depois sua vida foi interrompida.

Todos os discursos carregam um ou mais sentidos, nos diz Neidson. Este texto carrega um sentido todo especial. Por ter sido o último de tantos com que estimulou nossa reflexão, ele é um texto memorial. Significante. Neidson vê o filme como uma metáfora da vida. Seria demais que nós vejamos este texto como uma metáfora dos últimos meses de sua vida?

Nas longas confidências na varanda de sua casa, entre as montanhas de Minas, me confidenciou, já doente, que quando escrevia este texto sentiu pela primeira vez que seu corpo não lhe obedecia. "Parei o texto várias vezes. Cansado pensei em desistir." Seu corpo não mais seguia seu lúcido pensamento. A doença tinha se instalado como um hóspede, e para sempre. Escrevendo este texto o corpo deu os primeiros alertas. Quando me confidenciava esse percurso se revelava em toda sua sensibilidade:

"No cansaço comecei a descobrir o que tinha ignorado, o corpo impunha limites ao meu pensamento."

Falamos sobre o filme. Perguntei-lhe porque destacou tanto a dor. "Talvez", me respondeu, "porque já estava instalada no meu corpo e não sabia". Os momentos mais fortes do texto falam da dor. Vê ela presente em todos os momentos do filme. "A dor não se pode evitar... É infinita... O homem está a ela condenado..." Neidson não devia imaginar ao escrever o texto que logo experimentaria essa dor até o extremo.

No filme Neidson vê mais, os anelos de liberdade. Perguntei-lhe porque destacara tanto os anelos de liberdade, me disse que talvez porque já começara a experimentar seus limites no próprio corpo. O corpo condiciona toda nossa liberdade.

Realmente este texto carrega outros sentidos se o vemos como uma metáfora de suas últimas vivências e sentimentos. No final, Neidson nos diz: "Por isso o filme Adeus, meninos *deve ser compreendido como um eloquente discurso contra o esquecimento..."*

Lendo e relendo este texto não esqueceremos de tua obra, de tua amizade nem de teu ADEUS, meninos.

Miguel Arroyo
Agosto de 2003

Filme: *Adeus, meninos*
Ficha técnica, sinopse e mais informações na página 203.

O filme de Louis Malle, *Adeus, meninos* (*Au revoir les enfants*), provoca no espectador um tumulto de ideias, lembranças de relatos passados e conflitos morais que exigem serenidade de espírito. Toda a riqueza de informações que percorre os detalhes retratados, as situações históricas revividas, as disputas de valores que nele são realçadas, além da beleza estética de sua produção, precisam ser usufruídas na sua inteireza. Por apresentar uma multiplicidade de abordagens analíticas e de aproximações semânticas, proponho orientar este comentário por uma interrogação de natureza metodológica: em que medida se pode dizer que um filme constitui um discurso em busca de um sentido?

Essa questão é de natureza metodológica porque, de algum modo, ela anuncia que o presente discurso sobre o filme tomará o tema da linguagem no cinema como referência analítica. Ao recepcionar esta questão – e considerá-la chave para o entendimento da produção cinematográfica em geral e deste filme em particular –, uma contradição se insinua na forma de uma interrogação: sob que aspecto pode-se considerar possível a produção de um discurso despojado de sentido? A contradição enunciada emerge no interior do próprio discurso, pois se há um discurso, necessariamente ele almeja expressar um sentido a ser encontrado nos rastros dos signos materiais que nele se manifestam. No caso de um filme, esse sentido estará indicado nos significantes orais, gráficos, artísticos, isto é, no conjunto dos diálogos, das imagens fixas e em movimento, bem como em todos os elementos portadores de significados que podem ser rastreados pelo observador.

Se tais sinais estiverem desprovidos de significação, perdem o caráter significante e se tornam ruídos vazios, vozes dissonantes, movimentos sem direção. Direcionados a um interlocutor específico, no caso os espectadores, poderiam ser tomados como difusos murmúrios similares aos discursos oriundos da loucura ou da irrazão.

Pode-se concluir que a questão inicialmente colocada deve ser respondida negativamente. Recusada a possibilidade da existência de um discurso não significativo, temos de afirmar que todos os discursos – inclusive os discursos da produção cinematográfica – carregam um ou mais sentidos. Por isso, requerem daqueles a quem são dirigidos que se empenhem na busca do seu entendimento. Se isto é assim, pergunta-se: qual seria, então, o valor ou a utilidade da questão que abre este texto?

Vamos recorrer à figura metafórica de um leque para, por ela, dimensionar um ponto de apoio a partir do qual teceremos nossas considerações. Um leque é uma unidade composta por uma diversidade de hastes justapostas e conectadas entre si. Pelo seu modo de se conectar, permite variados estágios de manejo, desde o estágio inicial de fechamento completo até sua máxima abertura. Quem decide sobre o grau de abertura desejada é o usuário, que, aliando força, movimento e ritmo, impõe ao leque cumprir a função que dele se espera.

Do mesmo modo um filme: ele se encontra pleno de sinais significantes justapostos e articulados de tal modo que induzem o interlocutor a estabelecer uma diversidade de relações significativas entre os diversos elos que articulam os significantes manipulados pelo produtor, o conteúdo proposto e a compreensão do espectador. Tomando por referência o produto, pode-se afirmar que um filme jamais permite um comportamento passivo por parte daqueles que dele se aproximam como espectador ou como crítico. Ele convoca e obriga a quem o assiste a assumir uma posição diante do tema que vai se desdobrando durante sua projeção. Esse desdobrar-se do filme deve ser entendido, desde o início, como um convite a um diálogo. Por isso ele constrange a quem o assiste a se posicionar ativamente como interlocutor. Uma vez mergulhado para dentro do filme, o espectador se sente constrangido pelo modo como se acham articulados os diversos elementos significantes do filme a produzir, no mínimo, uma interpretação, isto é, um outro discurso sobre o discurso cinematográfico.

O sentido produzido por esse diálogo entre espectador e o filme pode-se aproximar ou se afastar da intenção comunicativa do produtor, pois ele é um discurso aberto a múltiplas possibilidades significativas. Não se pode prescrever uma identidade ou uma regra semântica capaz de orientar a sua compreensão, pois a polissemia que o caracteriza impediria qualquer uniformidade de interpretação. O sentido de um filme não se encontra numa gramática organizada pelo produtor, diretor ou atores, mas, com força descomunal, na gramática instituída pela inteligibilidade aplicada pelos receptores.

Por isso, discorrer sobre um filme representa uma aventura do espírito que, sob qualquer ponto de vista, produz em quem toma a iniciativa da palavra um prazer inaudito que converte a aventura em ventura. Esse discurso não exige que se rastreie, nos sinais que o filme distribui ao longo de sua percepção, qualquer impulso para se atingir o que deve ser o seu sentido verdadeiro. Pelo contrário. O filme requer que, no ato de seguir esses sinais, nosso espírito seja instruído e nosso entendimento educado de modo necessário para afastar os obstáculos que impedem à visão e ao entendimento que exercitam de modo competente sua capacidade para captar as inúmeras possibilidades de diálogo que por ele são abertas.

A quem deseje capturar essas possibilidades, há de lançar mão da chave que escancara as barreiras do entendimento. Essas barreiras geralmente são criadas quando o filme é tomado apenas como diversão do espírito e não como trabalho do espírito. Isso conduz o espectador a considerar um filme como exercício de relaxamento do corpo. Tal modo de abordar um filme conduz a visão à perda de sua penetrabilidade para além do visível e torna o espírito doente de entendimento. Por isso é preciso uma medicina que nos cure da enfermidade do espírito evidenciada na preguiça, no desvelo, no medo, na heteronomia. Nesse sentido, agora pode-se dizer que um filme, conforme o modo como ele é considerado, é também uma medicina da alma. Sob essas considerações, examinemos este surpreendente filme de Louis Malle: *Adeus, meninos*.

O desencantamento do mundo: a positividade do negativo

O filme *Adeus, meninos* pode ser considerado um discurso negativo por retratar como certos comportamentos humanos em uma dada situação histórica devem ser recusados por toda a humanidade. Mas tal consideração não nos deve levar à visão simplista de que a "história deve nos ensinar a evitar os erros do passado". Os comportamentos denunciados no filme de Malle representam a contraparte negativa de valores, normas e princípios considerados adequados ou justos. Afirmar que "certos comportamentos" devem ser recusados não impede a sua repetição no futuro, já que foram ocorrências concretas no passado retratado. Por isso os acontecimentos desse passado, aí relatados, se colocam no plano das possibilidades futuras da humanidade. Enfim, os homens já fizeram o que aí se denuncia, e essa consciência é suficiente para que se levante o temor de que possa ser reproduzido em qualquer outro momento.

Esse temor, curiosamente, se constrói sobre a base de uma paixão positiva. Construído pela razão crítica, ele é capaz de curar o espírito do medo – paixão negativa – que tende ao imobilismo e até ao niilismo. *Adeus, meninos*, ao trazer à memória o cenário onde são retratados fatos condenáveis, convida a sociedade, com a qual estabelece uma interlocução, a espantar o imobilismo da consciência como meio para ativar a atenção dos futuros caminhantes. Deste modo, converte a lembrança de uma situação negativa em discurso positivo. Não faz da negatividade uma morada para o entendimento. Por consequência não pretende nela permanecer, mas considera-a ponto de passagem ao polo positivo. Nega-se para dar um salto qualitativo. A humanidade deve manter na memória o tempo do horror para não permitir que ele se insinue novamente pelos atalhos desarmados da desmemorialização. É uma reconstituição de um momento memorável, com o objetivo de dissolver o conteúdo que ensejou o exercício memorial.

Pode-se operar reconstituições do passado de muitos modos, especialmente quando ele retrata uma situação trágica. No caso em questão, a reconstituição do passado não se faz de modo arbitrário. Nem mesmo obedece a um impulso comandado pelo móvel da paixão, sentimento que habita a superfície da consciência, ou os recônditos do inconsciente, e que se expressa nas formas de amor ou ódio. Não é por tais vias que o passado é invocado no filme. Aqui ele tem o papel ritual da consulta aos mortos sugeridos por Kirke a Ulisses na Odisseia[1]. É como se a deusa nos convocasse novamente a ir tomar conselho com os sábios mortos. O filme nos remete às portas do Hades para que aqueles que morreram pelas mãos da barbárie testemunhem diante do tribunal da consciência histórica, instaurada no momento do relato, sobre os riscos que a humanidade ainda corre quando não assume uma postura vigilante.

Deste modo, o passado não é retomado para ser conservado nem para ser reconstruído como ritual de purificação da história. Querer conservar o passado trágico, reconstruindo-o de modo interminável no que há de mais abominável, assinala uma doença do espírito. Se os homens podem se sentir reconfortados pela lembrança sempre renovada da tristeza, da miséria, da dor, como uma ferida que não devesse ser curada e por isso diariamente lhe fosse removida a crosta endurecida para que ela volte a sangrar, isso revelaria fraqueza de alma, autoflagelação, apego ao sofrimento, prolongamento inútil da dor.

Ora, não é essa a direção que Louis Malle empresta ao filme ao reconstituir por ele, e com ele, o passado. Ele o faz como gesto que deseja resgatar a esperança passada. Ainda que o tema que preside o roteiro seja extremamente dramático, ele não se derrama em lamentações por valores perdidos pela humanidade em algum ponto pretérito. Pelo contrário: é um manifesto que proclama ser possível – e necessário – retomar, como projeto de futuro, a esperança perdida num certo momento da história.

Alguns críticos consideram ser o filme um acerto de contas de Malle com sua própria história. Nesse sentido é um filme memorial. Uma das crianças protagonistas no filme, Julien Quentin, é ele mesmo, que, aos 12 anos de idade e no auge da ocupação nazista na França, estivera interno numa escola

---
[1] HOMERO, Odisseia, canto X, 480-520.

católica perto de Fontainebleau, na França. Educado numa família religiosa, teve uma educação rigorosa. Durante seu período escolar nessa escola, destacava-se como o melhor aluno da classe. Nesse ano entra um novo e estranho aluno – Jean Bonét – que logo se revela um forte concorrente de Quentin, pois demonstrava, desde os primeiros dias, destacada competência em matemática, redação e música. Ambos os meninos se tornam bons amigos e companheiros, trocando entre si brincadeiras, aventuras e livros. Ambos, embora se sobressaíssem aos colegas, não demonstram comportamento que revele qualquer nível de petulância. Recebem a afeição dos professores, do diretor da escola e dos colegas. No âmbito desse cenário, o filme poderia ser apenas um filme de tema recorrente: sobre crianças e sua educação escolar num determinado tipo de escola.

Entretanto, esses são apenas alguns dos sinais exteriores de maior visibilidade que o filme descortina diante do espectador. A partir deles há de se colocar a atenção em detalhes que, às vezes descritos, às vezes apenas sugeridos, podem instalar um ponto de fuga à visão desatenta. Por isso convido o leitor a exercitar o olhar com o mesmo cuidado com que o investigador no laboratório ou o observador do espaço manipulam os objetos sob observação: amplia-os com as lentes do microscópio ou aproxima-os com as do telescópio para capturar sinais inalcançáveis pelo olhar desarmado. Isso nos convida a descrever alguns detalhes que merecem nossa atenção. Denominaremos esses detalhes de DETALHES SIGNIFICANTES.

Os detalhes significantes

Retomemos o tempo histórico do cenário do filme. Ele descreve uma situação vivida no ano de 1943, durante a ocupação nazista da França. A nação se acha dividida entre o governo colaboracionista de Vichi[2] e os movimentos de resistência que se espalham por diversas partes do país.

O ambiente moral que cerca a escola está contaminado pela posição que cada cidadão francês tem de tomar diante da ocupação e da guerra. Não há meios termos, não há dubiedades possíveis. Cada cidadão ou

---

[2] Em 1940, as tropas alemãs invadiram a França e o primeiro ministro francês Marechal Pétain, herói da primeira guerra mundial, assinou uma rendição em Vichy e organizou um governo colaboracionista com os nazistas. Após a libertação da França pelas tropas aliadas, o governo de Vichy e o Marechal Pétain foram considerados traidores da pátria.

apoia a ocupação nazista e assume as regras que ela impõe ou a combate e corre os riscos decorrentes dessa decisão: perseguição, prisão e morte. A tomada de posição determina o caráter e demarca, de forma objetiva e subjetiva, a morte ou a sobrevivência da esperança.

Uma questão aguda que se coloca diante de cada um certamente é a do destino dos cidadãos de origem judaica. A ideologia nazista, motora da guerra e da ocupação, quer extirpar do mundo ocidental sob seu domínio a presença física e moral da cultura judaica. Para isso o plano é radical: há de se eliminar fisicamente os judeus e seus descendentes. Acusados de portadores de uma cultura da submissão e da fraqueza, são vistos como responsáveis pela decadência moral da raça ariana. Tal decadência era identificada na indisciplina que urgia ser eliminada. Por isso, em certo momento, o policial da ordem diz que a força do soldado alemão estava na disciplina. E esta deveria ser restaurada.

A escola em que os meninos estudam e que se apresenta como o cenário para o filme, nos é oferecida como uma metáfora da vida sob a dominação nazista. De um lado ela é um ser particular que, na sua singularidade, pode ser tomada, no movimento do filme, como algo universal. A escola retrata e reproduz não apenas o que são todas as escolas, mas reflete por ela o que se passa em todos os espaços da vida social francesa. Do ponto de vista da educação, ela deve oferecer a educação universal a ser desenvolvida por todas as escolas. E do ponto de vista da obediência às regras, ela deve pontuar o modo de viver que é exigido de todos os franceses. Logo, essa escola particular testemunha a ordem instituída e estimula em seus educandos que joguem o jogo do futuro. Como retrato da situação geral da nação, ela é perpassada por comportamentos de passividade, de conformismo, de rebelião e de projeto de construção de seres livres. As forças da ordem requerem que ela discipline os jovens sob seus cuidados na dureza do espírito. Entre as ações que se espera que ela promova, certamente está a de contribuir para a purificação da raça: logo, não pode receber nem dar abrigo a crianças oriundas de famílias judaicas.

Isso nos remete à visão da escola como *ethos* em suas várias acepções. A primeira é no sentido de morada. A escola onde as crianças se acham internadas exerce um duplo papel: lugar em que a vida dos alunos se desenrola e lugar de morada de cada um; a escola é a casa dos alunos. Pensemos na escola como a casa. Ora, a casa onde alguém mora pode ser considerada como o "corpo do homem"[3], isto é, ela é a totalidade do mundo em que os seus habitantes são capazes de viver. Como essa escola está sendo tomada como referência simbólica para expressar a vida de todo um povo num momento de subjugação, compreender esse papel da escola como representativa da casa para toda a população faz emergir a dimensão do drama que a trama do filme escancara.

Por isto a escola é também lugar de refúgio e de proteção. Face às ameaças à vida e à liberdade daqueles que não apoiam as forças de ocupação, mas não querem se arriscar na frente da resistência, a escola torna-se um espaço para onde as famílias enviam seus filhos para protegê-los. Para lá os deslocam na esperança de lhes oferecer um lugar que funcione como escudo face à violência e aos riscos que se multiplicam nos embates que ocorrem por toda parte. Este é um aspecto que deve ser assinalado: a escola demarca uma linha imaginária que divide o interior do exterior. Do lado de dentro, a segurança, a paz, a disciplina, a comunhão. Do lado de fora, a guerra, a violência, o medo, o terror, a divisão social.

No interior da escola, acredita-se que as crianças estarão resguardadas e preservadas do horror que se passa fora dela. Nesse sentido, ela é a manifestação material do desejo secreto de toda a humanidade em encontrar um lugar de refúgio para todas as suas aflições. No momento da despedida de Quentin de sua mãe há um diálogo revelador. Enquanto Quentin se recusa a adentrar no trem, demonstrando não estar com vontade de seguir para a escola, sua mãe lhe apresenta diversas razões pelas quais ele deveria estar feliz: irá encontrar colegas, amigos e certamente um ambiente feliz, oposto ao que pode esperar num país ocupado. É como se anunciasse ao filho a possibilidade de encontrar o paraíso na terra.

Dirigir-se para a escola significa retornar, de modo simbólico, ao útero materno. A simbologia é reforçada pela marcante ausência do pai durante todos os momentos do filme. Do pai, Quentin sempre tem notícia de que está ocupado em alguma tarefa importante, mas a presença desejada jamais ocorre. Nem no momento da despedida na porta do trem, nem em qualquer outro momento do filme, o pai estará presente. É a mãe que conduz o filho em direção a seu abrigo.

---

[3] MATOS, Olgária C.F. Ethos e amizade: a morada do homem. In: DOMINGUES, Ivan. *Conhecimento e transdisciplinaridade*. Belo Horizonte: Editora UFMG, 2001.

Por seu lado, os que dirigem a escola não são movidos pelos mesmos princípios e expectativas que movem as famílias dos jovens. Eles não querem se constituir como serviçais do poder impositivo que esmaga a liberdade e destrói os valores da humanidade. O desenrolar do filme deixa desdobrar uma intenção que em nenhum momento é expressa: não vão transformar a escola em um espaço para o nihilismo passivo, em uma fortaleza protetora dos jovens, num contrapoder que esconde o mundo das crianças. Por isso, sob a aparente obediência à ordem, a escola caminha pelas veredas da resistência.

De um lado, pune as crianças que cometem delitos que ferem as normas de conduta moral, como, por exemplo, quando elas participam de comportamentos corruptos no interior da escola ao trocarem alimentos escondidos por cigarros. Mas tal punição tem o objetivo de ensinar às crianças o dever de repartir, de ser solidário e de assumir compromissos para com a humanidade. Por outro lado, a direção da escola recebe e protege as crianças judias perseguidas fora da escola, ferindo as regras impostas pelas forças da ocupação. Se for levantada a hipótese de que a escola está colocando em risco a vida das outras crianças por se constituir em espaço de liberdade e de recolhimento de perseguidos, pode-se compreender de que modo o gesto da direção coloca em evidência o fato de que não existe lugar protegido e seguro para alguns, independentemente da segurança de todos. Ou todos estão protegidos em qualquer lugar, ou não há refúgio para ninguém em nenhum lugar.

A expectativa paradisíaca no meio da tormenta é falsa e por isso deve ser demolida. E por isso o filme revela, com todas as cores e sinais, que não se pode separar o interior do exterior. No dizer de Merleau-Ponty, eles são inseparáveis, pois "o mundo está todo dentro, e eu estou todo fora de mim". A violência que se acredita fora dos muros da escola, também se manifesta em seu interior, e, num repente, sente-se como ela invade esse abrigo por todas as fendas. Brota na forma da corrupção, da traição, da vingança. Emerge do gesto traidor de uma criança rejeitada, que, ao trair a confiança dos amigos, confirma a denúncia já denunciada por Freud: não há inocentes, nem mesmo entre as crianças. E mais ainda: a violência penetra o ambiente protegido também pelo lado de fora, pois a qualquer momento a paz interna pode ser esgarçada pela polícia vigilante.

Nesse sentido, o filme carrega uma mensagem apocalíptica. Não há refúgio seguro se o mundo se acha inteiramente contaminado. Em tudo se assemelha à crença do soldado que acredita estar a salvo no interior da trincheira cavada no campo de batalha e que, de repente, percebe que sua fortaleza está sendo despedaçada pela ação de uma granada, pelas rodas de um tanque ou pela bala de um canhão. O interior que se considerava inexpugnável manifesta-se tão vulnerável quanto o exterior do qual se pretendia fugir. A salvação não está no lugar da fuga. A dor não se pode evitar sem que suas causas sejam afastadas. A dor é infinita e introduzida no mundo humano pela própria ação humana[4]. O homem está a ela condenado. Como nos adverte Schopenhauer:

> se a nossa existência não tem por fim imediato a dor, pode dizer-se que não tem razão alguma de ser no mundo. Porque é absurdo admitir que a dor sem fim, que nasce da miséria inerente à vida e enche o mundo, seja apenas um puro acidente, e não o próprio fim. Cada desgraça parece, é certo, uma exceção, mas a desgraça geral é a regra[5].

Onde se concentra a dor maior que o filme retrata?

Certamente não se deveria qualificar ou quantificar a dor. Torna-se tarefa excessiva querer examinar a sua qualidade: se é maior ou menor. Então falemos apenas da dor. Ela está presente em todos os momentos do filme. Está no momento da despedida de Quentin e sua mãe ainda na estação; no olhar perdido que o menino lança sobre as paisagens que correm pelo lado de fora da janela do trem durante a viagem; na ausência do pai; no ambiente congestionado do quarto das crianças no internato. E, de modo singular e marcante, na última cena do filme, quando o padre Jean está sendo conduzido preso, volta-se e se despede dos meninos. Do ponto de vista da comunicação, essa cena avulta a genialidade do produtor do filme. Colocada magistralmente no final, tem o poder de abrir o filme à completa compreensão do que até então estivera apenas sugerido em seus movimentos anteriores. De certo modo, o filme só pode ser entendido completamente a partir dessa cena final.

---

[4] Essa é uma figura que encontramos no Concílio dos Deuses, conf. Homero nos relata no canto I da Odisseia. Zeus afirma: "É curioso como os homens nos culpem pelos males que sofrem, pois são eles que provocam suas dores com as próprias loucuras".

[5] SCHOPENHAUER, A. Aforismo 1. In: *As dores do mundo*. São Paulo: Ediouro, 1988, p. 7.

Diferentemente da ordem natural em que as coisas são apresentadas na maior parte dos filmes, em que o sentido da trama se revela a partir do ponto de partida dos acontecimentos que neles se desdobram, Malle faz com que o filme *Adeus, meninos* só ganhe sentido pleno no momento do seu acabamento. Este modo de exposição produz uma inversão metodológica na compreensão dos eventos e da história, pois nos anuncia que não é o passado ou a sucessão das coisas que explicam as ocorrências ou a situação atual, e, sim, no acontecimento atual, que se pode encontrar a luz que ilumina e esclarece o passado.

São duas as cenas memoráveis que, no final do filme, nos empurram para o início e articulam a sua compreensão. Vamos relembrá-las. Os meninos estão colocados em ordem para testemunharem a ação material de fechamento da escola. Os três meninos judeus, Bonét, Negus e Duprés, juntamente com o padre Jean, diretor da escola, estão sendo conduzidos presos. Bonét vai se dirigindo, silencioso e resignado, para a porta da saída, tendo a mão do soldado sobre seus ombros. O gesto revela uma certa gentileza por parte do militar. De repente Bonét para, recua, lança um último olhar em direção ao seu amigo Quentin e acena-lhe num gesto de despedida. Por ter parado e retornado para se despedir do amigo, o soldado agora o empurra em direção à porta de saída com violência.

Enquanto Bonét se comportava como devem se comportar os oprimidos, de forma obediente, estava sendo bem tratado. No momento em que rompe o sentido da ordem, a violência recai sobre ele. Neste momento, ao passar, padre Jean grita: *Adeus, meninos* (*Au revoir les enfants*). Era a palavra de despedida, pois em seguida o filme é interrompido e a voz de um narrador anuncia o destino de todos os prisioneiros: os meninos morreram no campo de concentração de Auschwitz e o padre Jean em Mauthausen. Neste instante, somos como que convidados a retornar ao ponto de partida do filme, pois, unindo os dois momentos, nosso atônito entendimento captura todo o seu sentido. E por isso outra pergunta nos ocorre nesse instante: Quem são os soldados agressores?

O lugar da violência

Com frequência tendemos a ver o mal como habitando o lado de fora de nossas relações e vivências. Acostumamo-nos a repetir, mesmo sem saber, a famosa frase de Sartre que reforça nossas convicções e alivia nossa consciência de que "o inferno são os outros". Não, diz o filme, o inferno não são os outros. A grande ameaça não se encontra no lado de fora das fronteiras da pátria. O grande inimigo não é o estranho: é o vizinho, amigo de ontem, companheiro de trabalho. Ele habita a nossa casa, aquela casa que é a extensão do nosso corpo e que constitui parte de nossa própria identidade. Eis a maior de todas as violências e sofrimento e dor que o ser humano pode sofrer. A dor produzida pela traição de quem compartilhava conosco as mesmas aflições e confidências, do amigo que constituía comigo o meu *ethos*, pelo colega com o qual convivemos e com quem dividimos nossa intimidade.

Somos ameaçados em nosso espaço social por muitos que, desprotegidos, receberam em outro momento solidariedade e abrigo. Na vida pública, pelos adesistas. Aqueles que escolhem estar ao lado do poder do dia, impetram os ordenamentos dos opressores e se sentem felizes no exercício do papel de lacaios dos poderosos. Eles não sabem que não se pode ser feliz sob a proteção de tiranos.

Os tiranos não têm amigos, e sim cúmplices. E por isto, nada pior do que se sentir esmagado pela força de cúmplices, que, no afã de demonstrar fidelidade aos tiranos, comportam-se sempre com maior vilania do que os próprios tiranos. Exatamente porque também se sentem ameaçados. O maior dos sofrimentos não é o que nos é imposto pelo inimigo, e sim dar-se conta de que as dores que consumiam as forças dos franceses não estavam sendo perpetradas pelo inimigo estrangeiro alemão, mas por cocidadãos participantes da mesma pátria e que aceitaram cooperar com as forças de ocupação. A maior ameaça ao homem não é o fogo, o animal feroz ou a divindade irada. Todos são estranhos e se acham afastados do espírito de identidade humana. Agora todos ficam sabendo que a maior ameaça à humanidade tem origem no próprio homem: é sua fraqueza de caráter.

Agrava a dor a percepção de que o dito tão desdenhado pelo pensamento racional – "o homem é o lobo do homem" – se revele tão pleno de verdade na situação em que todos se encontravam mergulhados. E aqui faltavam força e tempo para se indignar. E quantas vezes a indignação só se revela quando nos refazemos da condição a que fomos reduzidos. No momento em que padecemos dos males que nos são perpetrados, podemos ser acometidos do espírito da tartaruga: recolhermo-nos à nossa casca, à nossa autoproteção diante do opressor. Somente muito tempo depois, tomados pelo sentimento de culpa, ou pela reflexão da ação passada, podemos expiar nossa culpa, denunciando ao mundo os que nos impuseram tantos males e denunciando nossa cegueira ou comiseração nos termos da própria denúncia. Malle faz uma penitência, mais de 40 anos depois, retomando um momento vivido que jamais lhe saiu da memória. E ao fazer esse acerto de contas, abre-nos a consciência crítica para que mantenhamos nossa consciência em estado de alerta a fim de evitar qualquer recaída. É como se ele nos dissesse: esta história aconteceu, e poderia não ter acontecido. Logo, estejamos atentos para que ela não se repita. Nunca mais.

A produção da barbárie: uma contradição dos tempos modernos

No mesmo ano vivido pelos personagens do filme, Adorno e Horkheimer, dois filósofos alemães de origem judaica, se encontravam exilados nos Estados Unidos para fugir da perseguição semelhante à enfrentada pelas crianças na escola de Fontainebleau. Em um célebre texto, eles formularam uma observação que pode ser transformada numa questão. E essa questão, desde então, se recusa a calar: "por que a humanidade, em vez de entrar em um estado verdadeiramente humano, está se afundando em uma nova espécie de barbárie?"[6]

O mesmo Adorno, em outro texto[7], nos adverte que "os homens não são piores do que a sociedade na qual vivem". Creio podermos acrescentar que se não são piores, também não são melhores, pois a sociedade e o momento histórico em que vivem tendem a lhes determinar o caráter ou, pelos menos, alguns dos traços que o compõem. Por isso, a infelicidade humana não deve ser poupada da crítica, pois ela se adapta de modo obediente e servil às condições em que ela é oferecida. De algum modo, em muitas circunstâncias, são os homens que a procuram e a elegem como companheira de jornada. Poucas coisas poderiam infelicitar mais os homens do que a vida sob a opressão, já que o ser humano tem na liberdade da vontade a mais radical marca que o distingue de todos os outros seres na natureza. Logo, tudo o que limita a sua liberdade converte-se em fonte de padecimento. Por isto, deve ser conhecido, criticado, afastado.

---

[6] ADORNO & HORKHEIMER. *Dialética do esclarecimento.* Rio de Janeiro: Jorge Zahar, 1985, p. 11.

[7] ADORNO, T. *Prismas.* São Paulo: Ática, 1997, p. 83.

Ao examinar a construção crítica dessa infelicidade que atormenta os homens, pode-se perceber que o filme *Adeus, meninos* oferece uma crítica invertida, pois não se dirige às forças opressoras, externas, que subjugam cidadãos altivos que lutam contra ela, e sim, se dirige à adesão consentida, à subjugação feliz a essas forças. Ele coloca em evidência que a raiz do mal não está fora nem vem de fora; o mal se origina de dentro e habita aquele que o recebe de bom grado.

Se o mal viesse de fora, seria simples para os homens tomarem consciência de sua subjugação e sacudirem para longe de si o seu jugo. Mas, eles não se libertam desse jugo, não porque lhes falte capacidade, mas porque lhes falta vontade interior. A opressão já dominou inteiramente seu espírito e vontade, e, por isso, se tornam coniventes e participantes voluntários da opressão.

E surpreende que tudo isso ocorra no momento histórico de máxima circulação do espírito da modernidade. Ora, não é a modernidade o tempo da expressão infindável da liberdade, da libertação do espírito de todas as amarras que o confinavam no domínio das forças heterônomas divinas ou da natureza? Não havia o espírito humano se libertado das forças que o mantinham subjugado na obscuridade durante o longo período medieval? Então: o que aconteceu para ele recair em outra forma de dominação ainda mais grave, já que consentida, isto é, contraditoriamente fruto da autonomia?

Teremos de dar razão e voz a Adorno quando afirma que o

> o espírito, enquanto se liberava da tutela teológico-feudal, graças à progressiva socialização de todas as relações humanas, caía cada vez mais sob o controle anônimo das relações vigentes, que não apenas se impôs a partir de fora, como também se introduziu em seu feitio imanente. E essas relações, tão impiedosamente ao espírito autônomo quanto antes os ordenamentos heterônomos, se impunham ao espírito comprometido.[8]

Eis aí o caminho mais curto para se compreender como uma tragédia como a implementada pelo nazismo pode grassar no seio da civilização. Ao tomarmos conhecimento de suas formas de insinuação, somos advertidos tanto contra o nihilismo, quanto contra o pedantismo assumido por aqueles que se julgam isentos dos riscos de contaminação. Nosso espírito

---

[8] ADORNO, T. Op. cit., p. 9.

racional, moderno, adverte-nos, pode ser corrompido com a mesma força com que proclama sua liberdade. E por isto exige cuidado, vigilância crítica, exercício contínuo de reflexão compartilhada, para que a atração da recaída, individual ou coletiva, seja resguardada por uma ação de vigilância por parte de todos. Há uma advertência estampada nesse filme que é um discurso contra o esquecimento, que nos conduz ao entendimento de que, isoladamente, ninguém conseguirá se salvar.

Uma outra visão do mundo nos é oferecida pelo filme: a de estampar diante de nosso olhar uma trama que insinua que a vida pode ser entendida como parte do espetáculo do mundo. Considerando o sentido original de espetáculo (espéculo, espelho), por ele cada um se pode ver nas imagens projetadas por detrás do plano envidraçado. Só que a imagem projetada é uma imagem invertida, tanto daquele que se vê no fundo do espelho quanto da realidade que o espelho capta por detrás do vidente. Olho à minha frente mas o que vejo, as imagens, percebo-as invertidas pois o meu olhar foi convertido em um simples retro-olhar.

Em tudo há uma similaridade para com o modo como o olhar capta o passado. Ele captura e retrata o mundo recortado por lembranças. Por isso, o modo como um filme o reproduz constitui por si mesmo um limite, pois a moldura sob a qual a realidade se enquadra delimita o mundo das vivências tal como recortado pela memória. Por isso, ele não pretende expressar uma verdade, ele não é uma demonstração de uma hipótese. Ele funciona como uma conversa entre amigos a contarem suas lembranças, ou como a testemunha que, no tribunal, é conduzida a revelar verdades escondidas debaixo das perguntas que lhe vai formulando o juiz. O filme apresenta-se de modo grandioso e restrito. É grandioso porque é capaz de dizer muito mais no que se cala. Fala mais nos seus intervalos do que no encadeamento dos sentidos que se pode extrair da rede de seus significantes com que ele se mostra. São vozes silenciosas que clamam por silencioso respeito ao sofrimento da alma. Ao mesmo tempo, essa grandiosidade é expressa de modo tão rápido que nos deixa paralisados diante da brevidade com que se diz o que ultrapassa a nossa capacidade de entender.

Talvez isso nos leve a olhar o filme, *Adeus, meninos,* como a criança de Baudelaire olhava de modo terno e amante para mapas e figuras:

> Para a criança que ama mapas e figuras,
> O Universo é do tamanho de seu vasto apetite
> Ah! Quão grande é o mundo sob o foco de luzes
> E quão pequeno aos olhos das lembranças.[9]

Demarcando nossa reflexão nas bordas dessas considerações, façamos um giro para tentar, à margem do filme e a partir do que ele nos sugere, examinar algumas ideias a respeito da importância do cinema como veículo pedagógico na formação dos jovens de hoje e do futuro.

O discurso pedagógico do filme

O que se poderia ainda dizer de um filme enquanto um sistema de comunicação que interage de forma positiva ou negativa com um interlocutor? Em que medida a produção cinematográfica em geral e o filme em particular se constituem em sistema de linguagem? E, por último, sendo um sistema de linguagem, quais as possibilidades de abordagens para que seja construído um diálogo produtivo entre o filme e os seus espectadores? Qual a dimensão pedagógica que ele insinua?

Por certo que há diversas formas de leitura da produção cinematográfica para além da proposta hollywoodiana que atribui ao filme em geral uma função fechada de diversão, entretenimento. Em geral, quando ultrapassamos essa visão pueril do produto cinematográfico, a primeira forma de abordagem tende a considerá-la como um discurso estruturado construído como alternativa para transmitir uma mensagem intencionada pelo seu produtor. Na qualidade de discurso, sua interpretação exigiria um esforço de desestruturação da linguagem até os mínimos elementos a serem costurados em sua gramática e semântica.

Vamos partir da ideia de que o filme é um discurso sobre o mundo. Logo, enquanto discurso, ele fala para um interlocutor. Por lançar mão de vivências de pessoas como conteúdo desse discurso, o mundo aí retratado e do qual ele fala sinaliza estar se tratando de homens e coisas situados no tempo e no espaço, no passado e no futuro, em um lugar concreto

---
[9] BAUDELAIRE, C. *Les fleurs du mal, Le voyage.* Paris: Gallimard, 1972.

ou em um lugar presumível. E ao mesmo tempo, essa comunicação que o filme propõe – qualquer que ele seja – oferece ao interlocutor um testemunho de algo passado ou um desafio para o futuro. De qualquer modo, sempre nos insere numa realidade que até então estava ausente da vivência do interlocutor.

Para compreender um filme qualquer, não creio ser indispensável dissecar o filme em sua estrutura, ou decompô-lo em partes menores para em seguida remontá-lo segundo uma escolha lógica esclarecedora de cada uma das suas partes. Não é esse o entendimento que desejamos capturar ou sugerir a nosso leitor para o filme. No caso do filme *Adeus, meninos*, interessa-nos mostrar que aquele campo de batalha que ele retrata, que ele testemunha, que ele coloca em evidência, e que olhamos como num retrovisor, retira-nos a inocência e nos mergulha numa realidade que, de outro modo, poderia permanecer como ausência em nossa consciência. Dessa realidade aí retratada, e agora por nós assistida, não mais poderemos alegar desconhecimento.

O cenário que ele reporta evoca uma denúncia e um convite. Denuncia, por imagens e palavras, uma situação da qual só tínhamos conhecimento por conceitos. E nos convida a examinar como essa situação, realidade, retrato, nos toca os sentimentos: produz medo, piedade, dor, desespero, frustração, amor, solidariedade. E afeta definitivamente nossa concepção de valores, morais e éticos.

Recorramos para considerar o material com o qual o cinema trabalha a Roman Jakobson, famoso linguista tcheco[10], que nos ensina a colocar em evidência dois aspectos necessários quando se procura dimensionar o modo como o cinema estabelece a sua forma comunicativa. Primeiramente, o filme expressa-se numa linguagem cinematográfica. Parece óbvio, mas atenção. Se se fala de linguagem, então ele deve receber o tratamento próprio dos discursos. Se é discurso, então obedece às regras da linguagem do ponto de vista da forma, isto é, ele deve conter sujeitos, predicados, objetos direto e indireto, orações subordinadas e principais, etc. Mas, por outro lado, há um segundo aspecto. Também pode ser considerado que a forma comunicativa do cinema difere do discurso linguístico, pois o cinema não

---

[10] JAKOBSON, Roman. Decadência do cinema. In: *Lingüística. Poética. Cinema.* São Paulo: Perspectiva, Coleção debates, 1970.

tem por matéria uma linguagem, mas uma exposição sucessiva de coisas, de objetos. E isto coloca uma questão que deve ser resolvida. O cinema opera com objetos ou com signos?

A questão encaminha a análise da obra cinematográfica para o campo de uma aparente contraposição que deve ser superada para que o entendimento, tanto da mensagem quanto da produção da obra, possa ser acionado. Como superar essa contraposição que a pergunta coloca: o cinema opera com objetos ou com signos?

Curiosamente Jakobson vai buscar em Santo Agostinho, que viveu pelo menos 15 séculos antes da invenção do cinema, a chave para a superação desse dilema. Para isso toma a seguinte afirmação de Santo Agostinho: "ao lado dos signos cuja função é significar alguma coisa, existem os objetos que podem ser usados com a função de signos"[11]. Ora, essa afirmação permite que passemos a considerar que os objetos óticos e acústicos presentes na produção do filme possam ser transformados em signos, pois este é o material essencial com o qual o cinema opera. Por isso todos os objetos, na arte cinematográfica, são convertidos em signos, logo, portadores de significação. Os objetos são os próprios significantes de um discurso que, além da oralidade e dos textos próprios aos discursos linguísticos, igualmente carrega em seu movimento uma série de objetos significativos que ajudam a compor todo um sistema de comunicação.

Tal possibilidade abre ao produtor um enorme potencial de possibilidades comunicativas, pois ele não conta mais com apenas uma forma de linguagem. E postula do espectador um comportamento de abertura do entendimento para que possa ser atingido pelas várias possibilidades comunicativas que estarão sendo transportadas pelas mensagens filmadas. Sem esse acordo entre produtor e espectador, a mensagem cinematográfica poderia cair no vazio comunicativo, pois se tornaria apenas um modo diferente de apresentar um discurso sobre uma experiência ou sobre um desejo.

Ora, o cinema, pelo contrário, é um turbilhão de elementos significativos. Num primeiro momento, o cenário cinematográfico, composto dos primeiros planos, os planos médios e os planos de fundo, articula uma sequência de tempos e espaços fragmentários na medida em que

---

[11] JAKOBSON, R. Op. cit., p. 154-155.

se entrelaçam por contiguidade, similaridade e contraste. Num segundo momento, pode-se perceber que a sequência no filme não é obtida apenas por contiguidade como na vida real ou no teatro. Pelo uso dos cortes, pela antecipação do cenário, o cinema pode gerar uma relação entre tempos e espaços não contíguos na mente do espectador e com isso operar por metonímias e metáforas. Por metonímia, na medida em que objetos e cenas compõem um discurso sobre uma realidade capaz de indicar uma significação sugerida mas nunca explicitada. Vê-se, por exemplo, no filme de Malle que uma escola no interior de um convento é capaz de indicar ideias de isolamento, moralidade, segurança, do mesmo modo que o símbolo nazista estampado na lapela do soldado sinaliza fonte do poder e da repressão. Ao mesmo tempo opera com metáforas, pois lida com o figurado, com representações simbólicas que, em sua natureza própria, são discursivas. No meio do tumulto da guerra e da ocupação, a escola religiosa é exemplo simbólico da justiça, da paz, da alienação esperada pelos opressores, do lugar da resistência por parte dos que se opõem à repressão.

As linguagens, tanto as orais quanto a dos objetos e das ausências se entrelaçam de modo significativo, unindo os discursos, as imagens, a música e o silêncio. No cinema o silêncio é prenhe de significação. Ele não indica ausência de sinais, não representa falta. Pelo contrário, no cinema o silêncio fala, assim como a música com o qual compõe um ambiente discursivo fazendo parte da gramática da linguagem cinematográfica.

Para concluir

O filme *Adeus, meninos* se encontra carregado dessa dimensão simbólica que as formas da linguagem pode conter. Por isso está aberto e à espera das muitas leituras que sobre ele podem ser feitas. Ele é construído tendo por referência um momento histórico (a França ocupada) e captura esse momento em movimento até o presente em que é filmado pela mágica memorial permitida à reconstrução histórica. É como se dissesse que as coisas aconteceram assim, mas se conhecêssemos esse futuro naquele momento do passado, poderíamos, quem sabe, termos mudado o curso da história.

Por um jogo de discursos linguísticos, diálogos, falas, exortações, ele expressa a potencialidade do discurso como forma para reconstruir na mente do espectador as diversas situações vividas pelos personagens. Alia a esse discurso linguístico formas de comunicação não linguística pelo uso, até excessivo, de materiais, vazios, gestos e objetos para compor o cenário do que ele quer comunicar: denunciar esse momento histórico, evitar que a sociedade atual, anestesiada pelo tempo, promova um esquecimento de um passado que não deve ser esquecido. Mas um detalhe pode ser lido para além dos signos materiais. Relembrar esse passado não deve ser tomado como repositório de um sofrimento a ser mantido vivo na forma com que espíritos fracos veneram o sofrimento, mas como advertência da geração atual sobre as armadilhas que são colocadas diante de indivíduos, grupos sociais, de toda uma nação e – por que não? – diante de toda a humanidade: a armadilha que prende todos debaixo de um jugo que vai se infiltrando na mente humana até que ela esteja completamente amordaçada.

E nesse sentido, elabora uma crítica que é uma autocrítica. Critica o passado sem levantar o dedo acusatório a ninguém em particular, pois, curiosamente, apenas um tempo depois, e às vezes, muito tempo depois, podem os homens se darem conta do enredo em que estiveram enredados. Por isso o filme, *Adeus, meninos*, deve ser compreendido como um eloquente discurso contra o esquecimento que aliena os homens de sua responsabilidade no passado e os perdoa, previamente, da responsabilidade para com o futuro.

Billy Elliot ou, na dança, o cisne

Arnaldo Leite Alvarenga
Maria Cristina Soares de Gouvêa

Filme: *Billy Elliot*
Ficha técnica, sinopse e mais informações na página 207.

Sobre o desejo do outro ou sobre o seu, como decidir qual é o mais perigoso?

Aragon, *As aventuras de Telêmaco*

Poderia ser um conto de fadas, um conto contemporâneo que, ao mesmo tempo, dialoga com os elementos dos contos tradicionais e os desloca, fazendo com que os espectadores se identifiquem com seus príncipes, heróis, encantamentos, e, por outro, experimentem o estranhamento ante o príncipe, o pai, a fada madrinha, o sapatinho de cristal ali personificados. Tais elementos se fazem presentes no filme, ressignificados, elementos que remetem a fantasia infantil e, ao mesmo tempo, ao universo mítico, embora no filme sua linguagem seja marcada pelo realismo.

Os contos de fadas têm como característica situar-se num universo imaginário, construindo uma outra realidade, em que se rompem os limites do possível, do razoável. Segundo Uchoa Leite (1980, p. 19), tais produções se caracterizam por "um estudo das invariantes, nas quais se repetem esquemas e protótipos", situando-se para além do real, do ponderável. Tais contos têm como temática sentimentos e emoções humanas que atravessam as diferentes culturas e que nos falam do que nos é universal, permitindo tematizar e simbolizar a perda, a dor, a busca da felicidade, da realização pessoal, o amor, a morte, os diferentes momentos da vida. Eles permitem que as diferentes culturas simbolizem o mistério do existir, por meio dos mitos, dos quais os contos de fada são uma expressão. Segundo Campbell (1990, p. 23),

> esses bocados de informação, provenientes dos tempos antigos que tem a ver com os temas que sempre deram sustentação a vida humana, que construíram civilizações e enformaram religiões através dos séculos, têm a ver com os profundos problemas interiores, com os profundos mistérios, com os profundos limiares da travessia, e se voce não souber o que dizem os sinais ao longo do caminho, terá de produzi-los por sua conta... precisamos que a vida tenha significado, precisamos tocar o eterno, compreender o misterioso, descobrir o que somos.

Assim é que, entre as diferentes produções míticas se situam os contos de fadas. Muitas têm sido as análises sobre seu significado, importância e sentido. Eles têm sido interpretados à luz da psicanálise, da psicologia, da história, da linguagem, da pedagogia. Tais diferentes abordagens buscam compreender a presença dos contos na nossa e em outras culturas, sua perenidade e associação a infância. Não pretendemos aqui analisar os contos de fadas, mas discutir em que o filme busca naqueles elementos para construir sua história, ao mesmo tempo que desmontando sua estrutura tradicional.

É um filme para crianças? Para adolescentes? para adultos? O filme busca trabalhar o tempo todo com a emoção, na sua expressão mais sincera (alguém poderia dizer sentimentaloide, ou piegas), mas sincera é uma boa palavra para retratar o recurso à emoção, ao sentimento. Sentimento esse que não é infantil, nem adolescente, nem adulto, mas procura falar de questões que nos remetem à realização da própria humanidade, aos difíceis momentos da existência, em que nos deparamos com a construção da própria identidade. Identidade que atravessa a nossa construção biográfica, mas que ganha dramaticidade e se torna central em alguns momentos definidos pelas diferentes culturas, os momentos de passagem.

No caso do filme, trata-se do abandono da infância, sem ainda as referências (mesmo que precárias da adolescência). Trata-se de um menino de 11 anos diante de si mesmo e contra as hostilidades do mundo em sua volta, experenciadas naquilo que o define como sujeito: o próprio corpo. A busca de uma identidade que lhe dê sentido pessoal, como também o distinga da massa informe de homens. Ao mesmo tempo, a identidade do menino, gênero que impõe a incorporação de determinados papéis e performances sociais. Por outro, um menino filho de trabalhadores, num momento histórico e contexto social em que essa questão assume especial dramaticidade. Por fim, um menino que encontra a dança e escolhe dançar. Como afirma Cahan (1999, p. 18):

> as solicitações da adolescência exigem a tarefa considerável de transformação do seu olhar para si e de suas visadas, que hoje vem a complicar a barafunda de referências quanto a diferença dos sexos e das gerações de um lado, quanto a seu papel e seu lugar no *socius*, de outro.

Pensemos então mais longamente nesses elementos.

Nosso herói é um menino, de seus 11 anos, nosso patinho feio, gata borralheira, deslocado e sem lugar no mundo, como costumam ser e sentir os meninos aos 11 anos. O filme o situa nas bordas, no espaço nenhum entre a infância e a adolescência, espaço que Billy tem como tarefa ocupar e significar. Na verdade, tal espaço metafórico se substantiva no próprio corpo, é nele e através dele que Billy deverá esculpir a própria identidade.

A adolescência é narrada, ao longo do filme, como um tempo definido por uma tarefa, período ao longo do qual o sujeito volta-se para si mesmo como diante da Esfinge: decifra-me ou devoro-me. Para tal, o herói deverá percorrer um longo caminho, em que as referências estáveis (mesmo que precárias) da infância são abandonadas, já não se mostram mais eficazes, não servem de abrigo, assim como a pretensa estabilidade adulta ainda não se anuncia. É o tempo da instabilidade, das incertezas, tempo do trabalho de forjar a própria identidade, aquilo que nos singulariza, que nos torna diferenciados do que nos cerca, ao mesmo tempo que tem sua construção a partir desse universo.

Assim é que, a partir do conjunto desconexo, formado de cortes, de interações sucessivas e infinitas, que conformamos uma totalidade, a singularidade. Tal totalidade se dá, por um lado, pela identificação com o que nos cerca, a introjeção do universo cultural onde e a partir do qual nos situamos. Por outro, sua rejeição, a construção de um lugar único, forjado exatamente na oposição a esse universo que nos conferiu sentido.

É a absoluta sinceridade do personagem, vivendo um dos momentos-chave no percurso de construção da identidade, que nos toca desde o início do filme, que nos faz estabelecer uma empatia e identificação com seu desajeito e entregarmos, sem maiores resistências, ao sentimento. É com a identificação que o filme trabalha e nos toca. Com a identificação desse momento, a ruptura com o passado infantil, como o define Benjamin (1983, p. 57): "os campos de batalha apaziguados da nossa infância" para os permanentemente atormentados campos de batalha da adolescência.

A adolescência afirma-se central na construção biográfica do indivíduo contemporâneo e cabe, apesar de tudo que já foi dito a respeito, pensar sobre ela.

Num mundo onde o indivíduo afirma-se como centro da cultura, tornando opacas as múltiplas determinações que tornam possíveis e definem suas escolhas, o adolescente depara-se com a tarefa de definir sua identidade individual, perante as aparente quase infinitas escolhas possíveis. Segundo Elias (1993, p. 209), num mundo onde: "uma nova atitude para consigo mesmas, novas estruturas da personalidade e, especialmente, modificações na direção de maior controle afetivo".

É nessa complexa teia que o adolescente, e mais exatamente nosso herói, se situa. Seu universo mostra-se caótico, a suposta estabilidade infantil se desfaz, juntamente com a imagem, cada vez mais opaca e melancólica da mãe morta, signo da infância perdida. Billy se despede da infância ao mesmo tempo que lamenta o esvanecimento da imagem materna. É perante o universo adulto, duro, truculento que Billy deverá se situar. Situar como adolescente, e não como adulto, experimentando o estranhamento, trombando em espaços e paredes, um corpo que foge a deriva ao dançar.

Nosso herói não é, ao mesmo tempo, um menino delicado, de modos aristocráticos e traços finos, corpo leve e suave, como nos contos de fadas. É um menino desajeitado, patinho feio em seu corpo em transição de seus 11 anos, que logo nos encanta com suas roupas surradas, pequenas para seu tamanho que parece escapar das calças curtas, seus braços que sobram das mangas do casaco, ao acentuar seu desajuste perante o mundo.

Menino num corpo irrequieto, que não tem ainda a clareza do que quer fazer, que expressa-se em movimentos aparentemente bruscos, estouvados, mas, sem dúvida, plenos de uma "harmonia rústica", que bem retrata a passagem do corpo de uma criança para a sua adolescência. Um corpo pequeno, que aos poucos vai se tornando visivelmente grande, pois já não há a necessidade de se alongar tanto para pegar coisas no alto, mas que ao mesmo tempo tromba, muitas vezes sem perceber, em arestas e objetos em geral, devido a uma nova dimensão sobre a qual ainda não tem total controle: seu corpo em expansão.

É no corpo que o adolescente experimenta, com literalidade e dor, a sensação de estranhamento perante o mundo. Tal como o patinho feio que não se reconhece ao mirar-se nas águas: "esse não sou eu, esse corpo não me pertence", o adolescente mergulha no lugar nenhum, no espelho quebrado que lhe devolve o tempo todo a estranheza perante si mesmo.

Um corpo sem lugar, irrequieto e por muitos momentos apático, mas que, num piscar de olhos, parece estar sempre ocupando todos os espaços com sua, ainda, descoordenada dimensão.

No mundo da criança, Billy já não se insere com a mesma facilidade, as brincadeiras, vão perdendo aos poucos sua sedução; e a etapa a seguir – a adolescência – ainda é um lugar estranho, indefinido no qual, como uma roupa desajeitada, ele tenta se encaixar. Menino cujo sonho, sem um foco definido, já se faz anunciar em movimento, pela necessidade de mover-se ritmicamente, e virá a se concretizar em dança no desenrolar da história. Em casa, logo nas primeiras imagens do filme, ele desenvolve um verdadeiro balé de flexibilidades corporais, numa "tortuosa coordenação", quando tenta realizar diversas atividades domésticas, numa fase em que os meninos não estão atentos a isso. E aqui a cena é dirigida com a vitalidade de uma performance, de alguém que descobre as múltiplas possibilidades de seu corpo.

O herói, gata borralheira, patinho feio além de desajeitado, não tem modos, exprime-se num inglês de trabalhador, fala palavrão, tropeça nas palavras, nas mesas, na expressão dos afetos. Afetos tristes, melancólicos, doloridos, intensos, felizes, prazerosos. O mundo de Billy é essencialmente o mundo dos "afetos brutos", em sua intensidade incontida. "Vastas emoções e pensamentos imperfeitos", diria Freud. Em alguns momentos, seu afeto irrompe em ira dolorida, noutros em intenso prazer, mais exatamente quando dança. Seu choro não é manso, é raivoso e mal-humorado. Seu riso é franco, sua dança constrói-se intensa, arrebatada.

Ele não é especialmente inteligente e brilhante no uso das palavras, ao ser questionado num teste da Royal Ballet Academy, por que escolheu dançar, não consegue dizer mais que obviedades, mas de uma sinceridade que desarma quem a ouve. Seu discurso ao longo do filme é feito de frases curtas, corriqueiras, ao mesmo tempo de perguntas que, a partir do seu lugar de estranhamento, de alteridade perante o mundo adulto, perturbam ao desnaturalizar o lógico, o já estabelecido, as falsas certezas que tornam o universo razoável e o cotidiano possível.

A sinceridade de Billy é tocante e atravessa o filme. Ao apresentar à professora de dança a carta-testamento/testemunho da mãe morta, aquela, comovida, comenta: "sua mãe deve ter sido alguém especial". Ao que Billy responde: "não, ela era só minha mãe".

Nosso herói adolescente situa-se num determinado momento que define as formas como lida com a passagem do lugar social da criança para o de adulto. É com essa tarefa que assume na atualidade um significado ainda mais complexo e árduo que o sujeito, adolescente contemporâneo, se depara. Diante da instabilidade do universo social, diante da cada vez maior incapacidade de os adultos (perante a instabilidade contemporânea) produzirem referências sólidas e estáveis que norteiem o trabalho de fazer-se sujeito entre sujeitos, o adolescente mergulha na própria perplexidade. Para Cohn (1999, p. 22):

> o adolescente de hoje se vê desprovido dos rituais de iniciação que o integram a seu lugar próprio na ilusão transicional das crenças comuns ao grupo, a sua família e a ele mesmo e, por isso, obrigado a forjar para si seu próprio mito pessoal a partir do qual ele utilizará para este fim no mundo externo.

No mundo contemporâneo, as referências da tradição que buscavam oferecer a solidez da estabilidade do sentimento da própria existência, de fazer parte de um *continuum* maior, que se desdobra em sucessivas gerações, se esvai. Billy carrega, entediado, as luvas de boxe herdadas do avô, tradição com um significado da virilidade que as torna o passaporte da passagem do menino, filho de um mineiro de carvão, para o mundo adulto, homem, mineiro de carvão. A luva de boxe não se ajusta a suas mãos, ele é péssimo boxeador, embora lute sem maiores certezas para dar continuidade à tradição e conseguir alguma estabilidade num mundo de referências precárias.

Nesse mundo instável, Billy, adolescente contemporâneo, é herdeiro de uma certa tradição: a de trabalhadores ingleses. Tradição essa duramente forjada no orgulho da própria identidade, na dignidade fruto do trabalho, que moldou-se na luta cotidiana pela sobrevivência e construção de um futuro menos opressivo, em que as greves afirmaram-se como um dos seus eixos definidores. É tal tradição que lentamente sucumbe no filme numa greve emblemática dos novos tempos globalizados.

O pai aparece no filme como representante do que a sociologia define como "classe trabalhadora", que, na Inglaterra, tem um dos principais berços. Segundo Thompson (1987, p. 10):

> A classe acontece quando alguns homens, como resultado das experiências comuns (herdadas ou partilhadas) sentem e articulam a identidade de seus interesses entre si, contra outros homens cujos interesses diferem(e geralmente se opõem) dos seus. A consciência de classe é a forma como essas experiências são tratadas em termos culturais: encarnadas em tradições, sistemas de valores, ideias e formas institucionais.

A experiência de construção da classe trabalhadora definiu-se historicamente pela luta por sempre melhores condições de trabalho e, logo, de existência, em que a greve afirmou-se como instrumento maior, que lhe conferiu sua própria organicidade. Nesse processo histórico, o filme situa-se num momento em que novas condições de produção marcam rupturas com os tradicionais instrumentos de luta e colocam em xeque sua eficácia. "Sua luta é inútil, as minas de carvão não são mais rentáveis, vocês não têm porque insistir", afirma com enfado o marido da professora de balé, em sua poltrona, situado noutro espaço social, ao referir-se à greve, dirigindo-se a Billy, filho e irmão de mineiros em greve. Sua fria objetividade traduz a posição do governo Tatcher, que então se iniciava. Esta, ao enfrentar duramente a greve, durante longos nove meses, numa queda de braço que ao final do filme se mostrou melancolicamente vitoriosa para o governo, abriu caminho para privatizações que conferiram a marca da economia globalizada no universo social britânico.

Assim é que as referências de classe se esvanecem aos olhos de Billy, frente a amargura paterna. O menino tenta ser herdeiro das lutas de boxe, tenta tornar-se adulto, trabalhador das minas de carvão. Mas na busca do que o define como indivíduo, tais referências não lhe conferem suporte. Nesse momento, é o piano da mãe que lhe conforta e suporta. Ele busca tocar uma melodia, dedilha as teclas, tenta resgatar uma mãe dolorosamente ausente, referência para sua identidade.

Como num rito de passagem, uma revelação vai se dar durante um treino de boxe, um efeito mágico, na visão pueril de meninas numa aula de balé. Contraste de grande significação no filme, o inesperado contato acontece num espaço algo decadente, um velho ginásio, onde se treinava o boxe para o corpo masculino, de homens trabalhadores nas minas de carvão; e a dança pela via do balé, docilizando o corpo feminino. Daí nasce o conflito em que se entrelaçam expectativas paternas, desejos de uma professora de dança, o preconceito quanto às escolhas profissionais dos gêneros e os fortes contrastes sociais e de sensibilidade dos personagens. Os universos parecem irredutivelmente antagônicos. O universo masculino trabalhador expresso no boxe, com seus códigos e gestuais, e o feminino do balé, com seus também códigos e gestuais, absolutamente inconciliáveis em sua diferença. Porém, o som do piano convida Billy a se aproximar, a música lhe evoca a mãe ausente e o faz transpor pela curiosidade, tédio ou solidão, as barreiras de tais mundos. Billy descalça as botas e veste as sapatilhas, passaporte não mais para o universo masculino adulto de trabalhador inglês, mas de indivíduo que se descobre capaz de dançar e que, aos poucos, a partir desse gesto, por meio desse ato, estabelece outros parâmetros para a construção de sua identidade adulta, pela transgressão absurda da escolha.

O menino terá que lutar para por em prática esse seu potencial desconhecido: expressar-se por meio do balé, esse seu trabalho que o situa no lugar do herói.

Se a dança, como conteúdo formativo da educação nobre, cumpriu, nas cortes europeias do século XVII, um papel simbólico de poder pessoal e social, seu *status* decai nos séculos seguintes, quando seu exercício será uma atividade de profissionais no campo da arte; e na educação, limitar-se-á a um polimento dos gestos, ludicidade e postura nos salões de baile, para uma necessária visibilidade social.

A condição de artista traz consigo a fantasia – aos olhos da sociedade – de um mundo cheio de experiências excitantes, sendo também, por outro lado, representado como um universo marcado pela transgressão. Para as mulheres, dançar na sociedade burguesa foi parte de sua formação, deixava-as mais graciosas e mesmo desejáveis, aos olhos de pretendentes interessados, sendo que hoje em dia, a variedade de outras possibilidades de contato entre os sexos deslocou essa importância de uma estética menos frágil e delicada para uma outra mais vigorosa e de musculatura mais desenhada das academias de ginástica e musculação. A cultura do corpo no século XX trouxe um novo *status* social ao corpo em si mesmo, e não propriamente pela linguagem que o mesmo utiliza para se expressar.

A situação do homem seguiu caminho diverso. Na corte de Luís XIV, o rei Sol – ele próprio um exímio bailarino –, os homens que dançavam não eram questionados em sua masculinidade, muito embora as regras de civilidade da época preenchessem com inúmeros trejeitos os comportamentos e gestos de ambos os sexos, refinando ao exagero os movimentos do corpo. Impedidas de se apresentar nos palcos públicos, as mulheres por muitos anos tiveram seus papéis executados por homens em *travesti*, sem que isso os desabonasse em sua masculinidade, fato observado também nas culturas orientais.

Sem querer reduzir as relações da dança/gênero a um só tipo de influência, em sociedades em transformação, segundo Judith L. Hanna (1999, p. 184-185), as lentas e significativas transformações culturais que marcam a construção das sociedades burguesas, as antigas atividades corporais vão sendo associadas a uma certa frouxidão moral e, portanto, embaraçosas à produtividade econômica. Desse modo, a dança sofre um duro golpe, passando da condição de apresentação masculina real para a de apresentação feminina inferior. O corpo, enquanto expressão dançada, passa a ser um antagonista da produtividade econômica. A burguesia francesa em ascensão, ao atribuir o colapso de sua monarquia em parte à frouxidão moral da nobreza, desloca a condição do corpo como ludicidade para a de um instrumento de produção. Nessa condição o homem vem a desinteressar-se cada vez mais da dança enquanto profissão, aumentando o prestígio feminino nessa arte, mas também fazendo decair sua condição moral aos olhos da sociedade. A tal ponto que inúmeros papéis masculinos chegaram a ser dançados por bailarinas em *travesti*, como a bailarina Caroline Lassiat, que dançou o papel masculino no balé *Paquita*, de Mazilier, em 1846.

Embora nomes importantes de bailarinos tenham surgido ao longo do século XIX, a retomada da importância do papel masculino na dança e de sua dignidade como profissão "decente" crescem ao longo do século XX, na pessoa do grande bailarino russo Vaslav Nijinsky e, excepcionalmente, a partir dos anos 60, com Rudolf Nureiev – também russo –, que aporta uma outra qualidade técnica e expressiva nas performances masculinas do balé, bem como outros nomes ligados à estética da dança expressionista e moderna americana, como Kurt Joos, Harald Kreutzberg e Ted Shaw e José Limon, entre outros.

Porém, se tal acontece no campo da arte, no cotidiano, um filho bailarino provoca perplexidade. Ao homem cabem mais as práticas de luta ou mesmo esporte, pois o masculino é o lugar da força, onde a atividade e mesmo a imposição necessária de uma maior agressividade justificam a inadequação aos movimentos refinados e graciosos do balé.

Esse contexto histórico soma-se à condição social de Billy e parece condená-lo a seguir a trajetória do pai e do irmão mais velho, mineiros de carvão, onde força física, treinada pelo boxe, é a prática devida a alguém como ele, de sua classe social. No seu espaço familiar, onde imperam os homens, a presença feminina é quase nula, fazendo-se lembrar pelo piano da falecida mãe, evocada na mente do menino por meio da sonoridade do instrumento; e pela avó já decrépita, cujo feminino decadente, ainda mantém acesa a chama do sonho – visto pela ótica de seus parentes como delírios esclerosados da anciã. No neto Billy, ela vê a possível continuidade e a realização do desejo de tornar-se bailarina, mesmo sem distinguir muito se isso choca ou não os padrões vigentes para os gêneros de seu nível social e familiar. Curiosamente, é o mesmo piano – um símbolo feminino e que muito incomoda o pai – que irá aquecer a família numa noite fria de natal, quando falta o carvão para o fogo. E mesmo sendo uma difícil situação, pois o pai o destrói a machado – um dos momentos de clímax do filme –, a energia de sua incineração os envolverá a todos, em torno da lareira, elemento chave na cultura da classe trabalhadora inglesa, segundo Hoggart (1973). O fogo envolve e remete com seu calor, a lembrança da mãe, lembrança triste, ao mesmo tempo que unificadora.

O herói não escolheu o caminho, ele não escolheu dançar. Billy se depara com a dança. Não a procura, mas ela se impõe, impondo também a Billy o trabalho de esculpir a dança em seu corpo, fazer-se bailarino, trabalho que ao mesmo tempo irá dar referência à construção de sua identidade. A dança é capaz de transportá-lo para além do real, do trivial, do possível, do correto. Seu sonho é absurdo, sua dança não tem lugar, mas ele persiste.

Billy tenta, como tentam todos os meninos príncipes e princesas, ser a realização do desejo do pai. E como todos meninos e meninas, príncipes e princesas, fracassa felizmente, expondo o pai à vergonha, reforçando a sensação de inadequação e desajeito, incapacidade de se situar no mundo que lhe parece permanentemente hostil e desprovido de sentido.

O pai, solitário em sua viuvez, que o situa no lugar do abandono e, ao mesmo tempo, com a tarefa de constituir-se como referência afetiva e simbólica para os filhos, cada um vagando solitário no próprio abandono. Ao acompanhar o filho no teste de balé, diante da pergunta deste se já havia ido a Londres, capital da cultura britânica, responde lacônico que em Londres não há minas de carvão, onde, portanto, não tem lugar e nem espera ter. Esse universo não lhe pertence, nem interessa, é o mundo do outro

O apoio que Billy inicialmente não recebe dentro da família será dado pela professora de balé, que passa a investir na sua formação técnica. Até então, a ausente figura feminina concretiza-se nela, que com suas fortes atitudes de estímulo, assume simbolicamente uma força também masculina na condução do menino. Nessa relação, misturam-se as expectativas pessoais da professora que a partir de suas aulas, procura nas potencialidades do aluno reencontrar uma outra forma de realização daquilo que não alcança na vida pessoal. Por meio da professora as referências femininas de Billy ganham foco e objetividade, levando-o a descobrir-se possuidor também desse outro lado, sem que isso afete sua masculinidade. Nesse ponto, entrelaçam-se diferentes sentidos das experiências por ele vividas: a dificuldade da prática cotidiana da dança, o que lhe pede uma dedicação persistente, tanto como afirmação de ter competência para o balet, como também de ser competente enquanto ser masculino e sem efeminações; no percurso tortuoso de seu esforço no balé e na construção de sua identidade, vencendo passo a passo essas dificuldades, como conseguir fazer um único giro sobre uma perna só.

Diante do olhar de franca reprovação do pai, o menino responde com aquilo que sabe fazer e dança furiosamente perante ele, afirmando seu desejo e sua competência, uma dança em que se misturam passos das mais diferentes técnicas e que reforçam a virilidade de seu desempenho.

Confrontado com a dança do filho, o pai, perplexo, sente-se confrontado também na própria trajetória. A dança do filho apresenta-se ao pai como expressão maior daquele menino desajeitado, bem como expressão de outro mundo possível, muito além das minas de carvão. O sonho afirma-se utopia e sua realização passa a ser um projeto coletivo, no qual apostam os mineiros em greve.

Agora nosso herói tem diante de si a tarefa de afirmar socialmente sua escolha e para isso defronta-se com o ritual da prova na aristocrática Royal Academy Ballet, em Londres. Prova, provação, ou seja, dar testemunho público de um saber que legitima o lugar social e permite a Billy transpor, finalmente, fazer a passagem de menino a adolescente, de mineiro de carvão a bailarino.

Durante sua audiência diante da austera banca da escola londrina, o comportamento de Billy é algo decepcionante, seu corpo não é necessariamente o ideal, assim como seu desempenho. Mas quando tudo parece perdido e a entrevista encerrada, uma das examinadoras pergunta por que ele gosta de dançar. A princípio diz não saber, mas completa sua fala dizendo que, quando o faz, sente como se desaparecesse, voasse, tendo seu corpo preenchido por eletricidade. As suas palavras surpreendem e impactam a banca, deixando no ar uma perplexidade, aquela em que a intuição de olhares experientes, abandonando toda a racionalidade dos parâmetros objetivos de referência para a seleção, confiam na sinceridade do momento, e na verdade expressa pelo menino.

Em suas cenas finais, o filme nos mostra toda a transformação que se opera nos personagens a partir daquela utopia. O pai, que levara o menino para os testes na grande cidade, passa indiferente a ela, pois, em suas palavras, lá não havia carvão, ou seja, não há o que fazer aqui. Mas tudo muda quando, na noite de estreia do espetáculo de Billy – agora um profissional –, o pai, ao percorrer novamente a cidade de Londres, percebe-a com outros olhos, com o fascínio de uma descoberta, embora, para ele, algo tardia.

Para o público londrino, ou mesmo os conhecedores mais próximos da arte coreográfica, a cena de fechamento do filme – em que o bailarino Adam Cooper interpreta o Billy adulto – utiliza-se da coreografia do inglês Mathew Bourne, numa versão do clássico *O lago do cisne,* totalmente dançada por homens cisnes (quando ela é tradicionalmente dançada por mulheres), chamando-nos a atenção para as muitas simbologias da arte, procurando romper sempre com os preconceitos vigentes. Aqui, acima dos gêneros, paira o amor ao belo e a expressão plena do corpo que dança, seja homem ou mulher, na trajetória milenar da busca da expressão por meio da arte. O patinho toma forma em cisne e dança, lança-se no ar: "A dança do cisne".

REFERÊNCIAS BIBLIOGRÁFICAS

BENJAMIN. Walter. *A criança, o brinquedo e a educação*. São Paulo: Summus, 1983

CAHN, Raymond. *O adolescente na psicanálise: a aventura da subjetivação*. Rio de Janeiro: Companhia de Freud, 1999.

CAMPBELL, Joseph. *O poder do mito*. São Paulo: Palas Atena, 1990.

ELIAS, Norbert. *O processo civilizador*. Vol. 1. Rio de janeiro: Jorge Zahar, 1993.

HANNA, Judith Lynne. *Dança, sexo e gênero*. Rio de Janeiro: Rocco, 1999.

HOGGART, Richard. *As utilizações da cultura: aspectos da vida cultural da classe trabalhadora*. Lisboa: Editorial Presença, 1973

THOMPSON. E. *A formação da classe trabalhadora inglesa*. Vol. 1. Rio de Janeiro: Paz e Terra, 1987

UCHOA LEITE, Sebastião.O que a tartaruga disse a Lewis Caroll in CARROLL, Lewis. *Aventuras de Alice*. São Paulo: Summus, 1980.

Os múltiplos sons da liberdade

Nilma Lino Gomes

Filme: *Sarafina*
Ficha técnica, sinopse e mais informações na página 208.

Qual é o som da liberdade? É aquele que se ouve na escola? Na rua? Na relação com os amigos? Ou é a voz de quem vive o processo de saída da juventude e entrada para a vida adulta? Ou será o som emitido pela história de vida de figuras humanas que, com sua luta, mudaram o rumo da história de um país e de um povo?

No filme *Sarafina – o som da liberdade*, a protagonista não é uma ilustre professora, mas, sim, uma jovem cujo nome intitula a obra. Sarafina é a garota que a duras penas compreende que o som da liberdade é o som daqueles que, na incansável luta contra a exclusão social e a discriminação racial, descobrem que para se construir um país livre é preciso, em primeiro lugar, libertar-se a si mesmo do ódio causado pela opressão.

Os aprendizados e a vivência sofrida de tantas crianças, adolescentes e jovens negros e negras que viveram sob o regime do *apartheid* na África do Sul fazem parte da narrativa. A partir dela poderemos focar o nosso contexto, refletindo e analisando o que significa a experiência do racismo na vida de milhares de adolescentes e jovens negros/as brasileiros com os quais convivemos na escola pública.

Sarafina, na sua vivência, no seu amadurecimento precoce de adolescente-jovem-mulher, vai descobrindo, aos poucos, que o primeiro passo da luta pela liberdade não está simplesmente no desejo de garanti-la ao outro, a qualquer preço, e nem somente na elaboração de focos de resistência política. É fato que ambas as estratégias fazem parte dos processos de reação e oposição a um sistema opressor e racista. Contudo, se forem construídas de maneira ingênua e, sobretudo, se tiverem o ódio como alicerce, aqueles que as elaboram e lutam pela realização dessas mesmas estratégias tendem a cair na armadilha da violência imposta pelo opressor. O ódio, a intolerância e a arrogância são armas utilizadas pelos regimes autoritários contra os grupos que estes desejam subjugar, e talvez a sua força esteja no fato de que elas são absorvidas e aprendidas pelos sujeitos sobre cuja opressão incide. O filme nos mostra como é difícil não cair nessa armadilha quando se tem a dignidade confrontada cotidianamente, a casa invadida, os colegas assassinados e uma sociedade envolta no medo. O som da liberdade torna-se tênue e apagado diante do som da opressão. Como então poderemos ouvi-lo?

Durante toda a trama, as personagens vivem tensões diante de escolhas nas quais a construção da liberdade está em jogo. Se o ódio ao opressor tornar-se o motor da luta pela libertação, corre-se o risco de desfocar-se do objetivo principal da mesma, a saber, a construção de uma sociedade democrática. O ódio poderá voltar-se contra os próprios oprimidos e, nesse contexto, as discordâncias e as diferenças de concepção – presentes no interior de qualquer grupo – poderão resultar na competição interna entre aqueles que resistem. A luta contra a miséria e contra as condições humanas indignas deixará de ser o foco da construção de uma sociedade mais justa e a vingança, alicerçada na violência, poderá ser tomada como a principal arma para se chegar ao poder. Já na primeira cena do filme, vemos os jovens negros sul-africanos se defrontarem com esses dilemas.

Essa realidade tão complexa abordada pelo filme poderia cair facilmente numa moralização das relações entre grupos opressores e oprimidos ou na condenação fácil dos oprimidos diante das suas difíceis escolhas políticas e éticas. Será que o filme consegue sair desse apelo moralista? Se nos atermos à história e às vivências de Sarafina, de sua professora e de sua mãe, não seremos induzidos a esse tipo de interpretação, e menos ainda se focalizarmos a figura de Nelson Mandela, a referência dos sons da liberdade.

Mas quem é Sarafina? É uma jovem negra, moradora do bairro de Soweto na África do Sul, no contexto do regime do *apartheid*. Essa garota vive uma série de experiências e aprendizados individuais e coletivos nos mais diferentes contextos de interação social escolar e não escolar. Apesar da escola ocupar um lugar importante na trama do filme, as vivências e o aprendizado de Sarafina não se restringem ao espaço escolar; antes, acontecem com muito mais intensidade no seu cotidiano, na sua admiração pela figura humana de Nelson Mandela, que, no contexto dessa narrativa cinematográfica, ainda encontrava-se preso.

É a história de Mandela que essa garota aprende a respeitar e admirar. Diante de uma foto de Nelson (como ela o chama de maneira íntima) pregada na parede do seu quarto, numa casa-cubículo onde vivia com seus parentes e com seus irmãos menores, Sarafina brinca, conta sua história, tira dúvidas, fala das angústias e sonha com a mesma liberdade que este líder negro revolucionário sonhou. Ele é para ela um interlocutor oculto.[1]

Apesar da trama envolver as atividades da garota e de outros/as jovens na escola, é na vida cotidiana, nas relações humanas, no sofrimento da mãe doméstica, na inconformidade de uma professora com a submissão dos outros docentes ao tipo de ensino privilegiado pelo *apartheid*, na tortura e na prisão que Sarafina compreende que a passagem daquilo que colocamos como ideal para o que é desejado e necessário, faz-se somente pelo possível. Não se trata de conformismo, mas da construção de um projeto de vida e de sociedade. Estamos, então, no campo da utopia, vista como sonho possível e não como algo irrealizável. Talvez tenha sido essa compreensão que manteve Nelson Mandela vivo e íntegro, mesmo durante tantos anos de prisão.

Até que Sarafina e um grupo de jovens negros/as de Soweto compreendessem esse duro aprendizado da vida, eles radicalizaram, queimaram escolas, depredaram e até mataram. O ódio tomou conta de todos. Assim, o sonho de liberdade que gerou a revolta e a resistência dos jovens à situação de opressão imposta pelo *apartheid* misturou-se com o ódio e com a intolerância e quase exterminou suas próprias vidas.

A importância da radicalidade da vida humana talvez tenha sido um dos aprendizados de Nelson Mandela no interior da prisão. Esse também foi um aprendizado de Sarafina. Mandela lutou para permanecer vivo. Isso é mais do que instinto de sobrevivência. É construção de um projeto e

---

[1] Nelson Mandela foi liberto no ano de 1990. Foi eleito presidente da África do Sul nas primeiras eleições democráticas daquele país, em 1994.

sabedoria política. Nem todos os líderes negros/as da nossa história conseguiram permanecer vivos. A memória dessas figuras humanas ilustres que movimentaram povos, lideraram reações e resistências, nos alimenta e nos inspira até hoje. Para muitos, nenhuma escolha foi permitida pelo regime opressor. No caso de Nelson Mandela, sua vida não foi simplesmente "poupada" pelo regime do *apartheid* devido ao medo deste diante da possibilidade de uma comoção popular de proporção inigualável, caso esse líder negro fosse assassinado ou mesmo devido às pressões internacionais que exigiam a libertação do mesmo. Mandela construiu uma estratégia de luta pautada na necessidade de se manter vivo, pois só assim poderia sair da prisão e realizar a sua utopia junto com seu povo ou pelo menos parte dela. E, de fato, após a sua libertação, o mundo assistiu Nelson Mandela ser eleito presidente da África do Sul e conseguir, depois de anos de prisão, não se tornar um homem insensível. No filme, Mandela é a referência do aprendizado de vida dos/as jovens negros/as, especialmente Sarafina, na luta em prol da liberdade. O som da liberdade vem da vida desse e de outros líderes negros sul-africanos.

Dentro da prisão, Mandela, com sua história de vida, conseguiu atingir multidões dentro e fora do seu país, talvez muito mais do que se ele tivesse desenvolvido um tipo de resistência cujo confronto ao opressor fatalmente o levaria à morte. É possível visualizar no filme uma dimensão pedagógica quando este nos mostra que as novas gerações precisam de lideranças e narra sobre a importância de nos espelharmos em figuras humanas reais. Sarafina considera Mandela como a sua principal referência política. De alguma forma, isso transforma a sua vida.

No filme, os livros didáticos adotados pela escola não apresentavam nenhuma figura humana negra e nem destacavam os heróis da luta do povo sul-africano. As lições de liberdade aprendidas por Sarafina e seus amigos não eram consideradas como temáticas importantes dentro das diversas disciplinas do currículo da escola. Somente uma professora teve coragem de, ao entrar em contato com os alunos, narrar para aquela turma de jovens ansiosos por conhecer a si mesmos e ao seu país uma história diferente, cujo personagem principal era o povo sul-africano. Quando nos defrontamos com uma narrativa como esta, somos induzidos a perguntar-nos pelo espaço que temos dado na escola brasileira à presença de figuras humanas, cuja história de luta tem sido uma referência de vida para nós e para nossos alunos(as).

Os setores populares se espelham em figuras humanas do seu próprio meio, que são exemplos de vida na sua luta cotidiana. Dentre estas figuras estão lideranças negras e pessoas anônimas, as quais não estão registradas nos livros didáticos, não são faladas dentro da escola, não são temas das nossas aulas nem na educação básica e tampouco nos cursos superiores. Onde estão nos nossos livros didáticos a história de Zumbi, Dandara, Luiz Gama, Luiza Mahim, Cruz e Souza, Lélia González e tantos outros negros e negras cuja vida é um exemplo de luta contra a opressão, a escravidão e o racismo? Onde está a história das famílias dos nossos alunos que lutam cotidianamente para manter seus filhos na escola e lhes proporcionar uma vida digna?

A escola é um tempo-espaço dinâmico por mais que se apresente, na maioria das vezes, como uma ilha isolada com pouca ou quase nenhuma relação com os espaços não escolares. Porém, essa não é uma tendência natural da escola. É uma construção histórica, que mais tarde tornou-se uma opção política. O currículo escolar faz seleções, recorta, alimenta e privilegia certas representações de ser humano, de tempo e espaço, e, ao fazer isso, contribui para a construção de identidades sociais. Essa situação pode ser notada no filme. Embora os professores da escola frequentada por Sarafina soubessem, compreendessem e até mesmo discordassem do que acontecia naquele país e reconhecessem que a opressão estava refletida no currículo escolar vivido pelos/as jovens estudantes, a maioria fez a opção por se calar. Mas nem todos se calaram.

Embora o diretor e grande parte dos professores adotassem um comportamento submisso e protetor diante da "imagem" de escola imposta pelo *apartheid*, os conflitos, as vivências e a opressão vividos pelos/as jovens negros/as fora da escola invadiam a todo momento os bancos escolares e eram motivos de questionamentos, de cumplicidades, rivalidades e revoltas. A tentativa da escola de manter-se alienada diante da realidade sofrida pelos negros e negras da África do Sul tornou-se insustentável. Por isso, entre os alvos da revolta dos estudantes estava o espaço físico escolar. Ele também passou a ser alvo de depredação. A escola tornou-se símbolo de opressão. No filme, ela pode ser entendida como uma metáfora da vida sob a dominação do regime do *apartheid*. Ela retrata e reproduz o que acontece em todos os espaços da vida social do povo negro sul-africano.

A opressão do povo sul-africano no contexto do *apartheid* não é retratada apenas nos percursos e conflitos vividos pelas personagens no interior da escola. A imagem, o ritmo, as cores, a paisagem ao redor expressam um mundo marcado pela violência. Os viadutos, as cercas e as celas das prisões contrastam-se com as belas casas e as ruas limpas e largas dos bairros onde reside a minoria branca e rica. Porém, as ruas pobres de Soweto transformam-se ao serem invadidas pelos jovens negros e negras que, nos momentos de fantasia e imaginação, fazem das sucatas palco, carros e câmeras filmadoras. O espaço é ressignificado pela ação dos/as jovens por meio da corporeidade e da música. As danças e os cantos entoados misturam ritmos modernos e tradicionais. A corporeidade e a musicalidade também estão presentes nas passeatas de protesto que os/as jovens realizam. A cultura é transformada em mais um dentre os múltiplos sons da liberdade.

Nesse processo, não somente Nelson Mandela se constitui na figura humana inspiradora dos aprendizados de Sarafina. As mulheres são as personagens fortes de todo o filme. A professora Mary Masembuko e a mãe da garota são exemplos de mulheres que lutam e que resistem. Uma resistência pacífica mas de grande força. Uma resistência que lembra as estratégias de Oxum, o orixá da fertilidade, a mãe das águas doces, uma das mulheres guerreiras na tradição religiosa africana e afro-brasileira.

A primeira mulher, a professora Mary Masembuko, consegue ouvir, compreender e dar espaço para que os/as jovens falem das suas revoltas e das dores causadas pela opressão vivida. Ela realiza tal tarefa desenvolvendo atividades pedagógicas coletivas, cuja principal característica é a música: o som da liberdade. Esta professora aceita o desafio de organizar juntamente com os alunos um show para Mandela, uma atitude que, naquele contexto, só poderia resultar em represália, prisão e morte.

A segunda mulher, a mãe de Sarafina, é uma viúva sofrida, cuja atitude pacífica era vista pela filha, inicialmente, como motivo de vergonha. Essa visão sofre mudanças no decorrer do filme. Após o sofrimento, a tortura e no silêncio do cárcere, só interrompido pelos gritos dos amigos torturados, emerge uma Sarafina jovem-mulher, que reconhece a luta silenciosa da mãe para manter os filhos vivos. É ela mesma que diz: "Você é forte, mãe. Você sobrevive. Trabalha por todos nós. Ninguém faz músicas sobre você. Ninguém diz que você é uma heroína, mas você é. Uma heroína. [...] Você me faz ficar forte, sempre faz."

A força dessa mulher viúva está no seu trabalho cotidiano para manter os filhos vivos, como ela mesma diz de maneira muito dura para a filha em um momento de tensão entre ambas: "Seu pai foi ser herói e eu fiquei trabalhando. Tenho quatro filhos e nenhum marido. Meus filhos não comem glória". São palavras duras de uma mulher que submetia-se todo dia ao trabalho doméstico numa casa de brancos de classe alta. No seu dia a dia, ela cuidava das crianças que não eram os seus filhos, lavava banheiros, fazia a comida, deixava a casa em ordem enquanto, na realidade, ela mesma não tinha a sua própria casa e não podia ficar perto dos seus filhos. Tudo isso para manter-se viva e conseguir criar suas crianças, cuja sobrevivência dependia do seu trabalho como doméstica. Só assim ela conseguia sustentá-los. Ao ver o filme, é impossível não nos questionarmos: será que essa realidade é tão diferente daquela vivida pelas mulheres negras brasileiras que trabalham como empregadas domésticas e cujos filhos recebemos na escola pública? O que tem alimentado essa situação durante tantos anos? O que temos feito para mudá-la?

A figura da mãe ocupa um lugar central na cultura africana. Em várias etnias, a mulher alcança uma posição de respeito quando tem um filho(a). Ela se torna uma *mama*. O ciclo de maturidade está completo. As mulheres africanas são figuras humanas fortes, pois carregam o fardo de manter os elos que asseguram a continuidade e a união da família. Sarafina compreende tudo isso no seu processo de amadurecimento. Essa compreensão resulta no retorno à mãe, na busca do diálogo e na reconstrução do elo familiar.

O filme *Sarafina – o som da liberdade* não deve ser tomado como um "modelo", uma versão *hollywoodiana* do que "deve ser" e do "como fazer" para resolução de problemas escolares e familiares das crianças, adolescentes, jovens e adultos negros, de classes populares da nossa escola. Não se trata de transpor uma realidade racial muito diferente da nossa para as plagas brasileiras. Tomar esse e outros filmes que falam sobre a escola e seus múltiplos significados assumidos em diferentes contextos culturais como "verdade" ou como lição a ser aprendida pode nos levar a um caminho deseducativo. Trata-se de compreender que qualquer obra de ficção, por mais ideológica que seja, (e qual obra não o é?), não é criada no vazio. É construída numa sociedade e representa um olhar, um recorte, uma maneira de ver essa mesma sociedade, os sujeitos e as relações que nela se desenvolvem.

Esse olhar e esse recorte podem ser analisados, confrontados, relativizados e problematizados e não simplesmente tomados como verdade. Essa pode ser uma tarefa interessante da escola quando esta decide "ir ao cinema". Porém, para além disso, é preciso dar lugar à fruição e à imaginação, dialogar com a ficção, deixar que ela fale e entender que quer queiramos ou não, o contato com a arte produz significados e estes estão relacionados com o universo social e cultural no qual estamos inseridos. Essa é a tarefa mais difícil para os professores e professoras quando trabalham filmes que trazem uma temática social tão complexa como o racismo, pois temos uma tendência de "didatizar", "pedagogizar" e "ideologizar" tudo o que levamos para a sala de aula como alternativa ou nova estratégia pedagógica.

Voltando à trama, pode-se pensar que, no final, o filme apresenta uma solução fácil para o conflito engendrado, como é comum nas produções de Hollywood, uma vez que, a dura lição aprendida por Sarafina termina com a realização de um show para Mandela, uma proposta coletiva da sua turma junto com a professora Mary Masembuko.

De fato, temos a sensação de que há uma passagem abrupta do clima denso e introspectivo vivido pelos personagens para uma cena musicada, embora o filme todo seja entrecortado por músicas e danças africanas. Porém, é preciso estar atento à letra da música: "prepare-se mãe África para a liberdade. A liberdade está chegando!" Nesse sentido, destaco que, para além das intenções ideológicas de Hollywood, o final do filme pode ser lido como a retomada do som da liberdade por aqueles/as jovens negros/as que os processos de tortura e opressão do *apartheid* tentaram calar. Retomar o show e exaltar Mandela, no contexto da trama, pode ser lido como a força da juventude negra e de todo o povo sul-africano que, na vida real, juntamente com o apoio e solidariedade internacional conseguiram derrubar o *apartheid* e realmente libertaram Mandela.

Mas engana-se quem pensar que o show é feito no espaço da escola. Ele é realizado ao ar livre, nas ruas pobres de Soweto. E a escola? Onde está? Está depredada, destruída. É no meio desses destroços que Sarafina, ao sair da prisão, encontra um de seus amigos, e juntos decidem retomar o sentido da vida. Apesar de destruída, a escola ainda se coloca como um tempo/espaço forte em que é possível refletir sobre o sentido da liberdade. Os tempos e espaços da escola envolvem momentos de tensão, interação e de encontro entre sujeitos e gerações.

A realidade vivida pelo povo africano, sobretudo da África do Sul, é de tal complexidade e contundência que, a meu ver, não consegue ser diluída nem mesmo pelas intenções ideológicas hollywoodianas. Sugiro que o filme *Sarafina* não seja visto somente com esses filtros ideológicos. Essa é a leitura mais fácil.

É fato que uma leitura crítica é sempre importante quando discutimos temas sociais. Dentre elas, é importante ponderar que, hoje, apesar da extinção do *apartheid*, a sociedade sul-africana ainda não vive em plena democracia. Muitos anos ainda serão necessários e muita reorganização política, econômica e educacional ainda terá que ser realizada para que as marcas do racismo aprendido e introjetado no imaginário de negros e brancos durante o *apartheid* sejam modificadas. Até que negros e brancos vejam um ao outro e a si mesmos como portadores do mesmo estatuto de humanidade, muitos sons em prol da liberdade ainda terão que ecoar e se transformar em falas, gestos, leis e práticas reais não só na África do Sul, mas também aqui, no Brasil.

Por isso, deixemos que os jovens do filme cantem e, através das suas canções, nos falem dos seus sonhos e dos seus ideais. Quem sabe, assim, aprenderemos a escutar o que a juventude negra e pobre brasileira tem dito e cantado nos seus movimentos, grupos culturais e musicais. Poderemos reavivar em nós, professoras e professores, as nossas utopias esquecidas ouvindo os múltiplos sons da liberdade.

REFERÊNCIAS BIBLIOGRÁFICAS

DIRIE, Warris; MILLER, Cathleen. *Flor do deserto*. São Paulo: Hedra, 2001.

FABRIS, Elí Terezinha. *Representações de espaço e tempo no olhar de Hollywood sobre a escola*. Dissertação de Mestrado, Faculdade de Educação da UFRGS, 1999.

TEIXEIRA, Inês Assunção de Castro. *Tempos enredados*: teias da condição de professor (no prelo). Tese de doutorado, Faculdade de Educação da UFMG, 1998.

Usando *Gattaca*: ordens e lugares

Alfredo Veiga-Neto

> Filme: *Gattaca*
> Ficha técnica, sinopse e mais informações na página 209.
>
> Abstenho-me de impor uma escolha entre as muitas conclusões possíveis de uma leitura não porque não queira escolher, mas porque a tarefa de um texto criativo é mostrar a pluralidade contraditória de suas conclusões, deixando os leitores livres para escolher ou para decidir que não há escolha possível. Nesse sentido, um texto criativo é sempre uma Obra Aberta.
>
> Eco (1993, p. 165).

Gattaca é um desses filmes que se pode chamar de obra "muito" aberta. Mesmo concordando que qualquer texto – seja ele um filme, um livro, uma sinfonia, etc. – sempre permite muitas e muitas leituras, há alguns sobre os quais parece pairar um alto grau de indeterminação, de abertura, pois *Gattaca* é mais um desses textos que Umberto Eco adjetiva de "criativos"; e eu me arrisco a dizer que, no caso, estamos diante de um texto "muito criativo". Assim, eu vou me valer dessa abertura do filme, usando-o como um suporte para discutir algumas questões da atualidade e suas implicações educacionais. Assumo que vou usá-lo de modo utilitarista. Mas é preciso, antes de entrar propriamente no uso que vou fazer dele, comentar em que bases se dá esse meu utilitarismo.

Não cabe discutir, aqui, se entre diferentes textos há alguma diferença ontológica que repouse numa suposta escala de (in)determinação interpretativa, isso é, se num texto existe alguma propriedade de fundo à qual se pudesse recorrer para saber se ele é mais (ou menos) aberto do que outro. Também não se trata de entrar, aqui, na desafiadora questão de saber se podem ser infinitas as leituras de qualquer texto – uma posição defendida, entre outros, pelo neopragmatismo de Richard Rorty –, ou se, ao contrário, um texto só se dá à interpretação e, nunca, à superinterpretação – uma posição defendida, entre tantos outros, pela semiótica de Umberto Eco.[1] Além disso, não me ocuparei nem mesmo de alguma presumível intenção – seja do autor (uma *intentio auctoris*), seja do leitor (uma *intentio lectoris*), seja da própria obra (uma *intentio operis*) – que possa ou pudesse estar por detrás de um desses três personagens da hermenêutica fílmica: o *autor* (roteirista/diretor), o *espectador*, o *próprio filme*[2]. Essas questões são importantes e, de certa maneira, estarão ressoando ao longo deste meu texto. O fato de eu não me ocupar explicitamente delas não significa que elas não estejam sempre aí... E estarão ressoando duplamente, na medida em que o meu leitor – ou a minha leitora... – estará sempre desempenhando um papel duplo: de *leitor/a* e *metaleitor/a*, pois lerá o meu texto como uma minha leitura de *Gattaca*, ou seja, lerá o *meu texto* e o *texto Gattaca* através dos meus olhos e das minhas palavras...

Como já referi, o meu interesse, aqui, vai num outro sentido: um sentido que é bem mais utilitário. Para os fins a que me proponho, será suficiente assumir que um texto criativo, como é o caso de *Gattaca*, permite muitas leituras diferentes, ou até mesmo infinitas leituras, cujo limite é posto, no máximo, por um dado contexto (CULLER, 1993). E mais: assumo que não há uma grande leitura, uma melhor ou mais completa leitura de um texto, nem desse filme, enquanto texto, nem de outros filmes ou textos quaisquer.

O que se segue, então, são alguns comentários e algumas sugestões de cunho pedagógico – ou para uso pedagógico –, em torno de um filme hollywoodiano que, mesmo tendo objetivos claramente comerciais, em pouco tempo acabou se tornando um *cult movie*. Tais comentários e sugestões centram-se em dois *temas* que escolhi no filme e que, uma vez amplificados e problematizados, poderão funcionar de modo produtivo

---

[1] Para mais detalhes sobre essas questões, vide ECO (1993), RORTY (1997) e CULLER (1993).

[2] Uma discussão pormenorizada sobre essas questões foi desenvolvida, entre outros, por LACAPRA (1983).

para descrever, exemplificar e discutir várias questões que atravessam o mundo contemporâneo. Tais questões aparecem hoje em diferentes níveis: tanto numa dimensão microscópica – dos nossos cotidianos (familiares, escolares, etc.) –, quanto numa dimensão macroscópica – do mundo social, político, econômico, cultural, etc. Elas têm sido consideradas cruciais por aqueles que têm estudado as crises e as mudanças profundas que estão ocorrendo no mundo atual, tais como globalização, novos arranjos culturais, fantasmagoria, degradação ambiental e ética, racismos, etc.

Por fim, a escolha que fiz dos dois temas, em torno dos quais me movimentarei, foi inteiramente arbitrária, pois, conforme referi, não me preocupei se tais temas – e as questões de que eles tratam – já "estavam ali no filme", ou se "tinham sido pensados pelo roteirista ou pelo diretor", ou se "são os melhores ou mais corretos" a serem pensados a partir do filme. Nesse sentido, talvez se pudesse dizer que eu os "construí" no meu ato de ler, a partir de uma articulação entre o meu mundo perceptivo-cognitivo e o texto/filme que estava à minha disposição. Aqui, o que interessa é entender que fui eu quem fez essas escolhas e que as estou descrevendo e problematizando – para quem lê este meu texto – como eu as compreendo; e que tudo isso é feito de modo interessado – um interesse centrado na utilidade pedagógica que vejo naquele produto cultural que escolhi. Ao fazer isso, penso também estar sugerindo outras possibilidades de leituras e de usos do filme e estar provocando para que mais outras leituras e diferentes usos pedagógicos sejam feitos dele. Penso, assim, que outras pessoas podem usar direta ou indiretamente o meu texto, isso é, ou assim como ele está, ou valendo-se dele como um suporte inspirador para outras leituras, seja do próprio *Gattaca*, seja de outro filme qualquer que se queira colocar a funcionar ou examinar como um artefato pedagógico.

O filme

Produzido pela Columbia, em 1997, *Gattaca* foi escrito e dirigido por Andrew Niccol e tem quatro personagens principais: Vincent Freeman (Ethan Hawke) e Jerome Eugene Morrow (Jude Law), Anton Freeman (Loren Dean) e Irene Cassini (Uma Thurman). A chamada principal do argumento diz que: "O mundo de *Gattaca* é completamente totalitário. A engenharia genética faz pessoas melhores, mais bonitas, mais inteligentes, mais desejáveis; mas qual o preço que estamos pagando por isso?".[3] A cena inicial esclarece que a história se passa num futuro próximo. E se passa num lugar cujo nome é grafado com todas as letras maiúsculas, pois trata-se de uma palavra inventada a partir das letras com que se designam as bases químicas que compõem as moléculas do DNA, cujas abreviaturas são sempre grafadas em maiúsculas (G – Guanina, A – Adenina, T – Timina e C – Citosina).

O filme desenvolve-se na narração feita por Vincent Freeman, uma pessoa que foi gerada à "moda antiga", isso é, pela união de um casal de namorados levada a efeito dentro de um automóvel. Ainda na maternidade, o laudo médico feito a partir do escaneamento genético define o recém-nascido como um ser humano destinado ao fracasso e morte prematura, pois ele porta vários genes "defeituosos". Inconformados, os pais resolvem ter um segundo filho, mas agora sob encomenda a um serviço especializado de inseminação artificial capaz de programar uma criança cujo perfil genético é tido como muito vantajoso. Assim, nasce Anton Freeman, um ser humano geneticamente superior e fadado a uma vida de sucesso.

Os dois irmãos crescem juntos. Em algumas cenas familiares, aparecem situações em que os pais tratam Vincent como um incapaz, em contraste com o tratamento "positivo" que dão ao seu irmão Anton. Mas Vincent, um temperamento obstinado que quer sempre vencer[4], cansa de lutar contra esse estigma e foge de casa, indo em busca de uma vida independente. Apesar dos imensos esforços, por causa de seu perfil genético inferior nunca consegue um trabalho qualificado; sempre que tenta um emprego, as análises de amostras tomadas (ou roubadas) de seu corpo – como sangue, urina, fios de cabelo ou suor (note-se que a maioria delas são excreções...) – revelam que sua "verdadeira identidade genética" é "inválida".

Como sempre sonhara em se tornar um espaçonauta, Vincent infiltra-se como empregado subalterno numa grande empresa encarregada da

---

[3] Para informações detalhadas, acessar:

http://www.sonypictures.com/Pictures/SonyMovies/movies/Gattaca ou

http://www.devildead.com/gattaca/gattaca.htm.

[4] Notem-se as correspondências ou evocações: 1º) entre o nome *Vincent* e a vontade de *vencer* do personagem; 2º) entre o sobrenome *Freeman* e a *liberdade* buscada pelo personagem. *Freeman* (do inglês *free*: livre + *man*: homem).

colonização planetária – *Gattaca*. Compreendendo que seu perfil genético o manterá para sempre fora do programa espacial, aceita os serviços de um intermediário especializado em alterar a identidade do cliente pela simples substituição das amostras do seu corpo por outras, coletadas de antemão a partir de alguém "geneticamente superior". É nesse ponto que entra em cena Jerome Eugene Morrow, um jovem com uma constituição genética praticamente perfeita[5], mas que, por ser paraplégico, mantém-se no ostracismo. Assim, Jerome Eugene empresta sua identidade biológica a Vincent que, de imediato, consegue o emprego em *Gattaca*, onde logo se destacará pela dedicação e capacidade. O doador reserva para si o seu nome do meio – Eugene – e todos passam a chamar Vincent de Jerome.[6] Em *Gattaca*, não apenas o acesso é restrito e controlado por escaneamentos constantes, como ainda tudo tem de ser mantido muito limpo, muito revisado. A cada vez que entra naquele mundo, Vincent/Jerome recorre a expedientes engenhosos para que os exames instantâneos de identificação a que se submete – em geral, feitos a partir de uma gota de sangue – o deem como um "válido". Além disso, ele tem de tomar os maiores cuidados para não deixar vestígios do próprio corpo – fios de cabelo, fragmentos de pele, etc. – que possam revelar sua verdadeira identidade biológica de "inválido".[7]

A assistente do idealizador e chefe geral do projeto em que ele se engaja, a belíssima e "quase-perfeita" Irene, aproxima-se dele e começam a namorar. Apesar de ser uma das encarregadas da segurança de *Gattaca*, só tardiamente ela descobre a verdadeira identidade de Vincent/Jerome. Já apaixonada, Irene o aceita, apesar de ele, nas palavras dela, "ser um filho de Deus".[8]

---

[5] Notem-se novas correspondências ou evocações: 1º) entre o nome *Jerome* e o *sagrado*; 2º) entre o nome *Eugene* e a *constituição genética superior* do personagem. *Jerome*, *Jérôme* (fr.) ou *Hieronumos* (gr.) (do grego *hieros*: sagrado + *onumon*: nome). *Eugenia*, de *eu* (do grego *eus*: bom, forte, bravo + *genia* do grego *gen/gne*: nascer, gerar, produzir); 3º) entre o sobrenome *Morrow* e o perfil futurístico do personagem. *Morrow* (do inglês *morrow*: dia seguinte).

[6] É clara a alusão ao fato de que subirá ao céu aquele que tiver o "nome sagrado" – Jerome –; isso é, que for sagrado.

[7] Os sinônimos que aparecem para *válidos* e *inválidos* são, respectivamente: *vitros, programados* e *uterinos, filhos-da-fé*.

[8] Mais uma correspondência ou evocação: entre o nome *Irene* e a resignação final da personagem, aceitando a "falsa identidade" de Vincent, por amor. *Irene* (do grego *Eirene*: paz, pacífico).

A transferência da identidade (biológica) de Eugene para Vincent/Jerome se dá num processo ambíguo de aproximações e conflitos entre os dois personagens. Pouco a pouco, percebe-se o caráter depressivo, taciturno e agressivo do vaidoso Eugene. Há claras alusões ao fato de ele ser alcoólatra; mais adiante, ele revela que sua paraplegia decorreu de um atropelamento que sofreu quando, anos antes, havia tentado o suicídio. Cada vez fica mais evidente o dionisíaco em quem tinha sido programado para ser Apolo – Eugene –; e o apolíneo em quem era "tão somente um filho de Deus" – Vincent.

Seja como for, Vincent/Jerome prospera em seu intento de participar da missão precursora para a colonização de Titã, a 14ª lua de Saturno.[9] Tudo vai indo bem até que acontece um homicídio em *Gattaca*; o morto era o subchefe do projeto. Todas as evidências apontam para o fato de que o assassino é alguém "de dentro" daquele mundo. A busca pelo assassino implica uma exaustiva varredura de fragmentos em *Gattaca*, do que resulta encontrarem um cílio de Vincent/Jerome. Esse resultado é perturbador, pois ninguém admite que ali possa trabalhar um "inválido". É por isso que, apesar de várias fotos de Vincent/Jerome estarem afixadas publicamente, ninguém liga sua imagem de "procurado" a ele mesmo. Ao discutir esse fato com Eugene, esse emblematicamente declara: "Eles não podem reconhecer que você é você mesmo, pois nem eu o reconheço mais como Vincent".

Entra em cena um investigador. Suspeitando de Vincent/Jerome, o investigador vai até a casa de Eugene, tomando-o por Vincent/Jerome, e faz, naquele, um exame de sangue cujo resultado é "válido", o que contradiz suas suspeitas. Nesse ínterim, o verdadeiro assassino – o idealizador e chefe geral do projeto Titã, justamente um dos membros mais qualificados de *Gattaca* – confessa a autoria do crime, motivado pela resistência que o subchefe, seu subalterno, vinha opondo ao cronograma da viagem. Mesmo assim, o investigador continua desconfiado de que há um inválido infiltrado naquele mundo perfeito. Suas supeitas se confirmam quando ele e Vincent/Jerome finalmente se encontram cara a cara e se reconhecem como irmãos, visto que o investigador é nada mais nada menos que Anton. Para não ser denunciado, Vincent/Jerome desafia o irmão para uma

---

[9] Note-se que Saturno corresponde, na mitologia latina, a *Cronos*, divindade da mitologia grega relacionada ao tempo. No caso de *Gattaca*, é clara a alusão ao futuro, incerto e ameaçador.

competição de nado – uma atividade a que se dedicavam desde crianças. Graças à sua pertinácia, não só Vincent/Jerome vence Anton, como ainda salva o irmão de afogamento.

Finalmente livre de qualquer suspeita, Vincent/Jerome se encontra pela última vez com Eugene; esse lhe diz que também fará uma viagem.

Momentos antes de embarcar, Vincent/Jerome submete-se a um último exame de identificação. Ao escanear sua urina, a máquina acusa "inválido". Logo se percebe que foi o médico quem provocou tal resultado, pois esse o alerta de que tivesse mais cuidado no futuro, pois um homem destro, ao urinar, não segura o pênis com a mão esquerda (e um "válido" não poderia ser canhoto...). Compreende-se que o médico sabia da impostura de Vincent/Jerome, mas encobrira a fraude talvez porque ele mesmo tinha um filho que "dera errado", que era um "inválido".

Por fim, Vincent/Jerome embarca na espaçonave. Simetricamente, Eugene entra num forno que havia na sua casa e no qual Vincent/Jerome sistematicamente incinerava todos os vestígios de sua primeira identidade que pudessem revelar seu perfil genético, tais como restos de cabelo, pele, unhas, roupas, etc. As cenas finais alternam-se rapidamente, mostrando ambos instalados para a sua própria viagem – um na espaçonave e outro no forno. À ignição súbita e violenta dos foguetes propulsores corresponde a ignição também súbita e violenta do fogo no forno. Cada um à sua maneira, ambos iniciam a viagem que haviam programado e deixam esse mundo para trás.

Os temas

Escolhi dois temas. Como referi, cada um deles servirá de eixo em torno do qual articularei algumas das questões que me parecem da maior importância numa sociedade complexa como a que nós vivemos. É claro que cada tema se imbrica com os demais e deles depende, isso é, cada tema não existe por si só. Dessa maneira, a divisão temática que fiz, além de arbitrária, tem o objetivo de funcionar como um recurso heurístico: na medida em que cria diferentes facetas em que desdobrei o filme, facilita o entendimento das leituras que estou aqui propondo.

Antes de passar a cada tema, um último esclarecimento de ordem geral. Em algumas ocasiões, participei de discussões públicas em torno de

Gattaca. Além disso, tenho encontrado vários usos desse filme[10] ou referências a ele. Em todos esses casos, abordam-se preferencialmente duas questões que estão muito presentes e evidentes ao longo de todo o filme: a questão ética e a questão identitária. A seguir, comento-as sucintamente.

Em primeiro lugar, a *questão ética*. A própria abertura do filme, ainda antes dos créditos, coloca o problema a partir de duas frases antagônicas. Uma é do Antigo Testamento: "Considera a obra de Deus: quem poderá endireitar o que ele fez curvo?" (Eclesiastes, 7:13). A outra é de Willard Gaylin, psiquiatra estadunidense: "Não só acho que devemos interferir na mãe natureza, como acho que é isso que ela deseja". É mais do que evidente o dilema fundamental aí proposto: "podemos (no sentido de "temos o direito de") interferir eugenicamente na constituição genética de um ser humano?" – ou, numa versão ampliada: "de um ser vivo qualquer?".

Em segundo lugar, a *questão identitária*. Sobre ela, são frequentes as discussões que, feitas num registro psicanalítico, abordam o problema relativo à troca de identidade que acontece com Vincent. Ou, se quisermos, o problema relativo às muitas identidades de Vincent: uma – a sua identidade genética –, mais profunda e a ser escondida, e que seria dele mesmo; a outra – a sua identidade ambiental –, mais aparente e que faz dele um vencedor, e que também seria "verdadeira" porque seria "mesmo dele"; e mais outra ainda – a que ele toma emprestada de Eugene –, que seria "falsa" mas que atende às exigências que vêm de um mundo que se pretende perfeito. Há vários diálogos, várias situações e várias imagens que colocam claramente tanto os processos de mudança de identidade quanto as ambiguidades a que somos levados quando pensamos na identidade como um atributo intrínseco e/ou estável de cada um. Eis um exemplo para deixar claro a que me refiro: as constantes limpezas a que Vincent se submete – obsessivamente descamando sua pele, cortando-lhe os fâneros (pelos e unhas), eliminando vestígios do que seria sua mesmidade – referem as tentativas de abandonar uma identidade que estaria inscrita, antes de mais nada, na superfície de seu corpo e que teimosamente insiste em crescer para, como num eterno retorno, dizer "tu és Vincent".

---

[10] Vide, como um bom exemplo disso, a dissertação de mestrado de Ripoll (2001) e o artigo de Oliveira (sd). Outras discussões estão em: http://www.sonypictures.com/Pictures/SonyMovies/movies/Gattaca/discussion.htm – http://www.metamute.com/docs/issue2/assembler/features/dolly.htm – http://www.metamute.com/docs/issue2/reviews/film.htm

Não tenho dúvidas de que essas duas questões são importantes e que têm fortes implicações também no campo da Educação. Mas até porque elas são, digamos, as mais evidentes e debatidas, não as tomarei como "temas de entrada" para os usos que faço de *Gattaca*. Talvez se possa dizer que as deixarei um pouco de lado, ainda que elas estejam necessariamente presentes na minha discussão. Seja como for, penso que seria bastante interessante e frutífera, em termos educacionais, uma discussão que levasse adiante, detalhadamente, a questão identitária em *Gattaca*, a partir de um registro culturalista.[11]

Tema 1 – A busca da ordem

Ao longo de todo o filme, são recorrentes as cenas em que aparece explicitamente a natureza fortemente ordenada do mundo de *Gattaca* fazendo contraste com a desordem de um mundo não *Gattaca*. Duas cenas emblemáticas são aquelas em que aparecem o apartamento do dionisíaco Vincent, bastante desordenado, contrastando com os ordenados, amplos e limpíssimos espaços da apolínea *Gattaca*. De um lado, o caos; de outro, a ordem.

No mesmo sentido aponta a cena em que o idealizador e chefe geral do projeto Titã chega junto à mesa de Vincent/Jerome e comenta os seus cuidados com a limpeza do local de trabalho. A resposta que esse dá ao chefe revela o entendimento que ele tem sobre os valores em *Gattaca*: "O asseio é santificado". Mais tarde, num monólogo de Vincent/Jerome surge outra frase pertinente a essa questão: "Eu não me colocava no meu devido lugar; estava sendo um falso-alpinista ou um *de-gene-rado*".

Se tomarmos a limpeza como um sinal da ordem – a limpeza como a situação em que cada coisa está no seu lugar certo/apropriado/natural –, fica claro o motivo pelo qual os personagens e os ambientes gattaquianos apresentam-se escrupulosamente limpos e rigidamente separados dos demais. Ora são vidros, ora são grades e cercas de arame que isolam os gattaquianos dos outros que não pertencem àquele mundo. Assim, as faxinas que Vincent impõe à sua pele podem ser entendidas como

---

[11] Espero que isso sirva como uma provocação a quem trabalha no campo de intersecção dos Estudos Culturais com a Educação...

tentativas de evitar deixar vestígios de sua identidade biológica que o denunciem em *Gattaca*. Mas tais faxinas podem ser também entendidas como exercícios de apagamento da identidade cultural que lhe havia sido até então atribuída, para que, livrando-se de si mesmo e de sua história, ele possa assumir uma outra identidade à qual a cultura gataquiana atribui maior valor. E se a pele é a superfície de inscrição da nossa história, ela é também o limite entre o eu e o(s) outro(s), de modo que num mundo limpo e ordenado esse limite tem de estar sempre limpo, em ordem e bem reconhecível. A faxina de Vincent situa-se, então, naquele conjunto de práticas a que Foucault denominou "tecnologias do eu": uma matriz da razão prática que permite aos indivíduos efetuarem, por conta própria ou com a ajuda de outros, certo número de operações sobre seu corpo e sua alma, pensamentos, conduta ou qualquer forma de ser, obtendo assim uma transformação de si mesmos, com o fim de alcançar certo estado de felicidade, pureza, sabedoria ou imortalidade. (FOUCAULT, 1991, p. 48).

O entendimento da ordem como "uma situação em que cada coisa se acha no seu justo lugar e não em qualquer outro" (BAUMAN, 1998, p. 14) marca a Modernidade como, entre muitas outras coisas, uma busca obsessiva pela classificação. Afinal, classificar implica criar uma grade categorial hierarquizada, sobre a qual se distribuirão as coisas. Tal grade não apenas separa, ela também funciona como uma estrutura de fundo que comanda, de determinadas maneiras, as relações entre as coisas. Essas maneiras pelas quais as coisas se relacionam passam logo a ser entendidas como propriedades (automáticas) da estrutura, de modo que para cada nova coisa que surge é logo procurado um lugar já presente na estrutura e que não apenas acolherá a coisa nova como, o mais importante, atribuirá a ela as propriedades presumidas para todas as coisas que "já estavam" naquele lugar, que "pertencem" àquele lugar.

Se na Modernidade se pode pensar numa propriedade ontológica da coisa, é porque essa coisa já foi colocada numa rede classificatória, numa rede de relações da qual ela retira suas propriedades que, ao fim e ao cabo, tomamos como intrinsecamente suas. Em outras palavras, o que modernamente pensamos ser uma ontologia é, na melhor das hipóteses, uma ontologia de segunda-mão, de segunda ordem; uma ontologia que derivou de relações de analogia, homologia, contraposição, simetria, assimetria, etc. Bauman é muito claro quanto a isso: "Não são as características intrínsecas das coisas que as transformam em *sujas*, mas tão somente a sua localização e, mais precisamente, a sua localização na ordem de coisas idealizadas pelos que procuram a pureza" (BAUMAN, 1998, p. 14).

Cada sociedade institui seus próprios padrões de ordenamento, pelos quais ela enxerga a si mesma, compreende a si mesma e se identifica consigo própria. Os padrões de ordenamento funcionam, então, como marcadores identitários, como uma sinalização que, a cada momento, liga as coisas em cadeias de significados e tais cadeias em redes de significação. É a combinação entre esse sistema de sinalização e a memória que mantém a coesão e estabilidade de uma rede de significação, de modo que fatos e coisas não se dispersem ao acaso e desapareçam no tempo tão logo tenham acontecido. De novo, Bauman esclarece bem essa conexão entre ordem (enquanto estabilidade) e temporalidade: "ordem significa um meio regular e estável para os nossos atos; um mundo em que as probabilidades dos acontecimentos não estejam distribuídas ao acaso, mas arrumadas numa hierarquia estrita – de modo que certos acontecimentos sejam altamente prováveis, outros menos prováveis, alguns virtualmente impossíveis" (BAUMAN, 1998, p. 15).

Assim, a ordem "precisa de" – ou "se dá num" – "substrato" que é espacial e temporal. E, ao mesmo tempo, a instituição de uma ordem é uma condição de possibilidade para os sistemas de significação.[12] Por isso, num mundo em ordem podemos ter a sensação de que o futuro ou será uma repetição do passado ou mudará de modo controlado e previsível. Assim, ainda que mais monótono, um mundo ordeiro é aquele no qual nos sentimos mais seguros.

No caso de *Gattaca*, o imperativo moderno da limpeza como chave de ordenamento é levado às últimas consequências. Por isso, entendo *Gattaca* como um bom exemplo do hipermoderno. Está-se diante de um lugar que é totalmente limpo não apenas em termos ambientais, mas, sobretudo e principalmente, em termos biológicos. *Gattaca* é o sonho de todo eugenista, para quem qualquer diferença em relação aos mapas genéticos tomados como válidos representa um perigo. Quem não lembra dos movimentos políticos que defendem o que eles mesmos denominam "faxina étnica"?

---

[12] Usando um conceito caro a Deleuze, podemos dizer que espaço, tempo e ordem guardam, entre si, relações de imanência.

Para a Educação, as implicações da busca da ordem são enormes.

Em primeiro lugar, há as questões éticas. Abre-se um leque de possibilidades que vão desde a própria ética biológica até a ética do trabalho, passando pela discussão sobre a disciplinarização dos saberes e suas relações com o currículo (Veiga-Neto, 2002).

Em segundo lugar, há as questões que dizem respeito às políticas de exclusão e inclusão escolar daqueles que, numa perspectiva foucaultiana, podemos chamar de anormais:

> esses cada vez mais variados e numerosos grupos que a Modernidade vem, incansável e incessantemente, inventando e multiplicando: os sindrômicos, deficientes, monstros e psicopatas (em todas as suas variadas tipologias), os surdos, os cegos, os aleijados, os rebeldes, os pouco inteligentes, os estranhos, os GLS[13], os "outros", os miseráveis, o refugo enfim. (Veiga-Neto, 2001, p. 105)

Aqui, não há como entrar em maiores detalhes sobre isso. Basta registrar que a inclusão dos anormais – uma prática que em geral é vista como progressista *per se* –, carrega suas próprias ambiguidades, podendo funcionar – e em geral funcionando – contraditoriamente como uma forma diferenciada de exclusão. Mas falar em contraditório não significa apontar para uma dialeticidade a ser resolvida, seja pela via idealista, seja pela via materialista.[14] Com isso, eu quero dizer que a inclusão carrega consigo, necessariamente, a exclusão.

Tema 2 – O lugar

Como já deve ter ficado claro, o *lugar* está intimamente relacionado com a *busca da ordem*. Na rápida discussão que fiz na seção anterior, referi que o espaço e o tempo guardam, entre si, relações de imanência, o que

---

[13] Uso GLS (*gays, lésbicas e simpatizantes*) para designar o conjunto de optantes por práticas sexuais e/ou de gênero que não seguem as assim chamadas "duas categorias normais": a masculina e a feminina. No Brasil, recentemente passou-se também a adotar a sigla GLBST (*gays, lésbicas, bissexuais e travestidos*).

[14] Sobre isso, vide Larrosa & SKLIAR (2001), FOUCAULT (2001), EWALD (1993) e VEIGA-NETO (2002, 2002a).

significa que não cabe perguntar por precedência nem por causalidade eficiente entre eles. O que interessa, agora, é examinar de que maneira o espaço é trabalhado em *Gattaca*, no sentido de estabelecer a diferença entre espaço e lugar, bem como examinar em que sentido tal diferenciação funciona como uma condição de possibilidade para o "empoderamento" (*empowerment*) dos sujeitos.

Vale lembrar que, na Modernidade, o espaço e o tempo são percebidos, significados e usados como abstratos, contínuos e infinitos; além disso, a separação medieval entre um *espaço interno* (rígido, sensorial, de todo percorrível) e o *espaço externo* (fluido, desconhecido, misterioso) deu lugar a uma nova separação: entre *espaço* e *lugar*. Na Modernidade, chamamos de *lugar* a esse cenário onde acontecem nossas experiências concretas e imediatas; o lugar é cada vez mais entendido e vivido como um caso particular, uma projeção, de um espaço idealizado e abstrato. De um modo simplificado, podemos dizer que o lugar é uma porção do espaço e que isso nos faz sentido porque o mundo é anisotrópico – em que pesem os esforços idealistas de imaginá-lo e fazê-lo isotrópico.

Gattaca assume radicalmente a anisotropia do mundo. Observe-se, por exemplo, o quanto o mar aparece poluído, sujo – ainda que o que ali flutua talvez sejam sargaços, sinais de riqueza eutrófica –, em contraste com o asseio dos ambientes gattaquianos. Além disso, vale a pena referir o mar também para registrar que a competição decisiva entre os irmãos se trava nesse líquido primordial, uma competição em que vence o "filho de Deus".

Há mais cenas em que a anisotropia fica escancaradamente evidente. Esse é o caso, por exemplo, da casa de dois pisos em que vivem Vincent/Jerome e Eugene. As cenas desenrolam-se no piso inferior, até que Eugene tem de, temporariamente, mostrar-se para o investigador, isso é, "tirar sua identidade do armário", o que vai acontecer num patamar espacial superior: o segundo piso. Num imenso esforço, Eugene arrasta-se escada acima, mudando não apenas para um outro lugar, mas para um lugar que está acima – que é superior? – daquele em que ele vive enquanto um emprestador de identidade. E note-se que a escada é em espiral, numa clara alusão à estrutura espacial da molécula do DNA.

Na cena da escada, o deslocamento de Eugene alude a um valor que cresce ao longo da Modernidade e chega ao clímax no mundo pós-moderno, a capacidade de mudar de lugar. Como argumentei em outro lugar, no mundo pós-moderno, a correlação entre a posse física do espaço e o poder está enfraquecendo, ao mesmo tempo em que a ênfase se desloca para a "capacidade de criar novos lugares no espaço ou de trocar de lugar para lugar, isso é, o que mais importa é a capacidade de 'lugarização' e de mobilização" (Veiga-Neto, 2002a). Para Bauman, "a velocidade do movimento e o acesso a meios mais rápidos de mobilidade chegaram nos tempos modernos à posição de principal ferramenta do poder e da dominação" (BAUMAN, 2001, p. 16).

Em *Gattaca*, o poder de cada personagem tem uma forte correlação tanto com as suas próprias capacidades de "lugarização" e de mobilização – no caso de Eugene, de Vincent/Jerome, de Irene –, quanto com a habilidade de compreendê-las – no caso do investigador, do chefe do projeto, do médico. E aqui, tanto faz se estamos nos referindo a lugares do espaço físico ou do simbólico. Num contínuo jogo de esconde-esconde e de amarelinha, o filme se passa como se o personagem principal usasse um pula-pula para se deslocar ora no espaço físico, ora no espaço simbólico das identidades.

No que concerne ao espaço e seus lugares, *Gattaca* quer ser um mundo hipermoderno, um mundo em que os lugares estão claramente delimitados, seja por limites físicos – os vidros ?sempre limpos), as cercas, etc. –, seja por limites simbólicos – as identidades. Como discuti na seção anterior, são esses limites que instauram a ordem em *Gattaca* – pelo menos, um tipo de ordem: a ordem como é entendida na Modernidade. Então, se Vincent/Jerome quer transpor tais limites – como de fato os transpõe – é contra essa hipermodernidade que ele se insurge. Nesse sentido, Vincent/Jerome personifica a revolta contra a Modernidade, particularmente contra a Hipermodernidade no que diz respeito ao caráter superexcludente a que ela chegou. Sua revolta se constitui ao longo dos fracassos em ser admitido num mundo eugenicamente programado. É como um excluído que ele se revolta: "como muitos deste Estado, eu me mudei várias vezes" e "limpei todos os banheiros deste Estado" são duas frases exemplares. Tal revolta torna-se emblemática tanto no seu esforço para ser alguém "válido" e, consequentemente, ser admitido em *Gattaca*, quanto – e agora num sentido mais transcendente, e segundo suas próprias palavras – no seu sonho de "subir para o céu", de "ir para outro lugar". Se o filme desenrola-se como uma narrativa do seu esforço, é porque por detrás desse esforço, como que a impulsioná-lo, está o sonho de fugir, de mudar de lugar ou de "lugarizar" um outro espaço no espaço. Mesmo que esse outro lugar seja inóspito – como parece estar claro para Vincent/Jerome – ele acha que vale a pena fugir para lá. Se ele eventualmente se anima com a ideia de que pode voltar em um ano, é porque está apaixonado...

É evidente o desconforto também do outro personagem. Eugene, que havia sido feito para ser perfeito, perde-se neste e para este mundo hipermoderno: de um superdotado e competidor, passa a um amargurado, alcoólatra e desiludido paraplégico. À medida que empresta sua identidade biológica para Vincent/Jerome, parece que Eugene vai se tornando pouco a pouco mais suave; mas talvez, mais abúlico também.

É nesse ponto que o foguete e o forno assumem a maior importância, como dois símbolos muito fortes para a consecução dessa vontade de mobilidade, dessa vontade de mudar de lugar. A cada uma dessas máquinas se associa um personagem na sua respectiva vontade de deslocamento. O foguete e o forno são os veículos que vão proporcionar a fuga para Vincent/Jerome e para Eugene, respectivamente. Tais veículos, ao mesmo tempo em que atendem as respectivas demandas dos dois personagens principais, estabelecem o sentido trágico do filme. Se para Vincent/Jerome há uma saída em vida – uma saída celestial para além do limite imposto por um mundo para o qual ele não havia sido feito –, para Eugene, já no seu próprio limite porque feito para aquele mundo, não há saída possível a não ser a morte infernal. Se para aquele que não havia sido feito para *Gattaca* há ainda um grau de liberdade – o que lhe permite um salto para o céu –, para o outro, justamente para aquele que foi feito para *Gattaca*, não resta senão um salto para fora da vida.

Cada um responde, a seu modo, à pergunta crucial que Severino faz a José, no poema de João Cabral (MELO NETO, 1995, p. 195):

> Seu José, mestre carpina,
> que diferença faria
> se em vez de continuar
> tomasse a melhor saída:
> a de saltar, numa noite,
> fora da ponte e da vida?

Em *Gattaca*, talvez a questão não seja propriamente "saltar da ponte *e* da vida", mas sim "saltar *ou* da ponte *ou* da vida", isto é, talvez se possa diferenciar entre a ponte e a vida, pois o filme nos oferece o salto para fora da ponte como uma possibilidade de fugir deste mundo estranho, mas sem necessariamente saltar para fora da vida. Num registro trágico, o filme parece propor uma heterotopia como uma alternativa à morte. No seu final, há uma proposta que vai no sentido não das utopias, senão que das heterotopias. Enquanto "espécies de utopias efetivamente realizadas, nas quais os posicionamentos reais, todos os outros posicionamentos reais que se pode encontrar no interior da cultura, estão ao mesmo tempo representados, contestados e invertidos, espécies de lugares que estão fora de todos os lugares, embora eles sejam efetivamente localizáveis" (FOUCAULT, 2001a, p. 415), as heterotopias guardam uma relação de espelhamento com as utopias, na medida em que essas, suspendendo o tempo, a história, afastam qualquer possibilidade de mudança. Ao contrário dessas, as heterotopias estão aí a nos desafiar e a nos dar algum sentido para nos mantermos vivos...

Aqui me valho do conceito foucaultiano para pensar em Titã – essa lua de Saturno cujo nome evoca o deus nascido da união entre Urano (o deus supremo, personificação do Céu) e sua irmã e consorte Gaia (a Mãe-Terra) – como a heterotopia onde será resolvida a disjunção Vincent/Jerome. Entendo Titã como a heterotopia onde continuará a vida do personagem principal para que nele, personagem, finalmente se dê a conciliação Vincent – Jerome. Neste final, identifico dois elementos que apontam no sentido da conciliação.

O primeiro elemento: *Saturno*. Com seus anéis, Saturno é o planeta que mais pode evocar uma aliança, a saber, a aliança entre a identidade biológica/inata e a identidade cultural/construída (ou, talvez melhor, culturais/construídas...) do personagem principal. E há mais: além de deus latino da agricultura, que comandava as festas báquicas/dionisíacas que celebravam a semeadura, Saturno dá o nome ao sétimo dia da semana (*saturni dies*), esse dia em geral festivo e dedicado às aproximações e encontros. É como se Dionísio e Apolo se encontrassem e finalmente o dionisíaco se diluísse no apolíneo ou, até mesmo, como se ambos se fundissem num só corpo. Seja como for, para que isso acontecesse, foi preciso o sacrifício apolíneo do dionisíaco Eugene, cujo salto para fora da vida parece ter sido a única solução definitiva para a ambiguidade identitária que havia em Vincent/Jerome.

E aqui entra o segundo elemento: o *fogo*. Seja na propulsão do foguete, seja na incineração do forno, o fogo aparece como a condição de possibilidade para a conciliação. É claro, então, que não se trata de uma conciliação por simples aproximação, justaposição ou concordância entre as partes até aqui disjuntas. Ao contrário, trata-se de uma conciliação fundida a fogo. O fogo que desde o início do filme vinha apagando os vestígios do corpo – e a identidade biológica – de Vincent é o mesmo fogo que tanto *consome aquele corpo* que lhe havia doado uma nova identidade quanto *propulsiona seu próprio corpo* para fora da ponte, rumo a uma heterotopia onde ele continuará na vida, mas finalmente fora e livre de *Gattaca*.

REFERÊNCIAS BIBLIOGRÁFICAS

BAUMAN, Zygmunt. *O mal-estar da pós-modernidade*. Rio de Janeiro: Jorge Zahar, 1998.

_____. *Modernidade líquida*. Rio de Janeiro: Jorge Zahar, 2001.

CULLER, Jonathan. Em defesa da superinterpretação. In: ECO, Umberto. *Interpretação e superinterpretação*. São Paulo: Martins Fontes, 1993, p. 129-146.

ECO, Umberto. Superinterpretando textos. In: _____. *Interpretação e superinterpretação*. São Paulo: Martins Fontes, 1993, p. 53-77.

EWALD, F. *Foucault, a norma e o Direito*. Lisboa: Vega, 1993.

FOUCAULT, Michel. *Tecnologías del yo y otros textos afines*. Barcelona: Paidós Ibérica, 1991.

_____. *Os anormais. Curso no Collège de France*. São Paulo: Martins Fontes, 2001.

_____. Outros espaços. In: _____. *Ditos e Escritos III*. Rio de Janeiro: Forense Universitária, 2001a, p. 411-422.

LaCAPRA, Dominick. Rethinking Intellectual History and reading texts. In: _____. *Rethinking Intelectual History: Texts, Contexts, Language*. Ithaca: Cornell University Press, 1983, p. 23-71.

LARROSA, Jorge & SKLIAR, Carlos (org.) *Habitantes de Babel: políticas e poéticas da diferença*. Belo Horizonte: Autêntica, 2001.

MELO NETO, João Cabral. Morte e vida severina. In: _____. *Obra completa*. Rio de Janeiro: Nova Aguilar, 1995, p. 169-202.

OLIVEIRA, Sérgio. Gattaca: sobre o governo totalitário das identidades. *Lugar comum*. Rio de Janeiro, n.9-10, sd.

RIPOLL, Daniela. *Não é ficção científica, é ciência: a genética e a biotecnologia em revista*. Porto Alegre: PPG-Edu/UFRGS, Dissertação de Mestrado, 2001.

RORTY, Richard. *¿Esperanza o conocimiento?* México: Fondo de Cultura Económica, 1997.

VEIGA-NETO, Alfredo. Incluir para excluir. In: LARROSA, Jorge & SKLIAR, Carlos (org.) *Habitantes de Babel: políticas e poéticas da diferença*. Belo Horizonte: Autêntica, 2001, p. 105-118.

_____. Espaço e currículo. In: LOPES, Alice C. & MACEDO, Elizabeth F. (org.). *Disciplinas e integração curricular: história e políticas*. Rio de Janeiro: DP&A, 2002.

_____. De geometrias, currículo e diferenças. *Educação e Sociedade*, Campinas: CEDES, a.XXIII, n.79, 2002a, p. 163-186.

Bicho de sete cabeças ou de como elas estão fazendo falta

Mirian Jorge Warde

Filme: *Bicho de sete cabeças*
Ficha técnica, sinopse e mais informações na página 210.

Assisti ao filme *Bicho de sete cabeças* com a minha filha; poderia dizer, com a minha filha adolescente. Ela o estava revendo; para mim, era a primeira vez.

Acomodamo-nos casualmente em uma determinada posição para assisti-lo; eu conseguia enxergar toda a tela, mas entre a luz e a sombra, o perfil da minha filha se projetava, permanentemente, aos meus olhos: agarrada a uma almofada, as mãos crispadas, tensas, como se uma ameaça estivesse por vir. Assisti ao filme através dela, pelo prisma de suas lágrimas. Confesso, não sei se o que vi me impressionou mais do que o choro copioso da minha filha pelo destino do Neto, *persona* do *Bicho...* Conversamos muitas vezes sobre o filme; procurava entender o que ela queria me dizer através dele. Seu choro era por identidade etária com o Neto? Parece-me que não.

Fiz os primeiros apontamentos para este ensaio marcada por tudo isso: pelo que havia apreendido do filme, no jogo entre meus olhos e os da minha filha; pelo muito que conversamos a respeito. Escutando, nas mais diferentes ordens e circunstâncias, as músicas que compõem a trilha sonora. Escutei-as muitas vezes, porque haviam se convertido no texto denso do filme.

Fui refazendo os apontamentos durante alguns meses, enquanto completava outras tarefas, assistia a outros filmes, escutava outras músicas.

Quando estava me dando por preparada para escrever o ensaio, a história do Neto foi atravessada, como um raio, pela história – tão improvável quanto real – de Suzane que acabara de assassinar os pais com a ajuda do seu namorado e do irmão deste.

Diante de inúmeras notícias de jornais e revistas semanais, os mais diversos comentários sobre o que teria movido a jovem a cometer o crime bárbaro, decidi rever o *Bicho de sete cabeças*, dessa feita sozinha.

Fixei para este ensaio uma palavra: "diálogo", incluída no filme, nos relatos sobre a Suzane e nos diálogos com a minha filha sobre as duas histórias.

***

A sinopse do *Bicho de sete cabeças* diz que o filme trata de

> Uma viagem ao inferno manicomial. Esta é a odisseia vivida por Neto, um adolescente de classe média, que leva uma vida normal até o dia em que o pai o interna em um manicômio depois de encontrar um baseado no bolso do seu casaco. O cigarro de maconha é apenas a gota d'água que deflagra a tragédia da família.
>
> Neto é um adolescente em busca de emoções e liberdade, que tem suas pequenas rebeldias incompreendidas pelo pai. A falta de entendimento entre os dois leva ao emudecimento na relação dentro de casa e o medo de perder o controle do filho vira o amor do avesso.
>
> Internado no manicômio, Neto conhece uma realidade completamente absurda, desumana, em que as pessoas são devoradas por um sistema manicomial corrupto e cruel. A linguagem de documentário utilizada pela diretora empresta ao filme uma forte sensação de realidade, que aumenta ainda mais o impacto das emoções vividas por Neto.
>
> No manicômio, Neto é forçado a amadurecer. As transformações por que ele passa transformam sua relação com o pai.

A história é contada em retrospectiva. Na primeira cena, o pai abrindo a carta que o filho lhe endereçara:

> Agora você vai ouvir aquilo que merece
> As coisas ficam muito boas quando a gente esquece
> Mas acontece que eu não esqueci a sua covardia
> A sua ingratidão
> A judiaria que você um dia

> Fez pro coitadinho do meu coração
>
> Estas palavras que eu estou lhe falando
> Têm uma verdade pura, nua e crua
> Eu estou lhe mostrando a porta da rua
> Pra que você saia sem eu lhe bater
>
> Já chega um tempo que eu fiquei sozinha
> Que eu fiquei sofrendo, que eu fiquei chorando

Corte. O filme alerta que não vai ser simples: na carta ao pai, o "jovem" Neto canta *Judiaria* do "velho" Lupicínio Rodrigues.

As cenas que se seguem mostram a normalidade da vida do Neto, na qual se misturam "as provas" da sua adolescência feita de pequenas rebeldias e das incompreensões do pai, que culminam na internação brutal do filho em um manicômio.

O sentido de normalidade que essas cenas procuram atestar só se revela quando ocorre a internação do Neto, da maneira mais absurda e inexplicável que se possa imaginar: o pai engana o filho e o entrega aos enfermeiros e médicos de um manicômio do qual não poderia mais sair; foi ali jogado por razões que lhe escapavam inteiramente. Ou melhor, não havia qualquer razão a ser compreendida; o ato do pai provavelmente era incompreensível a ele mesmo.

A traição do pai, a desumanidade dos funcionários do manicômio, a absurda condição dos outros internos, a desinteligência do Neto repõem imediatamente as primeiras cenas: nada do que ele vivia justificava a tragédia em que sua vida fora envolvida. A anormalidade na qual mergulha é a prova da normalidade do que antes se passava. Tudo porque, em um certo dia, do bolso do casaco do Neto escapou um baseado que o pai pegou estarrecido.

Diante da mais bruta realidade manicomial, Neto amadurece. Quando sai, a relação dele com o pai havia mudado; o pai também havia amadurecido.

O filme é bastante sofisticado porque opera com imagens, falas, trilha sonora, feições muito chocantes que permitem apreender a enorme complexidade das questões que estão em jogo. Tudo isso salva o roteiro das simplificações nas quais ele constantemente resvala, porque está apoiado sobre uma tese chapada: a tragédia de um adolescente provocada pela incapacidade para o diálogo, portanto para o afeto e a compreensão, de um pai rude e de uma mãe que em algum momento da vida havia também se tornado uma sombra do marido, um espectro que o seguia.

O desempenho dos atores e os contrastes faciais falam por si mesmos: à beleza angelical do Neto – Rodrigo Santoro – contrapõe-se a feição canina do pai – Othon Bastos; à brutalidade ativa dos traços paternos a afetividade catatônica da mãe – Cássia Kiss. Os habitantes do manicômio reúnem a fauna e a flora dos habitantes cotidianos da cidade; três internos são especialmente impressionantes: o jornalista, o Bil e o Ceará. É com eles que Neto tem os gestos e os diálogos mais sensíveis e inteligentes; são eles que marcam no filme o afeto e a sabedoria inventados pelos habitantes daquele inferno social.

Mas o filme seria improvável sem a trilha sonora, que é de André Abujamra; é através dela que o roteiro expressa o fundo do poço em que se encontra a vida não só do Neto mas de todas as pessoas com as quais ele vai cruzando. O maniqueísmo que está na base da narrativa é incessantemente desmentido pelas músicas; elas contam dos mundos interiores daqueles seres roubados em suas identidades e dos seus nexos com a sociedade.

Escolha melhor impossível; tem *Fora de si*, *O buraco do espelho*, *Seu olhar* e *O nome disso* do Antunes, que marcam o sofrimento da modernidade urbana; o Abujamra entra com *Abertura e corredor*, *Eletrochoque e fuga* para contar da dilaceração dos internados do mundo. O *Janela de apartamento II*, do Décio Rocha, é o som do desespero. E não há como conter um mar de lágrimas ao ouvir Zé Ramalho, Geraldo Azevedo e Zeca Baleiro no canto pungente de *Bicho de sete cabeças II*.

> Não dá pé não tem pé nem cabeça
> Não tem ninguém que mereça
> Não tem coração que esqueça
> Não tem jeito mesmo
> Não tem dó no peito
> Não tem nem talvez
> Ter feito o que você me fez
> Desapareça cresça e desapareça
> Não tem dó no peito
> Não tem jeito
> Não tem ninguém que mereça
> Não tem coração que esqueça
> Não tem pé não tem cabeça

> Não dá pé não é direito
> Não foi nada eu não fiz nada disso
> E você fez um bicho de 7 cabeças
> Bicho de 7 cabeças
> Bicho de 7 cabeças

Chorar por todos e por cada um de nós.

***

Quero falar agora do filme assistido por mim mesma; daquele único jeito que se pode se apropriar do que os sentidos nos oferecem: deixando correr pelas veias; ruminando o que se apresenta.

As cenas iniciais nas quais a "normalidade" da vida adolescente do Neto é mostrada funcionam como "provas" de que um adolescente é sempre um adolescente; de que a adolescência é "naturalmente" uma fase que... Aquelas cenas oferecem também "provas" de que o pai do Neto não se dispunha ao diálogo; não entendia o Neto; ou seja, dão "provas" de que se tratava de um adulto de classe média, bruto, que queria enquadrar o filho nas suas regras.

É instigante que essas cenas não me convenceram; suas "provas" são frágeis para produzir as pretendidas evidências. Elas se revelaram a mim como produto do olhar complacente, rendido, do adulto (a diretora) diante da vida do adolescente. Todos os adultos que cercavam o Neto me pareceram identicamente rendidos: em relação a si mesmos, aos outros, ao mundo circundante. São tão patéticos, confusos, deambulantes quanto os internos do manicômio. A perversidade que mais me impressionou na família é a que se deposita sobre a mãe do Neto. Desqualificada pelo marido, pela irmã mais velha do Neto que, se bem entendi, era filha de um primeiro casamento. Não participava das decisões sobre o filho, assim como não decidiu sobre sua internação. O marido e a irmã do rapaz, por certo, em algum momento, devem ter-lhe dito: "a culpa é sua, porque foi você que estragou *o seu filho*..."

Mas a moça também é usada pelo pai: é ela que lhe "quebrava os galhos"; muito generosamente "mexeu os pauzinhos" para conseguir que o Neto tivesse "o privilégio" de ser internado naquele manicômio "de muito boa fama", cujo diretor era um psiquiatra muito respeitado porque tinha "muitos livros publicados". Cinicamente diz ao Neto, na primeira visita ao manicômio, que os jardins eram lindos... que gostaria de ficar lá...

As mulheres da família no mínimo se odiavam. A irmã no mínimo odiava o Neto. O pai no mínimo odiava a si mesmo, além de ser odiado pela mulher.

Três adultos que funcionavam com maior ou menor competência nas tarefas materiais que lhes cabiam, mas impotentes, rendidos diante da vida. O pai tinha poder, mas não tinha autoridade. Neto foi a *persona* sobre a qual recaíram o desafeto e a impotência dos adultos.

Não havia qualquer normalidade naquela vida. Neto aparece mergulhado na apatia, alheio ao mundo. Nunca estava onde seu corpo se achava; nunca conversava com quem tinha diante de si. O não diálogo não se revelava apenas com o pai; ele não tinha diálogo com a menina que não era nem namorada nem amiga; não dialogava com os parceiros de fumo.

A anormalidade do ambiente manicomial mostrada cena a cena parece servir de justificativa para o que antes era vivido como normalidade. É por força da anormalidade manicomial que a vida anterior do Neto é normalizada. Ela não fala por si mesma; só por contraste.

É a falta de diálogo, de compreensão, de afeto do pai que explicam o Neto da vida sem brilho e apática que levava? Não aceito essa tese simplicista.

A aspereza, a desumanidade, a crueza do mundo que conhece dentro do manicômio amadurecem Neto; pela força bruta, é obrigado a criar laços de solidariedade, companheirismo, senso da comunicação. É somente entre os internos que Neto revela ter vida inteligente e afetiva correndo em suas veias. Aprendeu o diálogo no reino da brutalidade; é a violência manicomial que educa Neto para a vida adulta.

A rusticidade do pai de classe média, apegado a valores pequenos, sem graça, sem emoções e encantamentos, sem promessa de aventuras, não conseguia educar o Neto, porque a ele se impunha como negação aos seus cifrados impulsos adolescentes. Em contrapartida, o manicômio, lugar por excelência da interdição, da negação, do impedimento; da hora para acordar e da hora para dormir; da hora para comer; para passear no pátio e para se recolher, o manicômio educou o Neto. Exerceu o papel do adulto; o reino das necessidades lhe foi inoculado pelas veias; comunicado por choques elétricos.

O "pai" que Neto encontrou no manicômio é o velho sem nome, apresentado nos créditos como "jornalista". Quando pela primeira vez foi conduzido ao refeitório, Neto dirige-se a uma mesa para tomar o café. Faz um gesto para se sentar, quando escuta uma voz rouca e firma a lhe dizer:

>Para se sentar aí tem que pedir licença.
>Tome pelo menos o café com leite.

Neto cumpre.

Tempos depois, é arrancado da cama por um dos internos, dizendo que era para atender o velho, que até os demônios de branco respeitavam. Neto entra num quarto, e o velho o presenteia com um gorro surrado do tipo boliviano. E diz:

>É para agasalhar aqui [faz um gesto em direção à cabeça].
>É preciso fingir. Quem é que não finge neste mundo, quem?
>É preciso dizer que está bem disposto, que não tá com fome ...
>É preciso dizer que não está com dor de dente, que não está com medo. Senão não dá, não dá.
>Nenhum médico jamais me disse que a fome e a pobreza podem levar a um distúrbio mental.
>Mas quem não come fica nervoso, quem não come e vê seus parentes sem comer, pode chegar à loucura. Um desgosto pode levar à loucura, uma morte na família, o abandono do grande amor...
>A gente até precisa fingir que é louco sendo louco, fingir que é poeta sendo poeta.
>Vai ali e leia.

Neto se dirige a uma parede, e com os dedos e os olhos lê:

>O buraco do espelho está fechado
>Agora eu tenho que ficar aqui
>Com um olho aberto, outro acordado
>No lado de lá onde eu caí
>Pro lado de cá não tem acesso
>Mesmo que me chamem pelo nome
>Mesmo que admitam meu regresso
>Toda vez que eu vou a porta some
>A janela some na parede
>A palavra de água se dissolve
>Na palavra sede, a boca cede

> Antes de falar, e não se ouve
> Já tentei dormir a noite inteira
> Quatro, cinco, seis da madrugada
> Vou ficar ali nessa cadeira
> Uma orelha alerta, outra ligada
> O buraco do espelho está fechado
> Agora eu tenho que ficar agora
> Fui pelo abandono abandonado
> Aqui dentro do lado de fora

Não tirou mais o gorro da cabeça para que suas ideias não fugissem.

Enquanto Neto vivia o seu calvário, seus antigos conhecidos se afastaram. A moça que lhe despertara amor o ignorou. O companheiro de fumo pediu, em nome da mãe, que não fosse à sua casa.

Onde foi parar a suposta irmandade adolescente? Qual o destino dos supostos laços de identidade entre os pares etários? Afinal, qual é mesmo o nome da força social que juntava Neto e seus pares adolescentes para queimar o fumo? O que eles eram para eles mesmos? Não há nome e não havia laços; eles não compunham qualquer irmandade e não estavam unidos por qualquer laço de sociabilidade. Em nada há de se estranhar que em pleno calvário Neto não encontre nos antigos conhecidos um afeto e uma palavra amiga.

***

De uns tempos para cá, a literatura acadêmica desenvolveu a mania de descobrir "invenções"; é só bater o olho nos títulos das livrarias para encontrar uma enorme quantidade de livros falando da invenção de alguma coisa: do paladar, do olfato, da infância e assim vai. Alguns desses trabalhos são, de fato, invencionice de acadêmicos para vender livros; mas há muitos que acertam ao mostrar como o que consideramos natural e eterno foi em algum momento fabricado por força da vida em sociedade.

Nesse âmbito, faz bastante sentido procurar descobrir se, em todas as sociedades, em todos os tempos, a ideia de infância com tudo o que a cerca sempre existiu; o mesmo se pode dizer da adolescência. Nas sociedades agrárias orientais do século XVI, por exemplo, as relações sociais vigentes incluíam o que as sociedades urbanas ocidentais, quase quatro séculos depois, passaram a denominar de adolescência?

Podemos estar seguros que não. O senso social de adolescência é de fato uma criação social e cultural das sociedades urbanas ocidentais, que começaram a conceituar, nas últimas décadas do século XIX, o momento da vida psicossocial entre a infância e a vida adulta como sendo adolescência, carregada de características, comportamentos etc. distintivos.

Sabe-se que há um século estamos sob o impacto da difusão das mais diferentes interpretações psicológicas seja do indivíduo seja dos grupos sociais. Não importa se as psicologias difundidas tenham por base pesquisas científicas consistentes; o certo é que muitas instituições e meios de comunicação tornaram-se veículos de divulgação massiva de interpretações psicológicas sobre tudo e sobre todos. Por certo que se trata de um fenômeno especialmente forte em sociedades urbanas ocidentais, entre as quais os Estados Unidos, de um modo, e o Brasil, de outro, são excelentes exemplares. É provável que as psicologias em torno da criança e do adolescente tenham sido aquelas que mais público conquistaram e em nome das quais os maiores absurdos foram e são cometidos, dentre os quais vou destacar apenas um, dado o assunto central deste ensaio.

Adolescência e adolescente foram conceitos cunhados em fins do século XIX, especialmente nos Estados Unidos, por psicologistas que decidiram explicar determinados comportamentos, condutas, expectativas etc. de jovens saídos da infância. No entanto, essas psicologias, como muitas outras relativas à criança, acabaram produzindo uma inversão perversa: o que era para ser descrito e explicado – comportamentos, valores, expectativas etc. – foi transformado em características esperadas ou características necessárias.

Pensemos, através de um exemplo, no resultado contemporâneo das inversões que foram e continuam a ser cometidas: Stanley Hall, considerado um dos primeiros psicologistas da adolescência, apresentou os resultados dos seus primeiros estudos no final do século XIX, nos Estados Unidos. Existe ainda algum resíduo do adolescente e da adolescência que Stanley Hall descreveu? As relações sociais, especialmente as familiares, nas quais o adolescente de Stanley Hall estava mergulhado, permaneceram as mesmas? A infância da qual saía aquele adolescente é ainda a mesma? O menino e a menina de 13 anos que ele identificou como "adolescentes" são os meninos e as meninas de 13 anos com os quais nos deparamos cotidianamente nas ruas do século XXI?

Em muitos e variados aspectos, a única resposta cabível é não. Parece irrelevante falar dos parâmetros etários; esses foram há muito arrebentados, não porque a adolescência começa hoje mais cedo e o ingresso na vida adulta está adiado, mas porque as condições da infância foram profundamente alteradas e os parâmetros de ingresso na vida adulta – tais como trabalho, casamento, formação de prole – não funcionam mais. A família na qual emergia a adolescência e onde o adolescente existia não vigora mais.

Porém, a questão fundamental não está na ausência ou presença do antigo núcleo familiar. O ponto de fundo é a ausência do referente adulto, antes realizado na infância primordialmente pelos pais, que foi substituído pelos grupos anônimos e amorfos constituídos dominante por parceiros etários; pelos meios de comunicação de massa e pela própria escola, sobre a qual foi depositada uma função no mínimo improvável: a de ser o sucedâneo da família, na qual o adulto referente seria encontrado. A história da escola em países como o Brasil revela que se em algum momento ela funcionou como referente intelectual e moral foi em complemento à socialização familiar; o exercício de sua autoridade moral e intelectual só pode funcionar tendo por base a legitimidade paterna.

O que, na origem, definia a adolescência? Os conflitos, as lutas travadas pelo egresso da infância para ganhar autonomia frente ao adulto do qual era dependente; momento conflituoso porque era a luta do jovem para negar a criança sobrevivente nele mesmo; dar provas aos pais que ela havia sido superada para que eles aceitassem os seus anseios e suas condições de liberdade e autonomia. Dupla e indissociável luta: contra a criança que precisava ser completada para que os pais vissem no filho ou na filha o novo ser que eles ainda não conheciam; luta contra os adultos (pais) para diante deles se afirmar como um igual.

É impressionante atentar para o fato de que a circulação das psicologias da adolescência contribuiu muito pouco para que os adultos entendessem melhor os jovens e os pais entendessem melhor seus filhos. Na mão inversa, a invenção da adolescência não somou favoravelmente aos jovens presenteados com o conceito. Assim que as teorias psicológicas sobre a adolescência começaram a pautar regras de condutas dos adultos nas escolas, nas famílias e em muitas outras instituições sociais, com a especial colaboração dos meios de comunicação, os jovens denominados adolescentes foram negando linha por linha as características que lhes foram imputadas.

Esse processo está sendo realizado há um século; nesse tempo, o que explicava a adolescência perdeu o sentido, porque não há mais o adulto com quem travar a luta pela autonomia e pela independência. O adulto está rendido; com ele não há diálogo, não porque ele necessariamente se negue a mantê-lo. Porque o adulto – seja ele pai, professor ou qualquer outro – é em princípio um estranho, por um defeito que lhe é incorrigível: o adulto não é jovem, aliás, não é um "adolescente". Com ele não há papo, porque não domina o mesmo código cifrado; porque não pode atravessar a noite tomando uma "breja"; porque não fuma um "banza", numa boa; ele é antes de tudo um chato detentor de algum poder ou, o que é pior, é o dono da grana. Tem poder, mas não tem autoridade.

Para ir fechando

É possível conceder algum sentimento positivo ao seu Wilson que, por impotência, traiu o filho, trancafiando-o num manicômio? Não. Mas a minha resposta ficaria incompleta se eu não expressasse a ausência de sentimentos positivos pela juventude desperdiçada que não se abre à pergunta elementar: por que a autoridade do pai, bem como suas negativas, são menos suportáveis do que a do traficante cujo poder se espraia socialmente e cujas armas são mortais?

A terrível história do assassinato dos pais pela jovem Suzane insiste em minha mente como a contraface da história do Neto. Em uma o pai trancafiou o filho em um manicômio; noutra, a filha (Suzane) assassinou os pais. Na primeira, supostamente, faltava o diálogo; noutra, pelo que a própria filha relatou, o diálogo não faltara, até que os pais resolvem lhe impor energicamente uma negativa. A tese sobre a qual a advogada pretende defender sua cliente é exatamente a que argumenta em favor da barbárie: na casa de Suzane faltava afeto e diálogo, o que ela havia encontrado na casa do namorado!

Encerro este ensaio com uma citação de um articulista que, por formação, pensou o ato criminoso do ponto de vista da psicanálise freudiana, através da qual pensei a história do Neto e de sua vida em família:

> É uma banalidade: cada vez mais, na vida dos jovens, na escolha de suas condutas e na invenção de sua identidade íntima, os companheiros contam

mais do que os pais. O pai de Suzane não gostou disso, reagiu e morreu coberto de razão, pois ficou demonstrado que as companhias de Suzane eram, bem como ele pensava, péssimas.

Em 1998, o livro de Judith Rich Harris "Diga-me com quem anda..." provocou um pequeno tumulto no mundo da psicologia. Rich Harris declarava que os jovens não são (mais) o efeito dos cuidados que receberam na sua primeira infância. Pouco importa que, com suas crianças, você seja carinhoso ou estupidamente ausente: de qualquer forma, a influência do grupo de amigos decidirá quem serão seus filhos. Os jovens se formam em relações horizontais, entre companheiros e iguais. As relações verticais, hierárquicas (com os pais e outros adultos dotados de autoridade), contam cada vez menos.

Não é de se estranhar. A personalidade moderna vive numa permanente consulta ao olhar dos outros: existo porque os companheiros de meu grupo, os meus semelhantes, me aprovam e me tratam como um membro do bando. Devo quem eu sou a eles, não à benção de alguém acima de mim. A cumplicidade e o mimetismo nas parceiradas são mais importantes do que os imperativos da autoridade.

[...] essa mudança não se deu contra ou apesar dos adultos. Os pais de hoje preferem ser bem vistos e amados por seus filhos a ser respeitados e obedecidos. Em suma, a subjetividade dos pais também mudou com a modernidade, e a família torna-se, aos poucos, uma parceria horizontal.

[...] o que vem dos pais não tem valor simbólico. As interdições aparecem como a expressão de uma autoridade que se justifica só na violência; a reação, se acontecer, será também violenta. Da mesma forma, o que se espera que os pais transmitam não são princípios ou exemplos, apenas bens materiais: a herança é só grana[1].

---

[1] CALLIGARIS, Contardo. Suzane: pano de fundo. *Folha de S.Paulo*, 14 nov. 2002, Caderno E, p. 14.

Infâmia

Eliane Marta Teixeira Lopes

Filme: *Infâmia*
Ficha técnica, sinopse e mais informações na página 211.

Vamos entrar no filme pelos olhos da câmara: um belo parque, um belo jardim e uma placa anunciando: *"Wright-Dobie school for girls"*. Logo se veem garotas andando de bicicletas, brincando entre si, e quando a câmara vai se aproximando da casa ouve-se uma peça de Bach, tocada corretamente, mas mediocremente, em um piano. Duas meninas tocam a quatro mãos assistidas por seus pais e professoras, Karen, Martha e Mrs. Mortar. Nessa cena, quase todos os personagens são apresentados: as professoras (duas delas donas da escola e que ensinam quase todas, senão todas, as matérias), cujos olhares mostram a alegria pela escola estar dando certo; papais e mamães orgulhosos de suas meninas; e as meninas, dentre elas Mary, que, durante a audição, pede à colega que abra a mão, coloca dentro uma barata ou coisa assim, e provoca um grito, fora de hora, de lugar e altamente repreensível. Era o que ela queria. Continuando a festa, o lanche e o ponche são servidos no jardim. A avó de Mary, Mrs. Tilford, chega e é recebida com efusão pela neta que logo lhe faz queixas, dizendo que naquela escola as professoras as *fazem de escravas,* ao que a avó responde *é para o seu bem.*

A espectadora, esta que lhes escreve, entra em cena para comentar alguns aspectos. Nos Estados Unidos, a coeducação já existia desde meados do século XIX, diferentemente da Europa. No entanto, as escolas particulares para meninas, como a *Wright-Dobie school for girls*, foram sempre muito bem aceitas, e não são raros os filmes em que Hollywood explora isto. Essas cenas iniciais são típicas daquilo que se convencionou chamar de educação para meninas: ar livre e esportes leves, piano, vida em família e, sobretudo, repressão da sexualidade e distanciamento dos homens. Ponche, sanduíches e recato são, nessa época, instituições americanas exportadas para todo o mundo... A lascívia, o álcool e as drogas viriam algum tempo, não muito, depois.

Ao terminar a festa, lavados os pratos, a situação e os personagens começam a ser esboçados: a amizade entre Karen e Martha é cúmplice em torno de um projeto comum que é a escola; Mrs. Mortar é preguiçosa e oportunista, e um homem é introduzido na trama, o noivo de Karen, Dr. Joe, que eventualmente irá atender às doenças das meninas. Noivos já há dois anos, o projeto de casamento vai sendo continuamente adiado por causa da escola. Nessa noite, Karen cede à insistência e irritação do noivo e o casamento é marcado. Essa notícia é dada a Martha e isso introduz a primeira cunha entre as duas amigas; a discussão acalorada vai ser ouvida por uma das meninas, Mary. Karen quer casar, ter um filho (*daqui a um ano)* e Martha diz-lhe que a escola está dando certo, não é justo que ela queira derrubar o projeto. Ao que a amiga responde "você espera que eu desista do meu casamento? – só quero o melhor para você". Exatamente como a avó de Mary lhe respondera.

> Sem precisar procurar razões ocultas para esse diálogo, vamos pensar em algo que interessa a essa profissão: exercício profissional e laços afetivos. Este é um assunto que mobilizou muitos "prescribentes" da área. O celibato pedagógico e a maternidade pedagógica estiveram por muito tempo (e ainda na década de 50) no centro das prescrições oferecidas, em geral por homens, para o sucesso da tarefa. As mulheres não deveriam casar-se pois isto prejudicaria sua plena dedicação às crianças e ao seu fazer pedagógico; não importa se não têm um amor seu ou filhos, serão mães daqueles que "não são carne de sua carne". Mas havia quem defendesse que aquelas que se casassem (e ser professora era sua melhor opção, pois tomava menos tempo e era mais decente) seriam melhores professoras, pois teriam mais sensibilidade com as crianças.

A história começa então a designar aos personagens papéis mais claros. Mrs. Mortar, que é tia de Martha, ensina às meninas etiqueta, teatro, música e outras delicadezas. Entre elas, a mentira não era tolerada, e é por causa de uma mentira que Mary é castigada por Karen, o que provoca um ataque na criança. Um ataque que diz ser do coração, o coração que dói e que provoca desmaio. Dr. Joe é chamado, mas desde o início ficara claro que o ataque era um achaque, uma tentativa de manipulação acompanhada de caras e bocas. Tanto nesse momento quanto em outro, em que Mary surpreende uma colega, Rosalie, com a pulseira roubada de Helen, seu caráter começa a ser apresentado. Nesse clima, cuja aparência de tranquilidade mal disfarça a tensão, a sexualidade reprimida, surge, durante uma discussão entre sobrinha e tia, e dita por esta, a palavra *inatural*, que é ouvida por algumas alunas e logo transmitida a Mary. O tom de acusação durante a discussão faz com que se pergunte sem cessar: *o que é inatural?* Ao que a colega, não a satisfazendo de maneira alguma, responde candidamente: *é o que não é natural, i-natural...* Em algum lugar de si, Mary sabe o que é e é a partir dessa palavra que vai construir sua intriga.

>Vamos parar um pouco com esse enredo que, ao menos no filme, é fascinante, produzindo mesmo um certo suspense, para pensarmos no valor das palavras. Está na *Bíblia*: não invocar seu santo nome em vão. Sem nenhuma intenção iconoclasta, nenhuma palavra pode ser invocada em vão; toda e cada palavra tem consequência, tem história e faz história. Senão, vejamos: no *Dicionário Aurélio*, infâmia é: "Má fama. Perda de boa fama. Dano social ou legal feito à reputação de alguém; desonra, desdouro, ignomínia, labéu. Caráter daquilo que é infame; torpeza, vileza, abjeção. Ato ou dito infame." No filme, a quem se dirige o título? Veremos, pelo desenrolar da trama, que o endereçamento é ambíguo e pode ser reinterpretado a cada momento, conforme o personagem com quem se identifique. Mas a palavra *i-natural* (na verdade antinatural), pivô da fantasia de Mary, não tem nenhuma ambiguidade; nesse momento histórico e, sobretudo, nesse meio social, tem um sentido preciso: refere-se a comportamentos sexuais não abonados por esse mesmo meio social. Sendo clara: refere-se a homossexualismo. Na Grécia antiga, a pederastia (amor entre um homem mais velho e um mais novo) tinha valor pedagógico, mas ao longo dos tempos, com o acirramento dos espíritos religiosos

monoteístas e suas normas sobre casamento, celibatarismo e o que era considerado perversão, natural e antinatural, o amor entre iguais foi, cada vez mais, sendo inscrito no rol dos pecados abomináveis merecedores de fogueira e proscrição. Por volta de 1860, a palavra homossexualidade passou a ser usada para designar amor carnal entre pessoas biologicamente pertencentes ao mesmo sexo, por oposição à heterossexualidade. Do ponto de vista social, o ódio aos homossexuais talvez tenha atingido seu ponto mais violento durante o nazismo, sob o qual os homossexuais foram tão perseguidos quanto os judeus. O discurso psiquiátrico do século XX considerou a homossexualidade uma anomalia psíquica, mental ou de natureza constitucional, um distúrbio de identidade ou da personalidade que poderia levar ao suicídio. Foi preciso esperar pela década de 1970, pelo trabalho dos historiadores, sobretudo de Michel Foucault e John Boswell, e pelos movimentos sociais favoráveis à liberdade sexual, para que a homossexualidade deixasse de ser encarada como uma doença e passasse a ser vista como uma prática sexual distinta[1]. Como se vê, e ainda hoje, se havia (há) alguma coisa que poderia levar pessoas ao suicídio não era sua orientação sexual, mas o estigma e a inserção social a elas (não) permitida. Não nos esqueçamos que também existem, e são frequentes, os assassinatos de homossexuais: não nos esqueçamos do de Edson, na praça da República no centro de São Paulo; e os de Gherardwin, de Degois, de Baessi, Joaquim, João e Maria. Há muito o que ver, escutar, ler, pensar, dizer e debater sobre esse tema; não fujamos disto.

Voltemos a Mary, que a essa altura do filme já se mostra uma danadinha mesmo: mediante chantagem, e pesada, extorque dinheiro de Rosalie e foge para a casa da avó, de táxi e dando gorjeta ao motorista, como a burguesinha mimada que é. A avó, austera, chique, grande dama cumprindo seu papel, vai recambiá-la para a escola. É quando Mary resolve contar para a avó porque não quer aquela escola, já que ser escrava (o primeiro argumento apresentado) não causou efeito. Diz que tem medo *delas;* que *elas* não a querem por perto; que *têm segredos;* que ouviu uma discussão muito feia entre *as duas;* que nessa discussão a tia de Martha dissera que

---

[1] Cf.: Homossexualidade. In: ROUDINESCO, Elisabeth e PLON, Michel. *Dicionário de Psicanálise,* p. 350.

seu comportamento era inatural. A isso a avó, já de olhos arregalados, diz não querer *ouvir aquela palavra*. Na medida em que as placas que anunciam a chegada da escola vão aparecendo, Mary vai construindo sua infâmia e a sua saída triunfal da escola. Mas há palavras que Mary não ousa dizer em voz alta e nós, então, não as ouvimos também, mas percebemos que devem trazer revelações terríveis, pois vovó manda o motorista parar o carro e descer para que possa ouvir mais à vontade as novidades. Disposta a tirar tudo a limpo, Mrs. Tilford entra na escola onde encontra a tia de Martha (depois da discussão ela havia sido mandada embora da escola) que repete, entre um chapéu e uma mala, a mesma conversa leviana, repetindo a palavra maldita, inatural: *sempre foi assim, teve alguns admiradores, mas nunca namorou, nunca quis se casar; só se interessa pela escola e por Karen; aos 28 anos limitar-se a tomar conta das filhas dos outros? Essa devoção insana...* Bastam essas palavras e explicações para que Mrs. se retire sem conversar com Karen ou Martha. Mary fica feliz ao saber que nunca mais voltará para a escola, e sua avó começa então a procurar outros pais e parentes para revelar a terrível situação e em mãos de quem suas filhas se encontram. As cenas que se seguem são muito impressionantes: o pátio da escola se enche de carros, pais, mães e motoristas, que, sem qualquer explicação, impedindo mesmo que as filhas dirijam a palavra às suas professoras, vão levando as meninas embora da escola. O pai da última criança a sair, depois de dizer *se vocês não sabem o que está acontecendo eu também não sei*, resolve revelar a Karen o que havia. Que palavras usou, depois de tão constrangido, não se sabe; uma porta impediu Martha e espectadores de ouvirem as palavras. Não eram palavras a serem ditas ou ouvidas em filmes da década de 50.

> As palavras, como disse acima, são tão importantes que, mesmo quando não são ditas, ou sobretudo quando não são ditas, causam estragos muitas vezes irreparáveis. O título que este filme teve na Inglaterra foi *The loudest whisper* = *O gritante murmúrio* e o desenrolar do enredo nos mostrará porque. *Whisper* também pode ser traduzido por rumor e um gritante rumor será um boato. É disto que se trata: uma notícia anônima que corre publicamente sem que haja confirmação. O boato é um fenômeno social que tem sido estudado pela antropologia e pela sociologia que fazem análise desse tipo de comportamento coletivo. A construção de um boato, seja por causa de um leão feroz que fugiu do circo ou um estuprador que está

pegando meninas louras, passa por caminhos inimagináveis: ninguém viu, mas alguém tem um tio que jura que viu porque sua mãe disse que acha que viu. Assim se constroem os boatos; assim a vida das pessoas é destruída. Que ninguém se esqueça que boatos sobre a Escola Base, no Brasil, em São Paulo, com ampla divulgação no nosso quarto poder, a imprensa, destruíram a escola e cada uma das pessoas que nela trabalhavam. A debandada que ocorre na escola do filme é espantosa: silenciosa, brutal. Em filmes recentes temos visto cenas de escolas sendo evacuadas por ameaças de bombas ou de ações terroristas: a impressão é a mesma. Outro aspecto do que foi extraído do filme e transcrito acima e que pode ser comentado diz respeito a essa profissão: de um momento a outro (sic) passa a ser depreciativo essa devoção "insana" ou o fato de uma professora não querer casar-se e dedicar-se à escola. Quer-se que a professora seja devotada até a insanidade, desde que seja sempre a serviço do outro.

À revelação do motivo da vergonhosa fuga em bloco, segue-se a busca da autora dos boatos: Mrs. Tilford. Uma longa troca de acusação entre as três mulheres adultas, o noivo de Karen e as duas crianças, Mary e Rosalie, que continuava a ser chantageada, resulta na declaração de que tudo será esclarecido no tribunal e no pedido de Amelia Tilford: "não quero participar dessa sujeira, saiam daqui, limpem essa casa". As cenas seguintes passam-se no interior da escola: as duas amigas estão sozinhas, sem coragem para sair de casa, alvo de olhares zombeteiros e maldosos de motoristas de caminhão e entregadores de compra, provocando-lhes a sensação de estranheza em relação a si mesmas. "Sou um monstro, não vê? Tenho oito dedos e duas cabeças... tenho a sensação de estar em um pesadelo sem conseguir acordar". Mesmo quando Martha diz a Karen, "você vai se casar, tudo ficará bem para você", o que há como resposta é: "não sei mais o que pensar..." Karen sabia sim, muito bem, o que estava pensando: pensava se o noivo acreditava nela ou não, se ela acreditava na declaração de que ele acreditava ou não, se aquele casamento marcado por fatos tão graves e por suspeitas teria a possibilidade de dar certo e ela sabia que não; "seria um milagre se o veneno não o tivesse atingido também". À promessa de Joe de que breve iria voltar, ela tem a certeza de que não. Esses diálogos e a volta da tia Mrs. Lily Mortar trazem para o espectador fatos que não foram mostrados na tela: de fato, a *ação de calúnia contra Mrs. Tilford* havia sido levada a juízo e as professoras perderam a causa com base no parecer do juiz de que havia "conhecimento sexual recíproco pecaminoso" e pelo fato de que aquela, por quem a suspeita havia sido lançada, mesmo sendo "tia", não havia comparecido ao tribunal. Para Karen, "não há mais palavra segura, tudo o que digo pode ter outro significado, um significado novo: criança, amor, amizade, mulher, homem, casamento..."

> Os atos e palavras tiveram o efeito de ofender, e é preciso lembrar que a origem de ofender é *fendere*, bater, ferir, abrir uma fenda. Na vida deles, de todos três, a infâmia de uns e a covardia, a pusilanimidade de outros causaram essa fenda irreparável, irremediável. Como recomeçar a vida? Como retomar projetos que foram abortados tão bruscamente, com tanta vilania, tão vilãmente? As palavras, de fato, não são seguras, nunca, para ninguém... mas não há necessidade de que a aprendizagem disso passe por tanta violência, tanta dor.

Entrementes, a mãe de Rosalie descobre vários objetos roubados pela pequena cleptomaníaca, procura a avó de Mary e esta, com o olhar aterrorizado de quem se supunha impune, vê sua trama, tão bem composta, desmanchar-se. Mrs. Tilford percebe (acho eu, se não estiver sendo muito complacente) que o que ela fez foi exatamente o que Mary fizera: cometera uma infâmia. Chega à casa-escola para pedir perdão, para dizer que haveria retratação pública, para dizer *help me,* no momento em que as amigas estão tendo uma séria conversa e a ela é pedido que se retire, que ali não há mais nada que possa fazer. Vale a pena retomar trechos da conversa entre Karen e Martha: "o pecado de que nos acusam não é novo e outras pessoas não foram destruídas por isso; mas essas pessoas escolheram isto para suas vidas; nós não somos assim; gosto de você desde que nos conhecemos aos 17 anos na escola etc.; por que me diz tudo isto? – porque eu amo você; – é claro, eu também te amo; – talvez eu te ame do jeito que falaram". Mesmo os mais insensíveis se comoverão com as palavras que passam a ser ditas por Martha. "Sempre houve alguma coisa errada comigo; sou eu a culpada; mas agora eu sei o que sou; antes eu não podia dar um nome ao que eu sentia, agora eu posso; uma menina conta a uma mentira e você consegue entender o que há com você; ela achou uma mentira com um fundo de verdade; eu me sinto enojada, me sinto suja..." Mas Karen acredita, já que haverá retratação, que podem ir para outro lugar e recomeçar a vida: "você vem comigo? Quero dormir e descansar, estou muito cansada..." Há muito peso, muita tristeza nessas cenas... A câmara focaliza o rosto de Martha na janela do quarto, olhando a amiga que passeia no jardim; depois, a porta do quarto está trancada, Karen bate na porta com força até arrombá-la e o que primeiro vê é a sombra dos pés soltos no ar. Em bons filmes não há necessidade de explicitação. Depois do enterro, mãos nos bolsos, cabeça erguida e muita decisão no olhar; Karen segue.

Talvez não fosse necessário comentário algum. Mas o que aconteceu com Martha? Que tipo de dor sentida foi essa, que, de tão forte, induziu-a à morte? O que tornou a vida insuportável de ser vivida? Talvez dizer que a conduta das pessoas, daquela sociedade tenha sido politicamente incorreta seja mais fácil do que pensar na dor que atinge o outro/a outra ao se descobrir parte do processo de estigmatização. Para uma sociedade tão estereotipada, conservadora e discriminatória quanto a que o filme mostra – e que nem Martha nem Karen jamais pensaram em contestar, muito ao contrário, sua escola para *girls* era uma validação dessa sociedade e de seus valores, a homossexualidade, pelo menos desde que conhecida ou proclamada, era inaceitável, insuportável. A identidade dessas duas amigas não foi bastante forte para sustentá-las, pois era virtual, construída sobre valores aos quais elas apenas pensavam dar sua adesão; não é que fosse uma identidade falsa, apenas não era de verdade. Uma das características dos atributos em que os estigmas vão, ou não, se constituir é que são relacionais e, assim, ninguém fica imune a eles. Ao mudar o meu olhar sobre o outro é o meu olhar sobre mim mesmo que forçosamente mudará. Suportarei saber quem sou, fui ou serei? Por outro lado, a dor da identificação com aquele que aponta o estigma pode ser insuportável – eu o admiro tanto que se ele não me admira sou eu que não me admiro. Martha exprime isto muito bem quando diz: *eu me sinto enojada, me sinto suja*. Pois não é que Mrs. Tilford havia dito que não queria se envolver naquela sujeira? Que queria que elas saíssem de sua casa e com isso limpassem sua casa? Como é que Martha haveria de suportar o seu próprio nojo sendo ela mesma a causa do nojo? Não há como se limpar de um/a si mesmo/a que não se ama, que não se respeita.

É um belo filme! É um belo roteiro de filme, uma bela e comovente história.

Uma caprichada fotografia em preto e branco explorando jogos de sombra e expressões em *close*, bom desempenho das atrizes, em especial o de Shirley McLaine e de Karen Balkin, e o charme sempre presente de Audrey Hepburn. Contestando o comentário da ficha técnica, a temática, pelo menos no Brasil, continua sendo atual e lamentamos que seja – quem dera não o fosse!

Para além do estético há um ganho político; eu, pelo menos, ganhei muito. A identificação, a análise e a crítica dos personagens podem ajudar-nos em tomadas de posições na sociedade em que vivemos. Essas posições, muitas vezes difíceis de serem tomadas pois exigem coragem, desprendimento, entendimento das questões, já são inadiáveis. Posições que exigem de nós, seja em que campo for, uma luta decidida contra a homofobia, contra o racismo, contra a intolerância ao pluralismo religioso e político, contra todas as formas de autoritarismo e totalitarismo. Isto se chama viver em uma sociedade democrática.

BIBLIOGRAFIA

GOFFMAN, Erving. *Estigma*. Notas sobre a manipulação da identidade deteriorada. 4. ed. Rio de Janeiro: Guanabara Koogan, 1988.

LOURO, Guacira Lopes. O cinema como pedagogia. In: LOPES, Eliane Marta T. et al (Orgs). *500 anos de educação no Brasil*. Belo Horizonte: Autêntica Editora, 2000.

MERRIAM-WEBSTER'S. Encyclopedia of literature. United States of America, 1995.

Microsoft® Encarta® 96 Encyclopedia. © 1993-1995 Microsoft Corporation. All rights reserved. © Funk & Wagnalls Corporation. All rights reserved.

ROUDINESCO, Elisabeth e Plon , Michel. *Dicionário de Psicanálise*. Rio de Janeiro: Jorge Zahar Editor, 1998.

SEGUNDA PARTE

*Imagens e enredos da escola,
seus sujeitos e contextos: crianças,
jovens, professores e famílias*

O jarro: uma metáfora do professor?

Núcleo de Estudos e Pesquisas
sobre Profissão Docente
PRODOC/FaE/UFMG[1]

Filme: *O jarro*
Ficha técnica, sinopse e mais informações na página 215.

Antes
Amassar o barro. Bater.
Tirar pequenas partículas de sujeira e
Grãos de areia e principalmente as bolhas
De ar.
Até conseguir uma textura paciente.
É todo um ritual. [...]
Fundar o espaço pelo sensível
É inventar a forma.
Criando um todo indissolúvel
Um astro independente
Propondo um espaço sem fim [...].

Amílcar de Castro

---

[1] Este trabalho foi elaborado a partir das discussões dos professores/as pesquisadores/as do Núcelo de Estudos e Pesquisa sobre Profissão Docente da Faculdade de Educação da UFMG (PRODOC/FaE/UFMG). Assinam este texto os seguintes integrantes deste grupo: Ana Lúcia Faria e Azevedo (RME da PBH e Mestrado FaE/UFMG); Ana Maria Salgueiro Caldeira (Educação PUC-MG); Dolores Maria Borges de Amorim (FaE/UEMG); Inês Assunção de Castro Teixeira (FaE/UFMG); Maria Isabel Antunes Rocha (FaE/UFMG); Maria José de Paula (RME da PBH e Colégio Dom Silvério); Samira Zaidan (FaE/UFMG); Simone Greice de Paula (RME de Betim e Mestrado FaE/UFMG); Wagner Auarek (RME de Betim e UNI-BH); Zenaide Fernandes de Oliveira (FaE/UEMG e Balão Vermelho).

Estes trechos de "Palavra de argila" norteiam nossa discussão deste comovente filme de Ebrahim Foruzesh, da cinematografia iraniana dos anos 90, assim como a dedicatória do diretor. Qual seja: "Um filme dedicado às crianças do deserto", uma mensagem que estampa a delicadeza e afeição desse cineasta para com as crianças. O poema e a dedicatória nos despertaram para várias possibilidades de se sentir e pensar esse filme.

Assistir, sentir, pensar, discutir e escrever, coletivamente, sobre *O jarro*, trouxe-nos a ideia de que este filme poderia ser também dedicado "aos professores de todo o mundo".

O jarro é uma obra comovente e sensível, feita sem grandes recursos cinematográficos. Nele bastaram a sensibilidade, a inventividade e o talento, a pura arte de seu diretor, que soube falar de crianças, de um professor, de uma escola de aldeia, de uma mulher, uma mãe, do cotidiano de vida de famílias iranianas.

A película mantém-se fiel às opções estéticas do chamado cinema iraniano, como o uso de atores não profissionais; a limitação às questões centrais do problema, sem histórias paralelas; a filmagem com câmera móvel e fora de estúdios; as escolhas demarcadas pela restrição de recursos financeiros e tecnológicos, se comparados a outros tipos de produção. As histórias são contadas como se fossem momentos da vida de pessoas comuns, que a câmera registrou em tempo real. Sem cortes, sem complicações, como se simplesmente mostrassem uma realidade que ali já estava antes da filmagem, e que assim continuará depois dela.

O que mais importa é que os iranianos são grandes contadores de histórias e seus cinegrafistas, honrando a longa tradição narrativa de seu povo, nos oferecem filmes habilidosamente trabalhados, de forma poética e singela, em torno de temas aparentemente simples. Temáticas que para muitos não mereceriam maior atenção, mas que em suas mãos, se tornam belas obras e preciosas criações artísticas, que enriquecem nossa experiência estética e nos servem como reflexão sobre complexas e delicadas relações humanas aqui, lá ou em qualquer outro lugar.

Mas por que caberia dedicar *O jarro* "aos professores de todo o mundo?" E ainda, seria adequado representar em um jarro, o ofício de mestre em sua universalidade, em seus aspectos de permanência e continuidade ao longo de diferentes tempos e culturas? Naquela escola em que o jarro trincado é também desafio que movimenta, que mobiliza crianças, professor, famílias, comunidade; naquela escola tão singular e ao mesmo tempo tão universal, e no objeto e imagem do jarro, não estariam os elementos mais importantes, universais e fundantes do ofício de professor?

Sem desconsiderar as variadas leituras, interpretações e percursos que podemos fazer na interpretação desse filme, e apesar das particularidades da escola em foco – uma escola de uma aldeia no deserto, inscrita nos marcos da cultura iraniana – a condição professor ali está por inteiro. Ali se revela e deslinda em suas dimensões mais íntimas, mais delicadas e mais universais.

Uma escola, um professor, as crianças e um enredo

O filme expõe a saga de um professor e seus alunos para consertar e depois substituir um jarro trincado, que servia para armazenar água potável para consumo de todos, numa escola localizada num povoado no interior do Irã. A escola é pública e situa-se, em termos geográficos, fora do núcleo de residências. Tem precária construção, composta de duas salas, um quarto nos fundos (onde o professor morava), quadro negro tosco e mobiliário escolar modesto, com uma aparência gasta. Não possui água encanada, o que torna necessário retirá-la de um recipiente para depósito – um grande pote de barro, fixado na única árvore do pátio da escola –, dado que o riacho fica a uma distância razoável, dificultando o acesso dos alunos. O único professor das duas turmas da escola, na faixa dos 30 anos, é novo no lugar, e através das cartas que recebe de sua mãe, observa-se que é de uma família de baixo poder aquisitivo. Um grupo em torno de umas 40 crianças e pré-adolescentes, entre 08 e 12 anos, aproximadamente, são os alunos da escola, distribuídos por duas classes, havendo entre eles somente três meninas. Mostram-se agitados, brincalhões, concentrados na sala de aula, desafiadores e participativos, como as crianças que conhecemos.

Nestas cenas e imagens de *O jarro*, logo de início começamos a identificar a escola e seu entorno com as escolas rurais do interior do Brasil, que funcionam em edificações precárias, com material didático tosco, com ausência quase total de livros, cadernos e demais equipamentos de ensino. Imagens de escolas que povoam, não sem razão, a realidade e o imaginário sobre as condições do ensino nessas regiões. Cenários nos quais um professor, isolado, sem recursos pedagógicos e apoio público, com baixo salário e uma existência limitada ao trabalho, completam o quadro.

Ainda que em um primeiro momento essas imagens nos tragam uma escola do meio rural, vamos aos poucos nos aproximando de nossas escolas das periferias urbanas e também algumas de nossas escolas públicas de classe média. Todas elas podem ser muito parecidas. Talvez nem tanto quanto em relação à precariedade de recursos, mas certamente nas relações ali existentes entre os professores e os alunos, em sua convivência com a as famílias e comunidade. Em geral, uma convivência que envolve diferenças culturais, conflitos e tensões, como também gestos, e condutas de entendimento e ação conjunta.

Nesses aspectos, dentre outros, escolas rurais e urbanas de todo o mundo parecem irmanar-se. Como nas nossas escolas públicas, as coisas acabam sendo resolvidas pelo esforço da própria comunidade junto com a instituição. E, principalmente, através do envolvimento e do sobre-esforço das mulheres, em geral mais próximas dos filhos, mais sensíveis às suas necessidades e, talvez, por esta razão, suas aliadas mais frequentes que os homens frente aos problemas que as escolas enfrentam e as dificuldades que seus filhos nelas vivenciam.

Ao contar a luta daquele mestre e suas crianças, para resolver o problema do jarro da escola, que aparece rachado, fazendo vazar a água, o filme mostra algumas diferentes atribuições que fazem parte da rotina de trabalho do professor alfabetizador, seja qual for o universo geográfico e cultural em que esteja. Além de ensinar a ler, escrever e contar e de desenvolver os vários requisitos e outros saberes que são uma condição para a aquisição dessas habilidades e da formação daquelas crianças, o jovem mestre tem que administrar as disputas infantis; terá que relacionar-se direta e indiretamente com a comunidade local; terá que organizar o acesso e a utilização dos poucos recursos da escola e de seu entorno, como o riacho para o qual se dirigem os alunos quando não há mais água no jarro, responsabilizando-se ainda pela segurança das crianças no percurso para o riacho e quando lá estão. Contudo, para tudo isto e mais, o professor só pode contar com a ajuda de um de seus alunos mais velhos, a quem delega algumas tarefas de controle e mesmo de ensino. E é ao professor que a Mãe interpela nervosa, culpando-o pelo fato de seu filho ter ficado doente depois de ter caído no riacho.

O professor enfrenta, ainda, uma dificuldade de comunicação bastante comum entre docentes/adultos e alunos/crianças, como podemos ver na cena em que ao pedir que a turma traga canecas para beber água, se esquece de lembrá-los de que não devem trazer recipientes quebráveis ou valiosos. Diante disto, o mestre terá depois que lidar com uma das crianças que resolve trazer uma linda garrafa de vidro, que acaba se quebrando. São tantos cuidados, tantas coisas que se faz e tantas que ainda ficam por fazer, que o professor tem que se dividir em dois, em três, em muitas pessoas, tentando multiplicar seu tempo entre variadas ações e trabalhos, todas envolvendo delicadas relações interpessoais, interculturais e intergeracionais.

Mas aquele professor, como tantos outros, não se aborrece tanto com estas suas tarefas, quanto com a falta de apoio e de reconhecimento da comunidade e das autoridades, pois sente que elas não o compreendem e o interpretam mal, problemas que o fazem pensar em deixar a escola e voltar a sua origem. As autoridades locais, por sua vez, só se manifestam, mais efetivamente, em busca da solução para o vaso quebrado, quando o professor procura a ajuda dos pais para resolver problemas ou quando ele decide deixar a escola. Ou seja, quando a capacidade de exercer suas funções públicas é colocada em questão ou diante de atitudes estremadas que podem abalar sua imagem diante da opinião pública, como muitas vezes ocorre nas greves de professores, pensando em nossa realidade.

O professor e escola são vistos também pelas famílias como perturbadores da paz quando o primeiro pede às crianças que tragam ovos e cinzas. Com este pedido, interferem na rotina de trabalho dos pais, criam conflitos entre esses e seus filhos, e apresentam demandas onerosas para algumas famílias. Talvez por não haver uma cultura de participação constante da comunidade nos assuntos da escola, assim como ocorre entre nós – problema agravado pela ausência e ineficácia do poder público frente às demanda públicas. E ainda, lá como aqui, escolas e famílias geralmente só entram em contato em situações de cobrança e muitas vezes uns suspeitam das verdadeiras intenções um do outro.

O professor é também mal visto pelas autoridades do povoado por tentar resolver os problemas sem a elas recorrer, quando parece evidenciar sua impotência ou incompetência, além de estar dando visibilidade e poder à pessoas subordinadas. No caso do filme, a mãe que organiza a coleta de doações nas casas e na vendinha da aldeia, angariando recursos para a compra de um novo jarro, visto que o conserto do antigo, feito pelo pai de uma das crianças, não dera certo. Professores a alunos se veem diante de um obstáculo quase intransponível: a morosidade da burocracia do órgão público responsável pela escola, frente a urgência da solução do problema da água para se beber na escola. Recorrem, pois, aos pais e à comunidade, pois sabem que a requisição de um novo jarro aos órgãos públicos educacionais, irá demorar meses para ser atendida.

Nesses momentos, quando o professor sai da escola e vai até a comunidade, conhecendo as pessoas, demonstrando dedicação pelo seu trabalho e ainda interesse e solidariedade para com os problemas de algumas das famílias, ele foi se valorizando aos olhos de todos, resolvendo a questão que o atormentava. Esse parece ser um caminho interessante para toda a escola e para todos da escola, em qualquer lugar.

Centralizando o enredo do filme na história de uma escola simples, despida dos aparatos tecnológicos, da complexidade administrativa e da presença de alunos com diferenças significativas em termos econômicos e culturais, Ebrahim Foruzesh nos lembra Durkheim (1989) quando decide estudar a religião numa comunidade bem simples, para que despida de adereços, pudesse encontrar seu sentido mais primordial na vida social.

O jarro, uma metáfora?

A luta para ter o jarro e sua importância na trama, nos leva a tomá-lo como uma metáfora da sede do saber e do processo de acesso a ele. A água como saber. O jarro como o lugar e o suporte da água. A escola como lugar do saber.

A água do jarro é represada, contida. E o acesso a ela é controlado pelo professor. Tal como o saber da escola, também ele controlado, medido e orientado pelo professor. Vê-se ainda, que a água está também no riacho, tal como o saber está também fora da escola. O saber escolar *versus* o saber do cotidiano. O saber para repetir e obedecer e o saber para criar e enfrentar desafios. A escola/professor são como o jarro. Depositários do elemento mais precioso do deserto: a água. A escola como depositária de um dos elementos mais preciosos da humanidade: o conhecimento.

Fora do jarro, ampliando seus limites, como no riacho, a água torna-se mais distante, de difícil acesso, embora seja mais fértil. Sem o jarro a escola defronta-se com o espaço/saber localizada fora do espaço material e simbólico da escola. Neste sentido, ir ao riacho, para aqueles garotos e garotas, é distanciar-se da disciplina, dos hábitos e do contexto escolar. Nesta outra paisagem, o tempo gasto, as brincadeiras dos alunos, as dificuldades para controlar a turma acrescentam novos aspectos a serem pensados, novas situações a serem vividas e novas tarefas a serem realizadas pelo professor. Contudo, para aquele professor, como muitos outros, esta nova paisagem é vista como um problema, e não como uma possibilidade de aprender e ensinar outras coisas. E assim sendo, por vezes, ele perde o controle, os acontecimentos ganham autonomia e isso assusta o mestre. Com o jarro no pátio da escola, os alunos ficam em fila e são, um por vez, atendidos em sua sede, ordenadamente, em pequenas doses controladas pelo copo, um único copo. No riacho, bebem no ritmo próprio, relacionando-se uns com os outros, fazendo suas próprias buscas e experiências. Mais distantes do olhar do professor, bebem o quanto querem ou o quanto podem, o que pode ser extremamente perigoso, lembrariam alguns professores.

Sim, a água como saber existe no jarro, mas também pode ser sorvida no riacho. O saber pode estar nos livros, nos conteúdos e práticas escolares, mas ele está também na água do riacho, na realidade concreta, no fluxo da vida, da história, como no movimento mais livre da água do riacho. O saber está também, mesmo que desordenado, assistemático, na memória cultural daquele grupo, dos aldeões e aldeãs, nas lembranças do que viveram, nas histórias de seus anciãos, autoridade máxima naquela comunidade.

A luta pelo jarro é a luta para garantir o espaço físico e simbólico da escola como o lugar da transmissão do saber. E a tessitura deste espaço vai se compondo ao longo do filme, como um desafio. Todos sabemos e torcemos pelo final. Queremos que o professor, os alunos e os pais consigam o jarro. Sem ele o professor vai embora. E não haverá mais escola. Desejamos que eles tenham um novo jarro. Pelos personagens e pela ideia de escola que o filme desperta em nós.

Sem o jarro o professor não sabe como fazer a escola. Não sabe como garantir água aos alunos. Sem água, ainda que pouca, sorvida aos goles, regulada por ele, os alunos não conseguem ficar na escola. Quando o autor dedica o filme "a todas as crianças do deserto", fica-nos a sensação de que em termos metafóricos, a dedicatória se estende a todas as crianças que estão com sede simbólica de conhecimento.

Não faltava água física, ela estava disponível em um riacho próximo da escola. O que faltava era reconhecer a importância dela naquele local. Era reconhecer o conhecimento para além daquele descontextualizado, repetitivo, monótono e sem sentido, transmitido usualmente pela escola. A água como saber existe no jarro, mas também pode ser sorvida no riacho.

O saber, parte dele transmitido pela escola, pode estar nos livros, mas também está na realidade concreta, imediata, nas vivências individuais e coletivas na aldeia, no riacho, nas vielas e moradias do lugarejo. E a escola se restringe a lidar com saberes e práticas que não saciam a sede das pessoas pelo conhecimento, um conhecimento capaz de promover uma maior compreensão da realidade. Geralmente, tais saberes e práticas em pouco contribuem para que o sujeito seja mais ativo e criativo na resolução dos seus problemas.

Passando às tomadas do filme na sala de aula e a outros aspectos que podem estar presentes no recipiente da água, vê-se que o olhar do mestre dirige-se para fora da janela, para o jarro, que fixado embaixo da árvore, mostra-se grande, impositivo. Além da árvore é o único objeto no espaço exterior à sala de aula, no "pátio" da escola. Com o deserto ao fundo, o professor e o jarro se destacam como figuras centrais. É sempre perigoso comparar pessoas a coisas, mas resguardando as devidas proporções é possível aproximar a ideia do jarro à do professor.

Eles se confundem no ofício do barro, próprio do oleiro, e no ofício da vida, próprio do mestre. Por que tomar o jarro como uma metáfora do fazer e da condição docente? Comecemos pensando o que é um jarro, um pote. É ele a criação da arte do barro, como muitos artefatos criados pelos artesãos de várias regiões do Brasil, obras vindas da arte de modelar, como também as esculturas dos artistas daqui e de acolá, de que falava Amílcar de Castro. Como pensar a educação fora desta arte? Como retirar do ato de educar, a arte de fazer fruir a vida, o pensamento e as sensibilidades, dando-lhes forma e expressão em cada criança, em cada jovem? Como não pensar a educação senão como a arte de modelar, não no sentido de seguir modelos, mas de dar formas, sugerir possibilidades, de trabalhar o belo e o esplendor das potencialidades humanas contidas em cada jovem, em cada criança, constituindo suas identidades individuais e coletivas para bem viverem suas histórias. O professor e o jarro ali se confundem, por serem criações do ofício do barro, próprio do oleiro e do ofício da vida, próprio do mestre. Além de trabalhar na arte de educar, o professor também vai sendo formado, na humana docência. Ele modela e vai sendo modelado, nos rituais dos processos e práticas de formação humana, nos rituais para se conseguir "uma textura paciente". No sentido de "fundar o espaço para o sensível" para inventar a forma. A forma da condição humana, a ser potencializada em cada criança, em cada jovem, em cada educando.

O professor é também como um jarro porque, como dissemos acima, é ele um depositário de conhecimentos, de vivências e de histórias individuais e coletivas. É ele um "lugar de memória", nos termos de Halbawchs (1990).

Podemos pensar o professor com a metáfora do jarro, ainda por uma outra razão. Ao mesmo tempo em que os professores lidam com a arte de modelar, com a arte própria dos processos de formação humana, também os docentes vão sendo modelados. O professor vai sendo lapidado por outros mestres, vai sendo feito e refeito no cotidiano da escola, nos múltiplos tempos e espaços da vida social, nos centros de formação de professores, nos movimentos e dinâmicas sociais, no fluir da vida, de suas experiências e de histórias individuais e coletivas.

Vê-se ainda, que tal como o jarro, o professor por vezes vai se trincando, se desgastando, se fraturando, mas também vai sendo refeito, consertado, renovado, feito e desfeito. Refeito, pelas circunstâncias sócio-históricas da educação e da escola, de que é a um só tempo criador e criatura. Porém, diferentemente dos jarros, por serem sujeitos socioculturais, sujeitos históricos, os mestres nunca estão acabados, mesmo que estejam trincados pelas dificuldades, pelos desafios, pelas inquietações e indignações, pelas tensões que se apresentam no cotidiano da escola, de suas vidas e histórias, nos variados tempos e espaços que habitam. Estão, assim, em um permanente processo em que se fazer e refazem, ressignificando suas práticas, revendo suas concepções.

Os mestres e mestras vão se fazendo em suas relações com os educandos, no ato pedagógico. Na relação educativa, intersubjetiva, que funda e instaura a própria condição e identidade docente. Uma relação em que educadores e educandos se educam mutuamente. Educam-se mutuamente, porque enquanto os docentes representam a memória cultural de um povo e coletividade, o seu passado e o seu presente, a serem interrogados, continuados e reinventados, as crianças e os jovens são portadores do novo, do inédito, de um horizonte de possíveis, desde o presente. E tudo se passa numa convivência inserida nos contextos sócio-históricos mais imediatos e mais amplos, de longa e de curta duração, nos marcos de culturas locais e mais extensas.

Não seria este um dos aspectos universais da condição professor: a relação social e pedagógica que funda e identifica a condição docente e o ofício de educar nas mais diferentes culturas e épocas, relação esta tão bem apresentada no filme? O que de mais importante poderia haver na escola e no ato educativo, seja no Irã ou onde for, senão a convivência, as interações humanas, as relações pedagógicas (sempre sociais) constitutivas do cotidiano da vida escolar e da condição docente, tão bem salientadas no filme?

Talvez por essas razões, uma professora, depois de assistir *O jarro* em um Curso de Formação Continuada, tenha exclamado com toda espontaneidade: "É igual aqui! É muito parecido!"

Por estas e outras razões, *"O jarro é um filme para os professores de todo o mundo!"*

REFERÊNCIAS BIBLIOGRÁFICAS

DURKHEIM, Émile. *As formas elementares da vida religiosa*: o sistema totêmico na Austrália. São Paulo: Paulinas, 1989.

HALBWACHS, Maurice. *A memória coletiva*. São Paulo: Vértice/Editora Revista dos Tribunais, 1990.

Uma celebração da colheita

Miguel G. Arroyo

Filme: *Madadayo*
Ficha técnica, sinopse e mais informações na página 216.

"Quem será o Deus da Colheita?"

A letra dessa música dá sentido a um dos momentos mais tenros e mais dramáticos da vida do mestre. A mesma pergunta – "quem será o Deus da Colheita?" – dá sentido ao filme lindo de Akira Kurosawa: *Madadayo*. Poderíamos interpretá-lo como uma Celebração da Colheita do Magistério?

A primeira cena pareceria sugerir mais um filme sobre o perfil ideal de um professor na sala de aula. Os alunos, como em tantas salas de aula do mundo, esperam a chegada do professor. Porém trata-se de uma despedida. O mestre não dá mais uma aula; anuncia que depois de longos anos irá abandonar o magistério. Sentimento nos alunos – "sempre será o mestre de todos nós". Emoção no professor. Não se reprime e chora com eles: "sou igual a vocês".

Este momento de despedida já reflete o perfil de professor que Kurosawa vai nos mostrar: antes de tudo tenro e humano. Humanismo e ternura, sentimento e emoção estarão presentes em todo o filme e se insinuam presentes em cada dia de aula como traços de sua docência.

Essa comovente narrativa sobre o magistério não se passa mais na sala de aula. Após longos anos de docência, há muitos frutos a colher e celebrar. O filme é uma celebração da colheita do magistério. Kurosawa nos sugere que pelos frutos celebrados na rica colheita poderemos inferir a semeadura, as artes de semear e os cuidados do mestre em cada dia de aula. Indiretamente o filme nos remete à escola, mas o foco está na figura do mestre. Uma lição de vidas de professores?

Filmes sobre professores há muitos. É um tema recorrente. Frequentemente demasiado pedagógicos. As artes se antecipam intuindo possibilidades de outros perfis de professores. *Madadayo*, entretanto, não teima em nos dar conselhos sobre novos recursos didáticos para motivar os alunos para nossa matéria. O filme é uma lição de vidas de professores, mas antes de tudo é uma lição de arte. É uma poética celebração do magistério explorando recursos e linguagens artísticas próprias de uma celebração.

Como ler esta obra portadora de múltiplos significados? Como ler os significantes utilizados pelo diretor, seus rituais e diálogos, suas músicas e imagens? Como nós professores(as) leremos as vidas de outros professores? Que sentimentos e envolvimentos poderá provocar a estética do filme? As interlocuções com esta obra de arte poderão ser múltiplas.

A estética do Magistério

As artes nos têm mostrado com expressões diversas que há uma poética e uma estética no magistério. Um saber-fazer carregado de dimensões artísticas, poéticas. O magistério é uma das artes humanas mais permanentes no longo e tenso processo de humanização. Carrega cuidados, sensibilidades, ternuras, finos tratos. Artes de ensinar e de aprender. Há cor, musicalidade, ritmo, estética no cuidadoso acompanhar da infância.

A poesia, o cinema, o romance são algumas das artes que têm se sensibilizado com a poética e estética do magistério. O filme *Madadayo* é uma das expressões mais belas de como as artes captam e revelam essa estética da docência.

Vendo este filme não podemos deixar de fazer-nos algumas perguntas: o que veem em nosso ofício personalidades com tanta sensibilidade estética como Kurosawa? Por que nós docentes e educadores carecemos tantas vezes dessas sensibilidades para com nosso próprio ofício? Que fizeram do magistério para torná-lo tão prosaico e até insuportável? Há, ainda, mestres a revelarem todas as cores e sensibilidades das artes de educar?

O filme não é uma crítica a sensibilidades perdidas. É um convite a reencontrá-las em tantos gestos e em tantas vidas de professores. É um convite à memória.

Kurosawa não vai à escola para dar-nos conselhos didáticos. Com ele o cinema vai à escola não sugerindo temas de estudo, mas ofertando-nos uma estética. Vai se tornando frequente o uso das artes e das linguagens estéticas na escola, por vezes trazidas apenas como recursos, como motivações para os temas de nossas aulas. Neste reducionista uso do cinema, o filme *Madadayo* pouco tem a contribuir. Terá muito a contribuir na reeducação de nossa sensibilidade para linguagens estéticas.

Nesta direção, este filme se enquadra no sentido mais original deste livro. A pedagogia teria de dialogar com as artes? O que teriam a nos insinuar a pintura, o teatro, a poesia, o romance, a música, o cinema...? O cinema tem de ir à escola. A escola, a pedagogia, a didática, a formação de professores e de alunos têm de ir ao encontro das artes. Poderiam essas linguagens ser-nos mais familiares? Como dialogar com seus múltiplos significados?

As artes entram timidamente na pedagogia escolar e quase sempre como portadoras de temas e de didáticas. Será difícil libertar-nos dessa visão didática das artes quando o cinema vai à escola? Kurosawa nos mostra que é possível aproximar a arte da escola ou da docência e tratá-las, poética e esteticamente, com novas sensibilidades. Revelar dimensões ocultas. As artes podem mostrar-nos que em nosso ofício há poesia, emoção, fantasia, medo, ternura, tragédia... Materiais riquíssimos para um trato estético. Podem revelar perfis de mestres mais plenos e mais frágeis. "Ouro maciço". A estética costuma ter um olhar penetrante.

O filme nos diz que possivelmente o mais interessante na ida do cinema à escola ou desta ao cinema não sejam as temáticas que cada filme trata, mas as linguagens com que as trata. O que as artes têm a dizer à pedagogia é ser artes. Introduzir-nos em suas linguagens, suas sensibilidades, seus olhares. Temas de estudo a escola tem demais. Alguns repetitivos e cansativos. Falta-nos deixarmos contaminar por outras formas de ver, sentir e ler a realidade. A escola e a docência são reféns de uma linguagem e de uma leitura única. É o choque que sentimos vendo nosso ofício de mestres tratado por outras linguagens em filmes como este. Quando alguém se aproxima de nossa docência com uma sensibilidade estética nos surpreende.

O filme tem tudo para nos surpreender como toda obra de arte; para nos cativar, como todo ritual de celebração.

Na sensibilidade contemporânea, a estética adquire um destaque maior. Ela chega à pedagogia de mãos da sensibilidade que vamos cultivando para com os vínculos entre cultura, educação e docência. Abrir a escola à cultura é abrir-nos às múltiplas linguagens estéticas. Uma abertura fecunda para a pedagogia, porém nada fácil. Muitos acharão que o filme pouco revela, é poético demais. Há no racionalismo e cientificismo docente e curricular uma resistência e uma tendência a alinhar a cultura e a estética a uma certa visão irracional da realidade, a um trato pouco sério do conhecimento e da docência.

O filme nos mostra que é possível e fecundo um trato poético de nossa docência. Estaria nos sugerindo o reconhecimento das linguagens estéticas como um modo de conhecer, de ensinar e de aprender? De educar?

A figura de professor aparece como um mestre nas artes do uso das linguagens estéticas na docência. O professor domina o uso oportuno, quase constante das metáforas, da música, dos rituais, da fantasia, do sentimento, da memória e da emoção. Aponta outros horizontes para levar as crianças, adolescentes, jovens ou adultos à compreensão da realidade. As linguagens artísticas não fazem parte de todos os processos de aprendizagem humana? Não nos permitem pensar a docência com novas luminosidades? Estariam trazendo-nos novas dimensões a serem incluídas na agenda de nossa formação e de nossa função formadora? Que interrogações poderá trazer para nossas agendas pedagógicas o trato estético da docência, da avaliação, da reprovação, da função social da escola e do magistério?

O filme, sugerindo que o cinema não poderá ser trazido à escola apenas como mais um recurso didático, aponta outros vínculos para nossa reflexão e ação. Outros vínculos entre razão e sensibilidade, estética e emoção na formação do ser humano e em toda aprendizagem. Outros vínculos entre experiência estética e ampliação da compreensão do real, de seus múltiplos significados. O filme capta e revela a pluralidade de significados existentes na vida de um professor. Revelação só possível no olhar estético de um cineasta tão sensível quanto humano como Kurosawa.

Conhecemos pela arte. Podemos conhecer-nos melhor como docentes pela arte. Abrir-nos educandos(as) e educadores(as) à pluralidade dos jogos de linguagem e à multiplicidade de vozes pode ser uma didática de abertura a uma compreensão mais rica da realidade. Penso ser esta uma lição do trato estético que Kurosawa dá à docência: reconhecer que a experiência estética não está dissociada das interpretações cognitivas. A estética não invade a escola como uma linguagem estranha. Ela faz falta na escola porque é inerente à produção e apreensão do conhecimento, dos múltiplos significados da vida. Inclusive dos múltiplos significados de nosso ofício. Porque a estética faz parte do humano fará sempre parte da pedagogia, das artes de constituir-nos humanos.

O que merece ser celebrado é o simples, o duradouro

No filme, o professor aparece como um perspicaz experto nas competências múltiplas de ensinar e aprender os conteúdos escolares. Sua figura dá conta dessas competências, mas as transborda. Aparece como um perito profissional no ensino-aprendizagem das artes de ser. "Sempre será o mestre de todos nós". Kurosawa se esmera em mostrar toda a riqueza da personalidade humana desse professor. Celebra a colheita dessa rica personalidade, sempre invadindo e fecundando a docência. Esta ganha contornos perdidos pela tecnificação do magistério.

Para um olhar hiperescolarizado, o trato dado à docência pode parecer ingênuo, sobretudo em tempos em que estamos à procura de inovações técnicas eficazes. A atualidade do trato do magistério que a obra traz está exatamente nessa "ingenuidade", ou melhor, nessa volta aos traços mais simples e mais referenciais das artes de educar. O diretor faz questão de destacar essas referências. Desde seu campo, nos sugere que nas artes de educar não podemos agir sem referências, ao sabor dos ventos da moda ou do mercado. Não há como sermos educadores sem um sistema de valores éticos e estéticos. Nos mostra que as escolhas que tantos educadores anônimos fazem com simplicidade estão apoiadas nos valores mais básicos de convívio humano. A inovação e a transgressão podem passar por recuperar a simplicidade da pedagogia. Voltar aos valores básicos pode ser o melhor caminho para mudar o sistema de valores mercantis e utilitaristas imposto ao magistério. Podemos educar melhor e os alunos podem aprender mais e melhor descomplicando os currículos, a didática e a docência.

A cultura escolar ficou recheada de superficialidades. Complicamos os currículos e o fazer docente. O diretor do filme parece nos dizer que a recuperação do ofício de mestres passa pela volta ao simples, ao duradouro, ao que há de mais permanente nas humanas artes de educar. Impressiona a figura serena e trágica do professor sugerindo que nesse velho ofício o que fica e merece ser celebrado é o permanente. Nos cativa a figura do professor por seus gestos, simples e densos, por suas atitudes básicas. Simplificar e aprofundar parece ser a sua arte docente. O professor é uma figura límpida, fiel aos valores básicos, angustiado com a dramaticidade de seu tempo. Tempo de guerra e de corrupção. "Há muita coisa irritante no mundo: fraude e roubo estão à solta por aí", diz a letra de uma canção repetida por todos no aniversário. O professor se mostra rico em atitudes e posturas, em recursos humanos diante dos limites impostos pela escassez de recursos sociais.

Nas situações sociais e pessoais mais no limite, não deixa de se revelar mestre. Dominar as artes de educar é mais do que um desafio técnico. Kurosawa sabe revelar dimensões estéticas e humanas nessas situações-limite, como se nos insinuasse que quanto mais no limite mais força docente adquire a personalidade do mestre perante os alunos. Estes acompanham o mestre nessas situações sempre como aprendizes. Em longos silêncios vão intuindo como o mestre vivencia os momentos mais trágicos. Intuem a contradição da personalidade de seu mestre. Haverá lições mais simples e decisivas a aprender?

Essa pedagogia sugere um mergulho profundo nas tortuosas artes de ser e viver. Nos encontros na casa do professor, todos aparecem pendentes de seus gestos, de seus silêncios, de seus medos e alegrias como querendo aprender as contradições da personalidade do mestre e de todo ser humano. Impressiona que o professor abre sua casa e sobretudo abre sua intimidade a seus alunos. Se expõe.

Kurosawa trata esses momentos com extrema delicadeza e ternura sem minorar a dimensão trágica. Parece nos dizer que esses são os momentos mais densos da colheita. Os derradeiros aprendizados de um professor que aprendeu a arte de educar nos longos anos de vida e de magistério. Deve ter ido largando aprendizados pelo caminho até ficar só com as artes mais simples e permanentes: revelar-se sem medo como humano. Inclusive em suas fraquezas.

O diretor faz questão de mostrar-nos esteticamente que no magistério os atores – mestres e alunos – são o mais importante. Durante todo o filme eles e só eles estão em permanente encontro e diálogo. Até nos longos silêncios o centro vital da docência será sempre o professor. As técnicas, as didáticas ou os conteúdos merecem cuidados. Os mestres merecem esmero. Eles seguram, personificam o magistério. Suas palavras, seus silêncios, seus gestos, seus valores, seus saberes... são a matéria prima da docência. Saber lidar com essa matéria prima é o aprendizado de uma vida. É o melhor fruto da colheita do magistério que Kurosawa faz questão de celebrar ao longo do filme. A capacidade de revelar aos alunos o dilema humano aparece como a "Didática Magna" que o diretor soube tratar esteticamente. E com extrema perícia.

Poderíamos pensar que a figura de professor que é celebrada é menos de um docente do que de um conselheiro. As lembranças que os alunos guardam do seu mestre e as lições que silenciosos aprendem em sua casa são lições de vida. Lições que nem sempre fazem parte das competências em que nos licenciaram para ensinar nas escolas. O filme não estaria de volta a velhas e ultrapassadas imagens de professor? Esses traços que o filme aponta são ainda traços de nosso ofício? Kurosawa nos diz, sim, que são traços perenes e estão mais presentes do que nosso "profissionalismo" tecnicista sonha. Assume esses traços como inseparáveis da docência, como os frutos mais preciosos a celebrar na colheita de todo magistério. Estaria aí um dos incômodos que o filme nos produz?

Outros poderão dizer que essa figura de mestre dilui as fronteiras da docência e da escola. Onde ficam suas especificidades? Nos refugiamos e sentimos seguros atrás do especificamente escolar e docente. Não será essa aparente segurança que Kurosawa contesta? Há fronteiras entre a escola e a sociedade? Onde elas ficam? Há fronteira entre a ética escolar e a ética social? Entre nossas personalidades humanas e docentes ou discentes? Os ensinamentos e aprendizados escolares não fazem parte da totalidade do social e cultural e da totalidade do que somos capazes de viver e sentir, de aprender e de ser em um determinado momento social, ético, intelectual e cultural?

Possivelmente porque o diretor pretenda interrogar as estreitas representações da docência e da escola, não escolheu esta como o templo e a morada da celebração da colheita do magistério. Escolheu a casa, o cenário de destruição da guerra, a festa de aniversário... O mestre revela domínio dos saberes e competências docentes. Em todos os espaços é o professor, sem dicotomia entre seus saberes, valores e artes de educar dentro ou fora da escola. Os valores e contravalores sociais, a cultura e a filosofia de seu povo invadem a cultura docente. A guerra atinge a escola e a sua casa. Estas não são cultuadas como um oásis ou uma cidadela. Como aposentado não pendura ou arquiva sua ética, sua didática, seu papel social e cultural. Pela vida afora carrega sua pedagogia escolar. Talvez porque nunca foi apenas escolar.

Docência – Estética – Ética

Akira Kurosawa nos revela novos contornos nem sempre destacados no perfil de professor. Usa a estética para sugerir uma ética, uma forma de ser mestre. Há uma estetização dos valores da docência, das relações entre ética, educação, docência. O filme nos diz de maneira tenra dessas tênues relações. Inseparáveis.

É uma crítica estética a éticas docentes tradicionais, mas também a novas posturas que sonham com uma docência aética. O trato da figura do professor, de seu relacionamento com os alunos, aponta para um novo horizonte ético para o magistério. Sem impô-lo. Nos sentimos tocados em nossos valores e condutas. Traz de maneira leve e às vezes contundente a questão impreterível das relações entre ética e docência. Toca nas formas de ensinar, o que ou como ensinamos, na medida em que nos provoca sobre os significados morais de nossa ação. Nos defronta com questões valorativas, de legitimidade ou ilegitimidade ética da prática docente.

O professor incorpora uma ética docente, educativa, social. Aí está sua força. O filme celebra a colheita, a permanência, após aposentado, dos valores e da legitimidade ética de longos anos de docência. É difícil vê-lo e não perguntar-nos pelas implicações éticas dessa imagem de professor para nossa ação docente. Nos sentimos interrogados em nossa ética docente não através de discursos, nem conselhos, mas pelo trato estético de um modo de ser docente. Um modo de ser gente não idealizado. Nem melhor ou pior. Sem pretensões de ser exemplar. Um espelho para entendermos a relevância da estética na educação ética de mestres e alunos(as).

O filme nos incentiva a um diálogo com o cinema e com outras linguagens estéticas onde poderemos perceber o mundo de outra maneira, poderemos explorar outras explicações cognitivas e também outras expectativas normativas. A sensibilidade que o filme provoca nos puxa para o concreto de nossas condutas docentes. Revela a riqueza do trato estético também para compreender as dimensões morais da docência. Nos sugere que é impossível retirar as dimensões éticas de nossa ação. Que é impossível a ilusão de uma docência asséptica, neutra. Pelo contrário, a história desse mestre nos traz em linguagem estética o que ela contém de estranho, de inovador, de transgressor. Aponta contra qualquer normatização amoral da docência. Não há éticas docentes inocentes.

Possivelmente, este seja um dos frutos mais celebrados pelo filme: as dimensões éticas da docência personalizadas no mestre deixam marcas, se prolongam nas existências dos alunos. Para celebrá-las se reúnem em cada aniversário. Mostram um outro leito caudaloso para o rio da docência. Os alunos adultos revelam em cada celebração terem internalizado essa estética-ética pedagógica e reagem às metáforas, às imagens, às músicas, aos rituais e às danças como se em cada aniversário na casa do mestre repetissem os rituais, as brincadeiras, as músicas, as metáforas e a estética pedagógica da sala de aula.

Através dos rituais de cada celebração da colheita de longos anos de magistério sabemos como o professor ensinava e como os alunos aprendiam na aula: pela estética do comportamento, dos gestos, do corpo, repetida como hábito nas celebrações. Uma arte pedagógica que se revela densa, tenra e trágica ao mesmo tempo. Que revela o professor como um ser humano forte, emotivo, fraco, sensível. Um mestre que se revela aos seus alunos por inteiro, em seu pleno sentir, viver, emocionar-se, chorar, indignar-se, conhecer, brincar com a vida tendo medo da morte... Um ser humano limpidamente ético mas sem pretensões de ser o modelo exemplar. O filme não escorrega para qualquer moralismo fácil.

Essa revelação de si mesmo, por inteiro, aparece como a pedagogia mais eficaz na formação dos educandos. Sou igual a vocês. Sem máscaras. Sem medo de me expor. Talvez por isso cada celebração é um ritual total. Um ritual escolar e para além do escolar. Celebra-se a vida e assim celebra-se o magistério como o aprendizado das artes de viver. Celebra-se a vida plena, como é nosso viver humano.

A vida, matéria prima da pedagogia. Celebram-se inclusive todos os medos, até o medo da morte. Os rituais da morte aparecem em cada aniversário misturados com os rituais da vida e do magistério. Kurosawa estaria a nos revelar com símbolos e rituais a tênue fronteira entre ensinar-aprender a viver e ensinar-aprender a morrer? Viver sem razões é morrer. Ensinar as razões do viver dá sentido à docência. "Sem razões estamos condenados a viver como mendigos", adverte o mestre aos discípulos.

Celebrar o magistério é celebrar em cada aniversário a vida. Todo o filme gira em torno da celebração do aniversário do mestre. Do seu maadakai. O momento mais denso, de silêncio mais profundo, é quando o mestre é desafiado a brindar pela vida, a beber até a última gota da taça do viver. Um ritual repetido a cada aniversário: um silêncio sagrado acompanha o repetido ritual do elevar e beber o cálice. Um silencioso culto à vida. Esta relação entre celebração do magistério e celebração da vida é sempre perturbada pelos medos. O mestre não tem medo de expor todos seus medos sobre a guerra, a corrupção, a falta de ética, mas tem medo de expor seu medo da morte. Os discípulos fazem questão de explicitar esses medos como se cada celebração do magistério fosse uma celebração da totalidade da condição humana – vida – morte.

Haverá um momento trágico em cada aniversário, a espera do Deus da Colheita. "Ainda não?" perguntam os alunos ao mestre. "Ainda não!" repete com todo vigor o mestre. Um dos momentos mais densos e carregado de emoção é o duelo entre os alunos cheios de vida interrogando seu mestre a cada aniversário: "Ainda não?" Ainda não?" E o mestre teimando em revelar-se vivo, ensinando lições de vida, apegado à vida, bebendo a taça inteira, mas ciente de que cada ano a taça é menor. "O copo encolheu de novo, ele se torna cada vez menor", observa o professor. Mas "Ainda não!", "Ainda não!" teima em repetir o mestre erguendo o copo vazio.

No último aniversário, uma confissão impactante: "Uma vez vocês me confrontaram com gritos de ainda não? que eu respondi com ainda não! Bom, eu já posso dizer para vocês: estou pronto".

Na última celebração do último aniversário de vida o ritual é plenamente simbólico. Em destaque o encontro de gerações – não é isso a pedagogia? Os pais-alunos, com os filhos e os netos celebrando o magistério. As filhas dos seus alunos entregam as flores e os netos e netas carregam o bolo. A vida nos começos, começando a ser vivida e aprendida dialogando com o mestre de tantas lições ensinadas e aprendidas porque longa e intensamente vividas.

Todos, adultos, jovens e crianças, cantam a síntese da celebração do magistério: "admiramos o nosso professor, pensando no quanto lhe devemos por tudo aquilo que nos ensinou. Muitos anos já se passaram e como passa rápido o tempo, os anos e os meses..." A temática da vida, dos tempos, do diálogo de gerações (sensibilidades tão caras à pedagogia e ao magistério) domina o clima da última celebração.

É com a infância que celebra o seu último aniversário. Haverá um clima mais apropriado para celebrar a última colheita do magistério? "As crianças são encantadoras, quero ficar com elas, quero dar esse bolo às crianças. Junto com esse bolo há uma coisa que quero dar a vocês."

No diálogo amoroso que o mestre tem com os filhos e netos de seus alunos, a última lição. O professor de sempre revelando-se mestre no uso das metáforas e na sensibilidade para a filosofia de vida da cultura milenar de seu povo.

> Para encontrar alguma coisa que realmente gostem encontrem algo que sejam capazes de amar de verdade. E quando o encontrarem lutem com todas as forças que tiverem pelo seu tesouro. E assim vocês terão o tesouro pelo qual tanto lutaram. E irão adquirir o hábito de abraçar as coisas de coração. Este é o verdadeiro tesouro.

Um desmaio do velho mestre quebra a celebração. Mas ainda reage com a força suficiente para gritar: Ainda não! Na última cena aparece deitado no leito. "Imagine que sonho deve estar tendo", comenta um de seus discípulos. O mestre sonha com crianças brincando de esconde-esconde, repetindo o mesmo duelo entre a vida e a morte. Ainda não? Ainda não? Está pronto? Grita de longe um grupo de crianças.

O mestre sonha que a criancinha mais nova – estreante da vida, neta de seus alunos, continuará repetindo como um eco – Ainda não! Ainda não! na certeza de que chegarão outros mestres com os quais aprenderá os sentidos da vida.

O carteiro,
o professor e o poeta

Bernardo Jefferson de Oliveira

Filme: *O carteiro e o poeta*
Ficha técnica, sinopse e mais informações na página 219.

Numa pequena vila de uma ilha mediterrânea, alguns jovens pareciam não ter outro futuro senão se tornarem pescadores como seus pais. Descontente com essa perspectiva, Mário procura alguma outra forma de viver. Acaba conseguindo um biscate de carteiro, responsável pelas correspondências de uma região onde quase ninguém escrevia ou lia cartas, mas que, naquele início dos anos 50, tinha um novo morador ilustre: o poeta chileno Pablo Neruda, exilado de seu país.

Além da amizade que surgirá entre esses dois personagens, o filme trata da força das palavras e da importância das metáforas para o conhecimento do mundo. Temas que nascem das perguntas, ingênuas ou perplexas, que Mário faz.

"Quer dizer que o mundo inteiro é uma metáfora de alguma coisa?" Essa, por exemplo, parece uma indagação religiosa; o começo de uma conversa sobre um sentido profundo, oculto por detrás das coisas do mundo. A saga de Shiva, as chagas de Cristo... Mas no filme essa indagação é filosófica e poética. Trata da aprendizagem do mundo, do processo de conhecimento e do desejo de ser compreendido e amado. Não exatamente nessa ordem, pois, antes de tudo, o que Mário quer é ser amado. O que ele inveja em Neruda não é sua arte ou criatividade, mas o amor que sua poesia inspira nas mulheres. E é com esse tipo de artifício que pretende conquistar a coisa mais preciosa de sua ilha: Beatrice Rosso.

Conhecimento e arte são buscados por aquele carteiro não como um fim em si mesmo, mas como um meio de alcançar seu objetivo, um instrumento para realização de seus desejos, de propiciar sua conquista. Por isso, quando os efeitos não surgem como o esperado, ele reclama do poeta.

> (Mário) – A culpa é sua de eu estar apaixonado.
> (Neruda) – Não, nada disso. Eu lhe dei meu livro mas não lhe autorizei a roubar meus poemas. Não sabia que daria a ela o poema que fiz para Matilde.
> (Mário) – A poesia não pertence àqueles que escrevem, mas sim àqueles que precisam dela.

Mas quem precisa dela? Todos nós, pode-se dizer. O problema é que nem todos lhe dão serventia. E os que dão, os que já fazem uso dela, já a possuem. Esse belo filme revela que saber-se necessitado dela é tê-la. Isto pode parecer mero jogo de palavras, como naquelas brincadeiras: "O que é o que é? Quanto mais se tira, maior fica? Buraco!"; "O que é que quanto mais se tira mais tem? Fotografia!"; "E o que é que quem precisa já tem? Poesia!" No entanto, o filme mostra que poesia é coisa séria, e como isto não é evidente, vale a pena retomar algumas partes para refletirmos o quanto dependemos dela.

O carteiro e o poeta[1] nos mostram como a poesia é necessária para se ir além da vida que nos aflige e como esta necessidade já contém sua mudança. A amizade dos dois põe às claras como a aprendizagem do mundo é uma contínua construção de sentidos, uma troca de experiências e uma forma de amor. Nela vemos que a compreensão que cada um de nós tem das coisas é uma forma de ressignificação. Isso nos ajuda a compreender como toda cultura é uma reelaboração do material, de informações e do acervo de valores que uma geração passa à outra. Reelaboração na passagem e na recepção, na expressão e na compreensão, no ensino e na aprendizagem.

Carteiros e poetas desempenham, em geral, duas formas extremamente diferentes de intermediação cultural, isto é, de propiciar trocas de experiências, de transmissão de mensagens e do cultivo de valores. Entre estes dois extremos, se encontra o professor. O trabalho do professor é pensado,

---
[1] Este filme foi baseado no livro *Ardiente paciencia*, de Antonio Skarmeta, cuja edição brasileira teve primeiramente o título do filme, e, mais recentemente, foi reeditado como *As bodas do poeta*.

muitas vezes, como algo que estaria mais próximo da função do carteiro do que da do poeta. Aliás, não só pensado, mas, o que é pior, exercido. É assim quando o docente se sente, antes de tudo, responsável por "passar a matéria" ou verificar se a transmissão do conteúdo foi alcançada. Nesse caso, professores acham que devem, como os mensageiros, levar as informações de uns para outros[2]. Para o bom desempenho dessa tarefa, devem cuidar para que tudo que foi emitido chegue a seu destinatário sem interferência. Como se sabe, uma das regras básicas no serviço de mensageiro é que o conteúdo portado não deve ser violado. O verdadeiro valor do carteiro/professor estaria, portanto, na fidelidade, na segurança e rapidez com que repassa o que recebeu.

Por aí se vê que Mário não é mesmo um bom carteiro. Pelo menos do tipo de carteiro que se opõe ao papel do poeta. Ele não respeita essa regra e nem a distância que separa os dois ofícios. E, ao subverter esse distanciamento, ele nos faz ver como a atividade do professor não está tão distante daquela do poeta.

As atividades dos professores e dos carteiros têm, no sentido comum, pouco a ver com aquele que arranja palavras bonitas e sonoras de forma a representar as coisas de uma maneira especial. Mas poesia não é escritura de poemas e, como esse filme mostra tão bem, tampouco é só o poeta que detém o dom de ver e representar o mundo poeticamente. O carteiro chega até a escrever uma poesia, mas a maior delas é sua aprendizagem do mundo, que ensina a todos, personagens e espectadores, a perceber de uma maneira especial as coisas à nossa volta. Mesmo o poeta reaprende com as recriações de seu aluno carteiro. E dessa troca nasce uma verdadeira amizade, como busca de sentidos mais plenos às coisas do mundo.

A palavra poesia vem do termo grego *poesis*, que se referia, bem mais amplamente que um gênero literário, às atividades de criação ou fabricação. Se confundia, portanto, com a arte e com a técnica por se referirem ao possível, e não ao necessário (que não pode ser diferente do que é) de que a ciência e a filosofia deveriam tratar. Esse possível da criação humana não é fruto do acaso, algo meramente espontâneo. Ele reflete uma intenção, que raramente é consciente, pois, em geral, não tem conhecimento de seus motivos e controle de suas razões. A lógica da criação e da significação

---

[2] Não deixa de ser curioso que, nos primeiros anos da República do Brasil, o ministério encarregado da educação fosse o Ministério da Instrução Pública, Correios e Telegráfos.

é de outra ordem, que parece fluir inconscientemente. Mas a reflexão lhe dá novo alento. E espanto também.

É por isso que o carteiro, embora encantado com sua descoberta da capacidade humana de metaforizar e expressar um olhar particular sobre as coisas, não se conforma ou não se reconhece em seu produto/artefato/criação. Sentados numa praia deserta, Neruda expõe o que vê de especial no mar defronte, e quando pergunta a Mário o que achou da descrição, este responde:

> – Estranho.
> – Como assim? Você é um crítico severo.
> – Não, não. Não a sua poesia. Estranho é como me senti quando você estava falando.
> – E como você se sentiu?
> – O ritmo das palavras ia de um lado para o outro.
> – Como o mar?
> – Exatamente.
> – Na verdade senti enjoo. Porque não consigo explicar. Como se estivesse num barco sacudido pelas palavras...
> – Sabe o que acabou de fazer, Mário?
> – Não, o quê?
> – Uma metáfora
> – Não?!
> – Como que não?
> – Verdade?
> – Sim!
> – Mas assim não valeu, porque foi sem querer, assim não vale.
> – As imagens surgem espontaneamente...

Ao fruir as percepções se reconstrói o mundo, e expressar essa reconstrução é uma nova criação. Significar e encontrar formas de expressá-la é a atividade poética por excelência: mudar a substância das coisas; dar forma aos nossos sentimentos e impressões; conhecer outros mundos. Viajar...

Viagens são sempre uma ótima forma de conhecimento dos outros e de reconhecimento do lugar que identificamos como o nosso. Mas podemos viajar também pela imaginação. O aprendiz não precisa sair da ilha para vê-la com novos olhos. O fundamental de sua aprendizagem não consiste simplesmente em estar defronte de novas paisagens ou domínios desconhecidos. Como Lebrun nos faz ver a respeito da alegoria platônica da caverna, o importante é que o lugar que anteriormente se vivia se torne doravante outro. "Essa educação é um aprendizado de descentramento ao termo do qual o discípulo não terá aumentado sua bagagem de conhecimentos, mas saberá orientar-se diferentemente no pensamento" (LEBRUN, 1993, p. 28).

O distanciamento necessário à reflexão depende das metáforas. "Mas o que é isso? Metáforas?", pergunta Mário. O poeta lhe responde que essa palavra difícil de dizer é o que todo mundo faz quando tem que inventar um jeito para falar de algo por intermédio da imagem de uma outra coisa. Essa figura de linguagem é um veículo e tanto. Em grego, *meta* quer dizer "além" e *fora* quer dizer "transferir" e 'carregar'. Por isso é que no grego coloquial dos dias de hoje esse é o nome que se dá aos ônibus. Vamos pegar esta metáfora?

Metáforas são analogias para se representar a imaginação, se associar ou traduzir ideias e podem ser usadas para ajudar o pensamento e facilitar a comunicação de ideias. Sua ajuda advém da criação de um outro caminho, não necessariamente mais curto, ou menos abstrato, mas que funciona como um atalho que nos leva à ideia imaginada, e nos faz compreender aquele outro percurso proposto inicialmente (que também era uma metáfora) ao nos deixar ver aonde ele nos levaria.

Mas novos atalhos podem nos levar para longe do lugar onde se queria chegar, e nos deixar com a sensação de estarmos perdidos ou mais distantes do que já estávamos. Alguns poetas, como Fernando Pessoa, dizem que a verdadeira viagem é isso. "Ser outro constantemente. Por a alma não ter raízes, de viver de ver somente! Não pertencer nem a mim! Ir em frente, ir a seguir. A ausência de ter um fim, e da ânsia de o conseguir!" (PESSOA, 1998, p. 173).

Para não arriscar, professores preferem tomar atalhos já bem pisados, que eles e outros já experimentaram e que os levaram justamente onde se queria chegar. Não creio haver mal nesse cuidado. Como também não há nada de mal em se valer de fórmulas, exemplos e palavras, quase mágicas, que nos transportam e nos ajudam a conduzir os alunos. Daí que alguns estudiosos dos mitos antigos insistam na importância de se retomar algumas imagens exemplares e palavras primordiais, buscando livrá-las do desgaste que as acometeu pelo uso consecutivo: "A força do sábio está em saber dizer o já dito com o mesmo vigor com que foi dito pela primeira vez" (TORRANO, 1995, p. 9).

O problema está em que muitas vezes acaba-se presumindo que aquele é o caminho principal ou que o lugar a que ele leva é o mais importante. No filme, ao contrário, Neruda justifica humildemente seu percurso: "Sabe, Mário, não sei explicar com palavras diferentes das que usei". O mestre-poeta prefere, prudentemente, deixar aberto o caminho para outras formas de interpretação. Esse parece ser um grande desafio para os professores. Ao nos darmos conta de que o próprio conhecimento está sendo eternamente criado pelos seres humanos para compreender e explicar o mundo em que vivemos, então poderemos estar mais dispostos a ouvir crianças e adultos e buscar ideias que possam nos levar a explicações mais abrangentes e significativas do que as que possuímos agora.

Por isso a história deste filme é uma ótima situação para reavaliarmos o que muitas vezes tem sido e o que poderia ser o ofício do professor: trabalho poético de reconstrução das significações, de saber ler e ouvir as metáforas que jorram na vida de cada um e, na valorização desse movimento, ensinar a importância que a poesia, em seu sentido mais amplo de arte de viver, tem para nossas existências. Esta arte não está, portanto, tão somente na criação. Valorizar e cultuar fazem parte dela e do trabalho do professor. O cultivo e reafirmação dos valores são também recriação, principalmente quando encontram modos de encantar e de instigar o pensamento.

Não se trata aqui de divinizar a criatividade. Pelo contrário, trata-se de trivializá-la, de reconhecê-la como uma atividade corriqueira de todos nós. O carteiro e o poeta nos fazem ver como as metáforas estão não apenas na criação do novo inventado, mas também na renovação dos significados do velho. Percebendo a recriação como o pão-nosso-de-cada-dia, não nos surpreenderemos sem graça, como Mário ao dizer que "assim não valeu..." e, talvez, possamos aproveitar melhor nossa ilha.

Como era bom estar junto daquele mestre que nos ajudava a ver as coisas de maneira diferente. Quando o poeta partiu, Mário achou que ele tinha levado as coisas bonitas consigo. Com o tempo, começou a perder a esperança de que seu amigo voltaria, e se esforçou para encontrar justificativas para aquele abandono. Mas, depois, percebeu que, além de boas lembranças, ele havia deixado muitas coisas preciosas consigo. Coisas que Mário resolve gravar numa fita e, assim, as compartilha conosco:

> Número um: as marolas de Pala de Soto
> dois: as ondas, grandes

três: os ventos dos rochedos
quatro: os ventos dos arbustos
cinco: as redes tristes de meu pai
seis : o sino da igreja, com padre
sete: a noite estrelada na ilha
oito: a batida do coração do filho.[3]

Mas quase tudo já estava lá antes de sua descoberta, assim como o próprio Mário que mantinha o mesmo jeito de ser desde o início da história: a mesma simplicidade; a mesma delicadeza. O que faltava então para o seu desabrochar? Um encontro e sua aventura. A mesma química que sela uma amizade e que faz dessa fita uma homenagem aos mestres que despertam e dão alento à nossa capacidade de tornar a vida mais plena.

REFERÊNCIAS BIBLIOGRÁFICAS

LEBRUN, G. Sombra e luz em Platão. IN: NOVAIS, A. (Org.) *O olhar*. São Paulo: Cia das Letras, 1993, p. 21-30.

PESSOA, F. Cancioneiro. *Obra poética*. Rio de Janeiro: Nova Aguilar, 1998, p. 103-194.

TORRANO, J. Introdução. In: HESÍODO. *Teogonia*. São Paulo: Iluminuras, 1995, p. 9-102.

---

[3] O pulsar estava ainda em gestação quando gravado. O carteiro não chega a conhecer seu filho – Pablito – ou a rever seu amigo, nem o ator que fez o papel chegou a ver o filme pronto. Massimo Troise, que passou anos tentando realizar o projeto desse filme, faleceu poucas horas depois de concluída a filmagem.

Filhos ou órfãos do paraíso?[1]

Célia Linhares

> Filme: *Filhos do paraíso*
> Ficha técnica, sinopse e mais informações na página 220.

A pessoa que olhamos, a pessoa que se crê olhada, olha de volta para nós. Experimentar a aura de um fenômeno significa conferir-lhe o poder de olhar em retribuição.

Walter Benjamin

No escurinho do cinema...

Logo que fui convidada para participar desta coletânea, comentando o filme iraniano de Majid Majidi, que em sua versão brasileira ganhou o título de *Filhos do paraíso*, casaram-se em mim velhas curiosidades e desejos de estudo e reflexão. Daquelas e desses que nos acompanham pela vida afora, sempre pulsantes e, mesmo quando atendidos, não só permanecem

---

[1] Além de registrar inúmeras conversas e comentários que de uma ou outra maneira este texto é tributário, quero agradecer, de forma especial, as contribuições de José Linhares e José Lacerda que o leram com atenção, contribuindo para esta versão final, mas também, as dos professores, com quem compartilhei o *Filhos do paraíso*, particularmente os da Secretaria Municipal de Educação de Coelho Neto/Maranhão e ao seu consultor e nosso amigo professor Palhano.

reclamando por mais espaço, mas assumem um estado de alerta para se intrometerem em tudo que fazemos.

Entre tantos interesses que se enquadram no que acabo de descrever, quero destacar pelo menos dois. Privilegiei-os porque tanto um como outro tem muito a ver com a escola, alimentando-a em seus movimentos que conferem estilo ao processo de aprendizagem e ensino.

O primeiro refere-se ao modo como as crianças sentem a vida que vão inaugurando. Cada vez que as observo e as acompanho – ao vivo ou por rememoração –, encontro-as alternando entre experiências de estranhamentos e espantos, diante do inusitado deste mundo e empenhos de se apropriarem da vida e de se entranharem no seu fluxo. Num e noutro processo, constroem e reconstroem seus lugares.

Atribuo a este paradoxo, tão visível na infância e que felizmente nos acompanha ao longo da vida, uma força assombrosa, nutrindo nossa capacidade de admirar-nos, de sonhar, de pensar, de poetizar, de intervir na vida. E essa é uma das atrações que percorre subterrânea e manifestadamente no filme. São acontecimentos vividos por duas crianças – localizadas num tempo e espaço marcados pelas contradições históricas de um Iran moderno – como uma trama, só aparentemente despida de complexidade, desvelando em cada lance incompatibilidades, ambivalências e desafios de conjugar pobreza e dignidade.

O outro interesse ou curiosidade que também reacendeu em mim, ao imaginar-me escrevendo sobre *Filhos do paraíso*, é caudatário de um antigo enigma civilizatório a tensão entre a necessidade e o fascínio que a convivência com o outro exerce sobre nós, ao mesmo tempo que nos provoca cuidado, receio, sentimentos de ameaça e de defesa e até, no limite extremo, manifestações de xenofobia.

Se desde os primórdios da historiografia aparecem hierarquizações entre civilizados e bárbaros que vão ganhando formas específicas em cada momento das diferentes sociedades, não podemos minimizar as antiquíssimas questões entre a civilização ocidental e o mundo árabe. Foi numa das mais graves quedas desta gangorra e aproveitando a subjugação mulçumana que a Europa e, particularmente a península ibérica, realizou a conquista e a colonização da América Latina.

Se todos estes desejos de conhecer mais – que ainda voltarei a tratar neste capítulo – foram reavivadas com a possibilidade de escrever sobre

"Filhos do paraíso", ainda percebi que carregaria para o escurinho do cinema não só um olhar de professora, mas também uma escuta, tantas vezes adiada da instituição escolar, como uma tentativa de recolher sonhos, desejos e urgências dos estudantes.

É isso mesmo. Há uma urgência na escola para exercitarmos múltiplos sentidos na apreensão e intervenção da realidade. Se não engessamos, pelo menos priorizamos um tipo de campo visual para os saberes escolares. Mas isto não foi uma casualidade. Basta lembrar que, nesta nossa civilização ocular, uma das maneiras com que o iluminismo se aproximou da escola foi identificando seus professores como portadores de luzes, supostamente oriundas de letras e conhecimentos com que combateríamos as ignorâncias.

Agora que já bordejei, com alguns comentários, o império das luzes, talvez seja tempo de ir mergulhando num ambiente de cinema, para procurar perceber certas relações nossas, das escolas e dos professores, com as sociedades e suas histórias. Relações pouco visíveis, sobretudo quando nos expomos a uma clareza – típica de certezas incandescentes – que com mais frequência esconde do que desvela a realidade.

É impossível não lembrar Saramago, com o seu *Ensaio sobre a cegueira*, como uma metáfora instigante e terrível da atual civilização, nos conclamando a um empenho para nos ressarcirmos de perdas de tesouros maltratados pela civilização atual, que vêm nos mutilando ao mesmo tempo em que acirram uma rota de conflitos intermináveis.

Caímos no mesmo ponto. A razão e a política que nos constituem desde a Grécia clássica, com suas ambivalências entre opressões e emancipações, vêm sendo colocadas numa berlinda. Daí enfrentarmos essa crise de civilização e cultura, em que sociedade e escola estão instadas a repensarem-se e reinventarem-se com movimentos de includência que se estenderão em processos de longa duração.

Assim sendo, importa que a escola possa aproveitar das pressões por mudanças, mais das vezes aceleradas, para aliviar-se da carga reprodutora e excludente com a qual chegou até os nossos dias. Contudo – e isso é muito importante – ela não pode prescindir de diferentes relações de interdependência com as demais instituições sociais, forjadas com as mesmas tradições dominantes, mas que, como estas, são contraditoriamente percorridas e impulsionadas ao devir pelas forças instituintes.

Portanto, é de fundamental importância assumir uma atitude aberta, em que possamos sintonizar com uma pluralidade de linguagens e sentidos, que, complementando-se entre si, nos ensinem que precisamos de todos e todas para construirmos caminhos para um futuro mais includente e solidário.

Não podemos esquecer que as proclamadas luzes da escola foram também responsáveis pela hierarquização dos seus saberes. Acreditando-se que os saberes escolares derivavam-se daqueles, tidos como os mais potentes, mais nobres e, portanto, superiores – as ciências, as filosofias e algumas artes –, a escola foi afastada da cultura popular – considerada uma produtora de superstições e de saberes de baixa qualidade. Mas nem por isso aquela cultura teórica, erudita e até mesmo a tecnológica – que sempre mantiveram intercâmbios e reciprocidades entre si – entrariam vivas na escola, nela instalando-se, através das curiosidades e dos interesses de conhecer e melhorar a vida para vitalizar os processos de aprendizagem e ensino.

Não foi bem assim que aconteceu. Até diria que a ênfase foi oposta a tudo isso. Os avanços do conhecimento e da produção tecnológica e artística penetraram na escola, como uma concessão da moral e da ideologia política, que em versões particulares dominaram esta nossa instituição.

Assim, em doses controladas, sob um crivo de uma seleção oficial e ainda submetidas a uma sistematização, portanto, já desvitalizados dos riscos e impulsos criadores do pensamento e da estética, aqueles conhecimentos puderam adentrar-se nas escolas, que vêm sendo mantidas como um espaço mais de aplicação do que de criação. Separada da vida por abismos, produzidos historicamente, a escola tem sido marcada pela circulação de saberes, mais das vezes artificiais e desfibrados de movimentos da vida, separados tanto dos processos de ponta das teorias e das artes como das culturas populares.

Tendo presentes todas estas questões, entendo que entrar em contacto com uma produção cinematográfica pode significar uma tentativa de conciliar a escola com outras linguagens – não só com as imagéticas, as sonoras e auditivas, mas também, as olfativas, as táteis e as gustativas –, usando-as como um trampolim para aproximar-nos mais da vida, em sua infinita complexidade.

Filhos ou órfãos do paraíso?

Como já dissemos, *Filhos do paraíso* é construído com experiências de crianças pobres, daquelas que, com frequência, podem passar despercebidas pelo mundo adulto, mas que nem por isso deixam escapar à intensidade dos paradoxos tão discutidos na contemporaneidade. O próprio título do filme já está permeado por ambiguidades, nos levantando questões, como a que deu origem ao título deste capítulo: num período histórico tão atravessado pelo hedonismo como concebemos o paraíso?[2].

Paraíso é uma palavra de velha inscrição etimológica, que, em persa, aparece como *paridaeza*, em hebreu como *pardes*, em grego como *parádeisos* e em latim como *paradisus*, que tem o significado registrado no dicionário Aurélio como um "lugar das delícias, onde ao que reza a Bíblia, Deus colocou Adão e Eva; Éden; lugar aprazível, delicioso; céu". Portanto por que o filme, assim denominado, discorre justamente sobre os infortúnios de duas crianças, que mais parecem órfãs da sorte, premidas que são pelas contingências da terra?

Uma das crianças, a mais velha – Ali –, perde o par de sapatos da irmã Zahara logo após tê-lo recebido do conserto, o que em si já representava uma tentativa para esticar a serventia dele, bastante comprometida com o uso. Impossibilitados de contarem para os pais – face à pobreza em que estavam mergulhados, não só lhes sobrecarregando o cotidiano de aflições, mas, ainda, aumentando a distância autoritária entre eles e seus filhos – os meninos precisaram guardar segredo sobre o acontecido, arcando com as responsabilidades de encontrar esquemas de convivência com essas dificuldades.

Sem outra saída, decidiram então alternar o uso do mesmo par de sapatos – o tênis do irmão, já muito carcomido pelas andanças e gasto pelas pelejas com a labuta da vida e da bola –, garantindo a frequência à escola, que ao que tudo indica não abria mão de formalidades, como os calçados, tornando-os insubstituíveis por chinelos, mesmo numa comunidade pobre.

---

[2] Devo até confessar a minha dívida com Carlos Alberto Silva, que comentou o seu estranhamento em relação ao nome do filme e, consequentemente, a filiação ao paraíso daquelas crianças tão sofridas.

Como na instituição escolar também predominava a mesma distância rigidamente hierárquica entre autoridades (professores, dirigentes e supervisores) e estudantes (crianças e jovens), os dois irmãos viveram situações de desespero, intensificado pela impossibilidade de discutir o problema. Qualquer minuto de permanência de Zahara na escola, motivado por tarefas que iam além dos horários previstos, funcionava como um motor de aflição para a menina. Além de preocupar-se com o sofrimento que causava no irmão, a ocorrência de atraso na entrada a escola de Ali era recebida com ameaças e punições severas, colocando sob perigo uma das atividades que ele mais prezava e na qual se sobressaia: a aprendizagem escolar.

A urgência de encurtar o percurso – para diminuir o tempo gasto – facilitava e até ajudava a produzir uma série de deslizes e incidentes, fazendo esta trajetória transbordar de ansiedades e aventuras. Se momentos de aperto se sucedem e se fazem cada vez mais difíceis de serem contornados, desafiando os pequenos, a manutenção de um segredo, representa uma fronteira heroica.

Tanto um presente, recebido na escola como um prêmio pelo seu desempenho e dado por Ali à irmã, que poderia ser o signo do reconhecimento pela solidariedade do silêncio, como de uma emulação para sua continuidade, como, ainda, um gesto de ternura e ressarcimento afetivo, pela perda que involuntariamente ele lhe causara, quanto um bilhete, escrito por Zahara, passado para o irmão sob um espaço contíguo aos olhares vigilantes e austeros do pai e da mãe, guardam em si mesmos a dimensão da tenacidade moral – com seus embates, ambivalências e tensões – em que a gestão deste problema se apoiou.

Como solução cinematográfica, as cenas que representam esses impasses são revestidas de tal sutileza, mostrando como os mínimos detalhes podem ser habitados pelos deuses[3]. No caso do filme, em foco, os procedimentos estéticos entreabrem uma situação eticamente densa: os meninos estão sozinhos, com uma situação-problema, para a qual não são capazes de ver saídas, mas também não sabem até que ponto irão sustentar este explosivo nas mãos.

A recorrência de atrasos na escola detonou a concretização de um tipo de penalidade que atingiria Ali no que ele mais temia: a exigência da

---
[3] Esta mesma convicção sustenta o paradigma indiciário de Carlo Ginzburg.

presença do pai para falar com a supervisão escolar. Se a punição acabou suspensa, pela intervenção do professor, reconhecendo os créditos conquistados por Ali, fica com o espectador a imagem oprimida daquela criança. Uma criança que não baixa o dedo, pedindo permissão para falar, não conseguindo pronunciar as palavras que lhe atravessam o corpo. Como as palavras morrem na garganta, a insustentabilidade do problema fica cada vez mais evidente.

Este sentimento de perigo iminente vai se manifestando, através de pequenos acontecimentos que vão desde a saída de casa, de forma intempestiva e injustificada, por parte do menino, respondendo uma necessidade de busca e rebusca dos sapatos da irmã até a lavagem do tênis – resgatado do esgoto que corta as ruelas das periferias de Teerã, onde Zahara deixara cair o precioso objeto –, quando os dois, compartilhando deste trabalho, encontram divertimento e alguma alegria. Nada, entretanto, que fosse compatível com uma tranquilidade duradoura.

Logo em seguida, em meio à chuva da madrugada, é Zahara quem desperta o irmão para lembrar-lhe que o tênis, deixado no pátio, ao invés de secar, tomava chuva e precisava ser melhor acomodado. Ao amanhecer, ninguém questionou se o tênis estava seco ou molhado, o que importava é que com ele nos pés, a menina entraria na escola.

Majid Majidi acompanha com sua lente os olhares de Zahara, contemplando os pés das colegas e se fixa numa filha de um cego que desfruta do privilégio de um sapato novo e de um pai afetuoso e atento às suas conquistas. Mostra os jogos e exercícios de ginástica e os pés humilhando a menina pelo desajeitado do tênis, que além de masculino tinha uma imagem deteriorada e estranha. Em meio a um deslizamento, facilitado pela qualidade da sola do sapato de outra estudante, a professora faz o elogio do tênis, como o mais próprio para as atividades esportivas. O semblante de Zahara se ilumina.

Idas e voltas em torno de um mesmo problema cujas chances de superação iam se tornando cada vez mais remotas, sobretudo porque não parecia haver qualquer abertura que facilitasse pronunciá-lo como problema. Mesmo reconhecendo o impasse, os dois meninos não desistiam da esperança de conseguir um par de sapatos para Zahara.

Vislumbrando ajudar o pai a comprá-lo, Ali o acompanha à moderna e rica Teerã. Passeando com a câmara de Majidi, vemos como a desigualdade cava abismos para afastar os pobres dos ricos, assemelhando as cidades do Irã às do Brasil e de outras tantas no mundo. Até aquele momento, a presença de Ali diante do pai era caracterizada como a de um menino relapso que merecia reprimendas. O trabalho prematuro lhe era cobrado como um dever do qual ele andava negligenciando. *Você tem 9 anos, tem que trabalhar.* Enquanto isso, Zahara era reconhecida em seu desempenho doméstico.

O espaço de uma bicicleta – velha e precária –, que pai e filho usavam como transporte para vencer as distâncias, faz operar uma aproximação que certamente se intensifica pela decisão arriscada de tentarem algo novo e que os levava a viverem uma cumplicidade um com o outro. Pararam diante de muralhas verdes, que tinham continuidade com portões de ferro, fechados e ladeados por uma portaria eletrônica e com avisos alarmando sobre a periculosidade dos cães. Aquelas imagens não só contrastam com o modo de viver de Ali e sua família, onde ainda eram mantidos procedimentos de ajuda mútua, com momentos de vida comunitária, mas expressavam-se como uma desconfiança declarada em qualquer um que se aproximava dos palacetes. Afinal, como tão bem comenta Valente[4], *"os ricos não se veem face a face com os pobres, mas os dispensam de longe".*

Logo que os dois pressionaram a primeira das sirenes daquelas portarias, emergiu uma dificuldade para o pai do Ali: como comunicar-se pelo porteiro eletrônico? Homem simples e até rude, titubeava sem encontrar uma forma própria de comunicação. Afinal, não só o interlocutor era desconhecido, mas também estava oculto e distante. Nestas condições, responder à pergunta *quem é?* não era fácil. De nada adiantava dizer o seu nome, não correspondia a nenhuma referência conhecida. Por outro lado, apresentar-se como prestador de serviço também requeria uma organização e clareza que ele não dispunha

Esse atrapalho foi resolvido pela iniciativa de Ali, que pode usar uma linguagem firme, traduzindo em poucas palavras as pretensões do pai ao oferecer seus serviços. Infere-se que, sustentando esta habilidade comunicacional, estavam alguns processos de abstração, fruto das aprendizagens escolares. No rosto do pai, refletiu-se uma surpresa e admiração pelo filho. Se isto não impediu recusas, certamente abriu não só a chance da

---

[4] VALENTE, Eduardo. *Filhos do paraíso* (*Children of Heaven*) - http://www.geocities.com/hollywood/cinema/4680/filhosdoparaiso.html

prestação de um serviço, mas também o fez interlocutor e companheiro de brinquedo, por algumas horas, de um outro menino.

Com o acesso ao jardim, Ali e seu pai entram num reino de abundância e beleza material, cujo centro parecia ser ocupado por uma criança solitária, que, sob o cuidado de um avô, procurava ter amigos. Neste encontro de duas crianças, que pertencem a mundos tão diferentes, não é um simples detalhe a maneira com que Ali conviveu com o aquele companheiro fugaz de momentos de brincadeiras. Os brinquedos compartilhados foram deixados ao lado do "colega" adormecido.

A generosidade com que o vovô remunerou o pai de Ali alimentou esperanças de investidas semelhantes. Perspectivas que se romperam com a precipitação da bicicleta pelos declives das ruas pavimentadas que os levaria de volta à casa. Com o desastre, que deixou pai e filho machucados, se foi o sonho da compra do sapato para Zahara.

Mas este não era um desejo descartável. Nascera de uma necessidade e de um vínculo moral que Ali, em várias ocasiões, havia demonstrado. Por isso, logo que ele tomou conhecimento na escola da promoção de um concurso de corrida, venceu todos os obstáculos para inscrever-se e participar. O terceiro prêmio, o mais simples de todos, sintetizava o paraíso de Ali e Zahara: um par de tênis.

Nenhum esforço foi avaliado como excessivo pelo menino. Treinou muito, correu demasiado veloz. O velho tênis que ele usava – o mesmo que o levava e à irmã diariamente à escola – já combalido, deixava-se penetrar pela poeira da estrada e, ainda que esburacado e com a sola partida, acompanhou o menino até o podium. Ali foi o primeiro a chegar e, como tal, declarado vencedor. Teve direito a aclamações, fotos e a privilégios do primeiro prêmio. Mas o tênis escapara novamente.

As duas crianças que protagonizam este filme, não só por estarem contextualizadas no lado pobre de uma Teerã desigual, mas pelas situações de emudecimento a que tiveram de se submeter, não podem ser consideradas exemplos de trajetórias edênicas. Resta-nos discutir o por que desse nome, se o que predomina em toda a narrativa são experiências de negação.

Não teria sido mais adequado chamá-las de órfãos do paraíso? Ou a dignidade de enfrentar-se com um cotidiano hostil, sendo capaz de lê-lo, sem naufragar em suas ameaças, sem abdicar de alguma esperança com que pudessem nutrir seus sonhos – não importando seu tamanho e seu alcance – já nos pode entreabrir o paraíso? Estaria o paraíso anunciado num tipo de ausência que, ao invés de nos derrotar, nos fortalece pela não desistência em concretizar sua presença?

"A pessoa que olhamos [...] olha de volta para nós"

Como uma obra de arte, este filme traz um tipo de aura, de grandeza, de compartilhamento de nossa humanidade e dos riscos de uma história que tem vacilado na escolha e na construção dos caminhos de includência e companheirismo. É por isso que, ao assisti-lo, deslizamos em nossas memórias, nos aproximando de um tipo de experiência que Benjamin identifica com a aura que nos permite ver-nos na obra de arte, mas também que a obra de arte nos veja.

Já transitamos, tocando em alguns paradoxos. Anuncio que o percurso vai continuar tangenciando ambivalências e hibridismos que Majid Majidi – este cineasta de 40 anos – lança até nós, através deste seu *Filhos do paraíso* como uma forma de mostrar o quanto estamos lançados em desafios tão assemelhados, o quanto somos parecidos, ou numa palavra, o quanto a cinematografia como arte nos espelha e nos deixa espelharmos nela, ampliando nossa humanidade.

Aliás, numa de suas entrevistas para Joshua Klein[5], Majidi se pronuncia sobre o lugar da arte no horizonte de construção de um novo mundo.

> A política aprofunda as diferenças entre os povos e as pessoas. Mas a cultura, a arte, atua em direção oposta a essa, unindo as pessoas. A política produz resultados, produz mudanças, mas estas não duram muito tempo. Já a arte e a cultura têm uma penetração mais lenta, mas sua permanência, sua duração, é mais longa
> [...]
> Basicamente, cultura e arte fortalecem grupos e pessoas, tornando-as capazes de melhor se entenderem. Não importa de que cultura você proceda; há sempre uma crença na amizade, nos valores, na paz.

Embora sabedores dos limites do Oscar *hollywoodiano*, com todas as suas vinculações com o império estadunidense e seus parâmetros,

---
[5] KLEIN, Joshua. *Out of Iran* - http://www.theavclub.com/avclub3504/bonusfeature13504.html

não pudemos deixar de considerar que a admissão da candidatura de um filme iraniano nesta "festa" representou um tipo de reconhecimento, sobretudo pela companhia de grandes filmes que com ele concorreram na categoria de estrangeiros em 1999. Lá estavam, entre os cinco concorrentes, *Central do Brasil*, de Walter Salles e o vencedor naquele ano, *A vida é bela*, de Roberto Begnini.

Esta internacionalização do cinema iraniano não é uma conquista isolada de Majidi. Pelo contrário. Uma nova safra do cinema iraniano vem sendo mostrada ao mundo nestes últimos anos. Entre eles, filmes como *Gabbeth* (Molsen Makhmalbaf), *Balão Branco* (de Jafar Panahi), *Aviões de papel*, "*Árvore da vida*" (de Farhard Mehranfar) e *Onde está a casa de meu amigo* (de Abbas Kiarostami, considerado um pai espiritual dos cineastas iranianos) vêm, num só balanço, avançando na elaboração de estilos e na projeção de diretores que, com orçamentos modestos e com argumentos aparentemente simples, afirmam-se em uma narratividade lenta, que parece consolidar um tipo de semidocumental que sustentou o passo político que *Filhos do paraíso* empreende em sua análise da sociedade iraniana.

Até poderíamos citar Manuel de Barros[6], quando escreve sobre os sintomas líricos do poeta, especificando como o primeiro uma "aceitação da inércia para dar movimento às palavras."

O *Filhos do paraíso* vem sendo considerado por alguns críticos como ilustrativo de uma possível interlocução neorrealista entre o cinema italiano e o iraniano. Outros, como Oricchio[7], têm precisado o diálogo entre o Irã atual e a Itália do pós-guerra, mostrando como o clássico *Ladrões de Bicicletas*, de Vittorio de Sica, carrega *a mensagem da importância de uma bicicleta roubada e toda a consequência sobre um homem que se vê impedido de trabalhar por causa disto.*

Nunca é demais repetir como através de "pequenos gestos" Majidi nos comunica a grandeza ilimitada do social e do humano abrindo espaços para as resistências instituintes. Gestos de significância desdenhada pela imagética dominante são tomados como fractais: fragmentos onde está sintetizada a complexidade do todo.

---

[6] BARROS, Manuel de. A Disfunção. In: *Tratado Geral das Grandezas do Ínfimo*. Rio de Janeiro: Record, 2001.

[7] ORICCHIO, Luiz Zanin. *Fábula infantil desvenda Irã contemporâneo*: http://www.estado. estadao.com.br/edicao/especial/cinema/premios/paraiso.html

Há ainda quem entenda a excelência que vai sendo alcançada pelo cinema iraniano, exemplificada aqui com o *Filhos do paraíso*, como fruto de duas gerações de cineastas que vêm circulando e estudando fora do país. Há quem atribua, como o fez Majidi, a decisões políticas decorrentes do Presidente Khatami, que vem cuidando da cultura no Irã. Uma ou outra hipótese reflui na mesma direção: a de reconhecer a importância das interlocuções e da busca de explicitação de interdependências, que, apesar das distâncias, desigualdades e diferenças, nos produzem, desafiando-nos a resistir e criar atalhos e frestas onde possamos identificar relações com que nos tecemos, com histórias locais, regionais e mundiais.

Nós que estamos interessados na construção de um outro tipo de globalização – oposto aos controles neoliberais e neoconservadores, sempre prontos a conjugarem seus antagonismos para competir, oprimir e excluir – não podemos deixar de reconhecer, com um júbilo especial, os caminhos que a cinematografia árabe vem edificando em rotas que afirmam sua singularidade, afastando-se tanto das pirotecnias *hollywoodianas* como, sobretudo, procurando, com uma atmosfera despojada e sem bravatas, mostrar como latejam, nos diferentes cantos das ruelas e casebres deste nosso mundo, necessidades e desejos de vida que não podem mais ser postergados sem que nos amesquinhemos todos e todas num tipo de genocídio ético e cultural.

São filmes que vêm tomando a perspectiva daqueles que, desde a gênese desta nossa civilização greco-latina, têm sido escanteados e obrigados a negociar sua sobrevivência num balcão de muitas desqualificações, sob múltiplas ordens de tiranias e opressões e com penalidades de vida e morte: as mulheres, as crianças, os camponeses, os subalternizados e vencidos.

Entre esta produção cinematográfica, alguns filmes como *O jarro*, de Ebrahim Foruzaesh, estão sendo discutidos neste livro. Outros, como *Os silêncios do palácio* – uma película franco/tunisiana, dirigido por Moufida Tlatli –, conjugam uma fotografia esmerada com um argumento em que não faltam nem as sutilezas das imagens na interdição das vidas nem muito menos convites a uma solidariedade diuturna e vigilante.

Num momento em que o capitalismo internacional, sob a égide de um Bush, insiste em dividir o mundo em domínios do bem e do mal, separando dentro das escolas as instituições femininas das masculinas, entendendo-se como o arquiteto todo poderoso destinado a instalar a guerra total e sem fim, é indispensável que possamos não só ver obras de arte iranianas, mas também sermos vistos por ela. Afinal, com que desconfiança xenofóbica o ocidente produziu a alteridade árabe! Em relação aos latino-americanos e, em especial, brasileiros, como fomos desde a conquista invadidos com imagens da barbárie de mouros que falavam árabe? A moura torta, quem não se lembra? Mesmo assim, não abdicamos das narrações infinitamente fascinantes de Sherazade, da estética mulçumana, dos recursos amorosos para envolver o encontro sexual e da tenacidade da resistência árabe diante da conquista cristã, consolidada pelos processos da Inquisição.

É neste universo que se pode entender a magnitude do *Filhos do paraíso*, que, avançando como uma crítica social e como um apelo a fabricar um outro futuro, privilegia as perspectivas das crianças, investindo, com suavidade e firmeza, na ida à escola como uma trajetória entrelaçada com a problemática social. É a maneira de Majid Majidi denunciar os conformismos culturais que aferrolham esperanças, como uma forma de convocar-nos a dar-nos as mãos às meninas e aos meninos de nosso tempo, para encorajá-los a falar, a pronunciar as palavras formuladoras dos seus problemas e dos seus medos.

A pobreza no Irã é mostrada sob uma face penosa, mas não miserável. Nela, parece haver lugar para os cuidados e as responsabilidades de pai e de mãe. O cotidiano familiar de privações e penúria econômico-financeira é mostrado pela labuta dos pais que não conseguem fazer a vida menos precária e aguilhoada por dívidas que vão desde o aluguel do pequeno cômodo, onde a família vive, até o pequeno negócio, que fornece alimentos indispensáveis à subsistência da família.

Os credores cospem cobranças que vão diretamente obscurecer o semblante do pai, recarregando sua intransigência e severidade contra os pequenos e a própria mulher. Esta, doente, com problemas de coluna, se sente por um lado impedida de cumprir o repouso recomendado pelo médico, pois precisa atender a casa e a família, que além dos dois irmãos em idade escolar, ainda contava com um bebê.

Todas as imagens do filme confluem para levar-nos a visitar setores de um Irã ainda pré-industrial, em que todos os bens materiais e simbólicos desfrutam de imenso valor, conferido pelas necessidades econômicas, mas também por uma cultura austera e moral distante do consumismo capitalista. Um Irã que parece beber da velha Pérsia sua tradição e conduta. Numa das cenas, compartilhamos de um cuidado, quase uma intransigência, com que o açúcar – trazido para casa para que o pai de Ali o reparta em pedras, que facilitassem a distribuição do chá na mesquita – é tratado, de modo a não permitir a subtração de qualquer porção para uso doméstico, mesmo quando em casa este produto estivesse em falta. Em outra cena, a cortina sonora é feita pelo pregão de um homem a propor um tipo de escambo em que o sal oferecido podia ser trocado por pão dormido, sacos de plástico, chinelos usados.

O cômodo habitado pela família não é destituído de beleza. Pelo contrário. Apesar do tamanho – reduzido para uma família de cinco pessoas –, é forrado por tapetes e está inserido numa forma coletiva de vivenda, possibilitando uma aproximação não só física com os vizinhos, mas, também, o exercício de práticas de solidariedade.

Levei este filme, em forma de vídeo, para muitas escolas do Brasil. Os professores viram-se a si próprios e a seus estudantes no filme. Sobretudo acentuaram as dificuldades que entram na escola com a miséria crescente e a delinquência que se expande. Mostraram como é muito complicado ter nas fileiras escolares meninos que já roubaram ou de quem suspeita-se, com fundamento, de pertencerem ao tráfico de drogas. Se veem, como Ali e Zahara, perplexos diante de tantos problemas que ultrapassam sua capacidade de encaminhamento.

Comentando o filme, acercaram-se dos problemas da disciplina e do constrangimento que lhe s causou a imagem de Ali, sempre com o dedo levantado, esperando uma vez para falar, para pronunciar sua palavra, para compartilhar suas angústias e desamparos, adivinhando tantos problemas fervendo na garganta, sem espaço para serem ditos nas escolas.

O sapato compartilhado é apenas uma imagem de outros usos alternados, obrigatórios pela situação de miséria das famílias brasileiras, convivendo com o desemprego, o latifúndio e um Estado cada vez mais privatizado. As professoras contaram inúmeros casos de crianças que revezam o uso de suas roupas com irmãos e vizinhos para garantir um mínimo de presença escolar. Isto, sem falar num tempo ritmado pelas doenças que entram em casa e que fabricam tantos anjinhos.

Talvez por saber de tantos impasses e tanta vida para viver, que Majidi termina o filme com a imagem do menino na fonte, que ocupa o centro do pátio onde sua família, entre outras, habita. Os pés cansados, cheios de bolhas, e os olhares trocados com a irmã poderiam ser lidos como um final pessimista. Mas quem pode acreditar que meninos como Ali e Zahara e outros tantos espalhados pelo Brasil e pelo mundo, não obstante as vicissitudes e tragédias vividas, não estejam contando que os ajudemos a fazer um giro, deslocando rumos de nosso tempo numa direção de responsabilidade política que assegure um tipo de soberania às nações que sustente interdependências fraternas e solidárias.

Afinal, o paraíso não estaria plantado num terreno em que a afirmação da dignidade nos tensiona sempre, em busca de uma recriação, envolvendo-nos, tantas vezes, em situações em que ficamos por conta do desejo de apropriar-nos do fruto proibido?

Nas cartas, nos enredos, fragmentos do Brasil

José de Sousa Miguel Lopes

Filme: *Central do Brasil*
Ficha técnica, sinopse e mais informações na página 222.

O pano de fundo

Central do Brasil é o típico *road movie,* filme de estrada, obra simultaneamente simples e fantástica que procura relatar uma saga dos excluídos. É um filme sobre o retorno ao lar, sobre o afeto, sobre a descoberta do afeto, sobre o amor, o desejo, a memória, o esquecimento, sobre os dilemas morais que assediam hoje os brasileiros: levar vantagem em tudo ou ser solidário? Entregar-se ao cinismo ou acreditar na possibilidade de mudança? É também, e fundamentalmente, um filme sobre a recuperação da identidade, a descoberta da origem. No fundo é um filme que procura dar resposta às perguntas que desde sempre o ser humano se colocou: quem somos, de onde viemos, para onde vamos. Dora, que ingenuamente vende Josué a traficantes de crianças, arrepende-se e se dispõe a ajudar o garoto a encontrar o pai. Entre os dois nasce o afeto, que vai emergindo em meio a uma empoeirada viagem de ônibus, embalada pelas imagens místicas e religiosas que povoam a vida do Nordeste.

O filme conta a estória do encontro entre Dora e Josué e do itinerário de formação individual e sociomoral de ambos. Nesta longa e sinuosa viagem por um Brasil de paisagens esquecidas, vai emergir o afeto entre dois seres humanos. Dora é uma mulher sofrida, de meia-idade, professora aposentada, que a troco de um real escreve cartas para analfabetos. Ela vai deparar-se com Josué, garoto de uns nove anos de idade, que acaba de perder a mãe numa armadilha do destino e que busca encontrar o pai que nunca conheceu.

Assim, após o atropelamento e morte da mãe de Josué, este passa a perambular pela estação, tornando-se alvo de traficantes de crianças que operavam na área. Dora tenta entregar o menino para o traficante em troca de dinheiro, mas é pressionada por sua amiga que a condena moralmente. Dora, que não pensou nas consequências, arrepende-se, tenta reaver a criança e se vê perseguida pelos traficantes, fazendo-a decidir ir para o Nordeste para ajudar o menino a encontrar o pai. Daí em diante, ela viverá um processo de mudança, que tem Josué como principal interlocutor, em que ambos vão se conhecendo e descobrindo a vida com o apoio do outro. São apoios diferentes mas complementares. Inicialmente, Josué age mais indicando, de modo consistente, os posicionamentos morais considerados inadequados de Dora. Ele descobriu e reclamou a respeito das cartas não enviadas já na primeira visita à sua casa; reprovou a sua atuação ao tentar vendê-lo para o traficante; denunciou seu "alcoolismo"; contestou seu roubo disfarçado na mercearia de estrada; indicou sua falta de cuidados consigo mesma e o seu comportamento "masculino". Ele provou, enfim, ao constatar como viviam e trabalhavam seus irmãos, que pessoas humildes e *sem instrução* são capazes de organizar suas vidas e ter dignidade moral. Mas, já quase no final do filme, no sertão nordestino, Dora acaba revertendo em seu favor a liderança do aperfeiçoamento moral e se torna o "fiel da balança" ao recusar a proposta de Josué de jogar fora as cartas encomendadas, indicando a necessidade de um cuidado permanente nesse sentido.

O filme explora magistralmente conflitos humanos através de problemáticas como a da identidade pessoal, a da cidade/campo, a do universo religioso e a do mundo letrado/mundo iletrado. É sobre estas problemáticas que nos propomos tecer algumas considerações.

Tomada 1 – Identidade: na busca do outro, uma recuperação do olhar e da afetividade

O filme centra-se sobre a procura e recusa do pai, na busca da identidade que fica quase próxima em alguns instantes, mas que se distancia ou se perde como o ônibus que percorre as estradas cheias de poeira da nossa realidade.

Num continente que prima pela ausência do pai, "o colonizador veio e rapidamente se ausentou, levando o que lhe interessava, e deixou aqui esse fenômeno de atração e repulsa, a um só tempo pelo pai" (Salles, *apud* Carelli, p. 82).[1]

Podemos dizer que Dora é uma mulher de raiz mais urbana, habituada a uma vida independente, que procura compensar as agruras da solidão individual e os desconfortos da vida urbana com o cultivo de alguns poucos amigos e o lazer da TV. Efetivamente, sua situação de professora primária aposentada lhe limita o orçamento doméstico, facilitando a adoção de certas condutas egoístas, senão cruéis, como o negócio das cartas. Devemos nos esforçar, contudo, para compreender tais atos de Dora, visto que vivemos a situação de crescente perda de legitimidade de sistemas penais, de banalização da violência nos setores populares de várias cidades brasileiras, tornando a vida de muitas pessoas uma constante ameaça e risco que anulam esforços para instauração de uma ordem de direitos e deveres. Além disso, precisaríamos mencionar que os pobres se veem cada vez mais envolvidos nas malhas de crime organizado para pagar dívidas ou para satisfazer uma mera curiosidade de um cigarro de maconha, que compõe um modelo imaginário de consumo, como a TV com SAP, entre tantos outros.

No atual quadro de feroz individualismo, podemos imaginar a razão pela qual Dora decide não assumir a responsabilidade de uma família. Ela prefere seguir um rumo individual, mais condizente com seu perfil sociocultural urbano, de elaboração psicossocial difícil mas necessária, face à aparente facilidade que o grupo primário pode oferecer.

Dora parece apresentar-se como um espelho da cultura da indiferença. O cinismo de sua conduta (sequer remetia as cartas que prometera enviar) evidencia a mediocridade com que vivia uma existência apequenada, submetida, acomodada às condições construídas por sua situação social e pela negação do próprio desejo e, consequentemente, do ser do outro.

No entanto, talvez seja preferível pensar de outro jeito a respeito de Dora. A descoberta do menino Josué e a culpabilidade que pouco a pouco passa a experimentar, quebram a couraça emocional que a aprisionava,

---

[1] CARELLI, Wagner. Meu cinema é meu país. In: *República*. São Paulo, nov. 1998, n. 25, p. 78-86.

deixando emergir um novo olhar para o mundo. Ela é um indivíduo em busca de superação moral. Ao invés disso, muitos preferiram apressadamente condená-la, como se ela fosse o "principio do mal", como se eles encarnassem, aprioristicamente, o bem e não entendessem que ela é, de fato, tão importante para Josué quanto este é para ela. É que, num quadro de maniqueísmo moral como o que vivemos, o bem precisa do mal para se afirmar, assim como neste caso o mal é apenas uma irreconciliação, uma ruptura com uma ordem, ou mesmo, uma exclusão de uma ordem – o que muitos parecem não compreender.

O espaço da estação é de perda de identidade, de inexistência de afirmação de identidade. Dora tem uma visão imediatista das pessoas que lhe ditam as cartas, de quem quer tomar o dinheiro. À medida que, ao longo do caminho, o processo de transformação de Dora começa a se operar, à medida que o menino, por meio da ação, começa a transformá-la, o país começa a aparecer. Neste trajeto, Dora entra em confronto com o desconhecido e inicia um processo de transformação.

Na procissão, Dora se dá conta da gravidade do que fazia no Rio ao não enviar as cartas. Na casa dos Milagres ocorre o seu ponto de virada: ela percebe que está tocando em algo que é sagrado para as pessoas, rompe-se o véu de cinismo sob o qual ela se encontrava. Há como que uma recuperação do olhar de Dora – um processo de aceitação do país como é, e não como gostaríamos que fosse.

> Dora só consegue aceitar a ideia de transformação quando percebe que o drama do menino abandonado do Josué espelha seu próprio drama de menina abandonada. É aceitação do espelho que gera a transformação e a solidariedade [...] Todos nós nos podemos identificar com Dora. Ela transporta em seu interior a brutal indiferença de seu tempo. O garoto encarna o oposto, a possibilidade do novo e da transformação. O mundo dela é aquele em que se convive pacificamente com o cinismo e o apequenamento da vida. O preço é a enorme solidão com que ela se defronta. Uma solidão recorrente, em relação direta com o individualismo exacerbado, a indiferença e a impunidade. O garoto abre um mundo de novas possibilidades, significa a descoberta do espelho e do outro.[2]

A identidade pessoal se insere numa identidade mais vasta que é, ao fim e ao cabo, a identidade de todos o excluídos da terra. Josué quer comprar

---
[2] CARELLI, Wagner. Op. cit., p. 84.

roupa para não se apresentar perante o pai como um indivíduo sujo, como um mendigo. Sua precária condição de vida acaba conduzindo-o ao roubo de pão, biscoitos, frutas e chocolates no mercadinho. Mais tarde, a própria Dora, a pretexto de devolver os produtos roubados por Josué, acaba roubando iogurte e apresuntado. Ela consome vinho barato, paga a viagem com o relógio, telefona a sua amiga Irene, a quem pede para vender a geladeira, o sofá e a TV, por forma a poder enfrentar a situação desesperada em que se encontra.

O primeiro ato de generosidade de Dora ocorre quando usa finalmente o vestido que Josué lhe deu. "É um ato de generosidade em direção ao menino e sua única maneira de se abrir para o outro. No momento em que você oferece, você está apto a receber. Isso libera Dora de sua vida mesquinha e a pacifica com o seu passado: é quando ela vai aceitar a ideia de que sente a falta do pai".[3] Dora se autorga uma segunda chance, quando tudo já parecia perdido, fora do prazo. Josué rompe com o imobilismo da sociedade que o cerca e projeta-se em direção a um futuro que ele mesmo define por meio de sua força de vontade, de seu desejo.

Trata-se de um olhar sobre a necessidade de vermos o outro e de descobrirmos o afeto capaz de mudar nossa relação com a vida, ao colocar no centro de nossa visão de homem e de mundo o sujeito, o desejo, a emoção, a possibilidade de transformação da realidade. O filme toca no nervo exposto de muitas hipocrisias, inúmeras ambiguidades e profundas desigualdades na produção e distribuição da subjetividade construída nesse imenso território chamado Brasil. É um vibrante apelo à solidariedade humana, embotada pela cultura do egoísmo, é um estímulo à reflexão e um convite à superação da ética da omissão.

Tomada 2 – O universo religioso: uma resposta desesperada à miséria e abandono presentes na cidade e no campo

O que de imediato chama a atenção é que o secular fluxo migratório campo-cidade está invertido. Os personagens partem da cidade grande para o sertão, em busca do pai de Josué. Acompanhando essa saga, descobrimos ou redescobrimos todo um país, arcaico e carregado de misticismo. Num

---
[3] CARELLI, Wagner. Op. cit., p. 85.

mundo que se globaliza, está aí o território Brasil e suas clivagens. Contudo, o lado opulento do território está ausente. Cidade e campo apresentam-se irmanadas numa mesma face de miséria e abandono. Em meio à algazarra e violência da cidade, a multidão se comprime em trens superlotados, em estações onde imperam os barulhos e ruídos de todo o tipo, onde na selva do trânsito caótico se morre num assalto ou simplesmente debaixo das rodas de um ônibus, onde meninos de rua têm como resguardo algum vão de escada ou simplesmente o teto de estrelas da calçada. O campo apresenta-se sob o manto da secura, do calor infernal, onde seres de rostos marcados pelas agruras do tempo, viajam em ônibus repletos de bagagens e até de aves, em busca de sonhos, sabe-se lá o que isso possa significar, em horizontes que parece definitivamente terem bloqueado a esperança.

É necessário referir que o cenário humano e social registrado ao longo do filme pelo cineasta exibe uma série de símbolos e expressões cristãs, que aparentemente permeiam boa parte da vida subjetiva dos personagens. Logo no início, na estação, Josué vê com brilho nos olhos a imagem de uma santa, posteriormente aparece a virgem no caminhão onde viaja de carona. Há inscrições e imagens de fundo religioso nos cenários interioranos registrados, assim como os dois personagens viajam numa camioneta com romeiros que se dirigem para um evento religioso. Também mostram valores, como solidariedade e humanidade, o motorista evangélico e os romeiros na camioneta.

O universo religioso é, pois, um dos traços marcantes do filme. No território "abandonado" do Brasil parece não existir outra saída senão o recurso á divindade. "Tudo é força, mas só Deus é poder", dizeres escritos num caminhão retratam de forma lapidar, que nada mais resta senão recorrer ao único poder que tem capacidade para mudar o curso dos acontecimentos. Romeiros de joelhos, queimam velas, beijam o chão, rezam à estátua da Virgem Maria, na praça da cidade: "Abençoa o meu povo [...] Me perdoa, Senhor, que eu sou um pecador [...] Protege minha mãe, abençoe minha família, me protege pelo sangue de Cristo. Pra que tanto sacrifício? Pra que tanta dor?".[4] A divindade parece atender a algumas dessas preces, pois os camponeses, em suas rezas, agradecem a chuva que caiu lá na roça. Vendem-se confissões e ciganos querem ler a sorte.

---

[4] CARNEIRO, João Manuel & BERNSTEIN, Marcos. *Central do Brasil*. Rio de Janeiro: Objetiva, 1998. Carneiro & Bernstein, (1998, p. 76-77).

Com sua *"via-crucis"*, Dora tem que se desfazer dos seus bens materiais (relógio e dinheiro), além de sofrer o impacto do envolvimento religioso constatado ao presenciar uma procissão de católicos no Nordeste, entre outros preceitos cristãos a serem seguidos para atingir seu objetivo moral.

Tomada 3 – Educação e transformação: os caminhos e descaminhos da escola brasileira

Central do Brasil, uma gare repleta de gente que vai de lá para cá, juntando diferentes indivíduos em busca da afirmação de suas necessidades e expectativas. A escola brasileira, um conjunto de gares diferenciadas por esse país, juntando alunos que vão de lá para cá, de cá para lá, em busca de suas realizações no contexto social, político, histórico em que vivem. Um filme, uma descoberta. Na *Central do Brasil*, buscava-se, um pai, um destino. Na escola brasileira, busca-se um aluno, uma formação. Não são excludentes as situações, são complementares. Lá, Josué tem algo a dizer, e querer; aqui um aluno e a professora têm algo a saber e a formar para Ser. Nessa viagem pela escola brasileira, a esperança torna-se um elemento indispensável.

A lágrima que rolou no rosto de Josué deu a partida para esse trabalho, que nos tocou fundo, lembrando as lágrimas de outros Josué que podem estar matriculados na escola, ou dela se evadiram por motivos mais diversos.

Dora escreve para um amanhã que nem sempre acontecerá, pois, as cartas largadas dentro de uma gaveta podem revelar que o sonho termina antes que se pudesse torná-lo realidade. A trama do filme é toda simbólica, como simbólico são muitos dos rituais, das metodologias e das avaliações que ocorrem na Escola. Poderíamos citar, como exemplo, situações em que educadores e alunos *jogam* dentro das *gavetas* sonhos que jamais se tornarão possíveis, na medida em que escrevemos pretensamente da mesma forma, com os mesmos objetivos e conteúdos, para todos os indivíduos.

O mundo caminha aceleradamente e, mesmo viajando num trem, fazemo-nos acompanhar de toda uma tecnologia, de todo um sentido de globalização que torna mais emblemática a formação do sujeito – nosso aluno – que também pode viajar naquele trem, como frequentar uma escola. São viagens diferentes que podem durar, no caso da escola, longos anos, sob a marca indelével do fracasso escolar que, geralmente, tem no aluno o principal responsável por este percurso "tão longo e demorado".

Dora é uma professora aposentada, que sem vislumbres maiores a não ser a perspectiva enviesada da janela de seu conjunto habitacional, começa a imaginar um novo tempo para sua própria existência. A professora tem caminhos e descaminhos diferentes para sua identidade profissional: uma primeira reflexão, tanto em termos de sua formação, como em termos de sua prática.

A problemática do mundo letrado/mundo iletrado presente no filme é rica de sentidos. A figura do analfabeto sintetiza como nenhuma outra a ideia do indivíduo privado não só dos bens materiais, mas também do conhecimento e da comunicação. É alguém sem vez e sem voz no alegre mundo do consumo globalizado. Na estação, pessoas se acercam de Dora, a escrevedora de cartas. Sem pruridos e sem vergonha de expressarem seus sentimentos mais profundos, as pessoas fazem de Dora a mediadora entre o mundo da oralidade e o mundo da escrita.

Muito da trama do filme está permeada por esta dualidade. O mundo letrado encontra ainda marcas do mundo da oralidade, marcas que alicerçam a transmissão cultural de comunidades que não tiveram acesso ao código escrito. Por isso o recurso á memória, às formas repetitivas, se constitui num traço muito particular desse universo oral. Isaías, o irmão que Josué acaba de conhecer, manda-lhe repetir o trava-língua, essa modalidade de parlenda em prosa ou em verso, bem característica das culturas de oralidade, ordenada de tal forma que se torna extremamente difícil e às vezes, quase impossível, pronunciá-la sem tropeço: "Lá atrás da minha casa tem um pé de umbu botão, umbu verde, umbu maduro, umbu seco e umbu secando".[5] Numa outra conversa, novamente Isaías, pede ao irmão para dizer: "Diga cinco vezes em carreado, sem errar, sem tomar fôlego, vaca preta, boi pintado. Diga".[6]

Em *Central do Brasil*, uma carta vai poder modificar inteiramente a vida de uma pessoa. Cartas que não chegam, destinos que não se cruzam,

---

[5] CARNEIRO, João Manuel & BERNSTEIN, Marcos. Op. cit., p. 91.
[6] Ibidem. Op. cit., p. 97.

enredos impregnados de afeto, em suma, fragmentos do Brasil. Dora utiliza a escrita como forma de sobrevivência e, porque não, como uma réstia de poder, do escasso poder que ainda detém, para manter em diálogo seres que se encontram afastados pela geografia e que foram impedidos de aceder ao código letrado. Ao deixar para trás a cidade e ao mergulhar no campo, ela retoma a atividade de escrita encaminhando, a pedido dos romeiros, mensagens para os santos. Escrita, artefacto de conhecimento, de segurança, de certezas. Sim, Josué quer estar seguro que o pai escreveu que o desejava conhecer. Escrita, marca de afeto, de solidão, de luta contra o esquecimento. Dora revela-nos que há muito tempo não escreve para ninguém: "Agora mando esta carta para você [Josué] [...] Eu digo isso porque tenho medo que um dia você também me esqueça. Tenho saudades do meu pai. Tenho saudades de tudo".[7]

No apagar das luzes

"Explodindo" na tela de forma talvez inesperada, eis que se apresenta perante nós um novo Brasil, feito grande e solidário, que antes se tinha por desprezível: seus pedaços alheados, mais pobres e, no entanto, mais resistentes à brutal indiferença do mundo ao redor.

O território de *Central do Brasil* é o do reconhecimento do outro, da denúncia ao individualismo e do descaso. O filme desenterra da brutalidade a também única, a imensa compaixão, a qualidade do amor, da delicadeza própria da alma brasileira. O filme traz-nos um consolo: por ele sabemos que há salvação e que seremos redimidos.

Numa linguagem poética, mas sem dobras ou subterfúgios, o filme é um soco na indiferença, um belo canto à solidariedade, um convite à reflexão sobre a construção de nossa subjetividade, nosso desejo de mudar a sociedade e o papel que nele cabe à educação.

Uma das conclusões possíveis é que as emoções, as expectativas e a própria criatividade fazem parte da construção do sujeito. Um filme, uma escola, qual vagão que se abre para pensar sobre seus *passageiros*, numa viagem que não tem volta no tempo, pois seu destino se chama *amanhã*.

[7] Ibidem. Op. cit., p. 98-99.

No filme não são visíveis os ricos, nem mesmo gente de classe média. Os personagens se dividem em pobres (a escrevinhadora Dora, a prostituta Irene, o segurança Pedrão, o caminhoneiro César) e miseráveis (o órfão Josué, os analfabetos que recorrem a Dora, os romeiros do sertão). Eles fazem parte dessa esmagadora maioria existente na sociedade brasileira, e a opção do diretor nos chama a atenção para aquilo que podemos considerar como o mais importante problema que perpassa o tecido desta sociedade: a exclusão social.

Há quem acuse *Central do Brasil* de ser despolitizado por mostrar os problemas dos pobres como algo que eles mesmos criam e eles mesmos tratam de resolver. Mas dificilmente um filme estará tão sintonizado com seu país como esse.

As últimas palavras do filme são pronunciadas por Dora, que ao escrever para Josué confessa ter saudades de tudo. Também nós sentimos saudades, sobretudo deste filme esplendoroso. Para que não o esqueçamos, à semelhança do que ocorre no mundo da oralidade, porque não retomá-lo através da repetição, vendo-o uma, duas, inúmeras vezes? Quem sabe ele possa nos energizar com a afetividade que parece se está perdendo, num mundo com manchas de exclusão cada vez mais acentuadas.

Comentários sobre o filme *Central do Brasil*

(In: CARNEIRO, João Manuel & BERNSTEIN, Marcos. *Central do Brasil*. Rio de Janeiro: Objetiva, 1998).

"preparem seus corações. Vem aí um filme brasileiro que fará as pessoas saírem do cinema chorando, e felizes".
Zuenir Ventura, *Jornal do Brasil*

"um trabalho avassalador de Fernanda, um roteiro brilhante: um filme indescritível".
Luiz Noronha, *O Globo*

"arrebatador... de partir o coração".
Leon Cakoff, *Folha de São Paulo*

"Walter Salles comete a ousadia de realizar um filme rigorosamente simples e comovente, com a interpretação antológica de Fernanda Montenegro".
Susana Child, O Estado de São Paulo

"Belissimamente realizado e comovente. *Central do Brasil* foi o filme mais aplaudido do Festival de Sundance".
"Um filme irradiante, de partir o coração".
Time Out – New York

"*Central do Brasil* é um filme destinado a conquistar nossos corações e fortificar nosso espírito – Um triunfo de forma e emoção".
Rebecca Yeldham, Sundance Film Festival

"Fernanda Montenegro e Marília mostram porque são consideradas as duas melhores atrizes do País".
Luiz Zanin Oricchio, O Estado de São Paulo

"Um filme de grande sensibilidade. Central do Brasil foi ovacionado pelo público de Berlim".
Moscow Times

"Maravilhosamente filmado e com forte espiritualidade".
Mark Caro, Chicago Tribune

"Um enorme sucesso, tanto pela emoção quanto pela qualidade artística".
Agnés Dronnikov, Agência France Press

"*Central do Brasil* é verdadeiramente memorável e emocionante – a arte cinematográfica no que ela tem de melhor".
Hollywood Reporter

"Fortemente aclamado, *Central do Brasil* é a história de um órfão e de uma velha senhora embalados numa verdadeira odisseia".
The Globe and Mail

"O filme da retomada brasileira. Alta qualidade, uma obra madura".
Pedro Butcher, Jornal do Brasil"

Fernanda Montenegro está soberba. Um filme comovente e nunca sentimentalista".
Toss McCarthy, *Variety*

"*Central do Brasil* simboliza a retomada tanto do ponto de vista estético quanto do conteúdo".
Nelson Pereira Dos Santos, *Moving Pictures*

"Ouro para o Brasil: o festival premiou a doce poesia de *Central do Brasil*".
Marianne Runth, *Le Figaro*

"Um filme generoso na sua intenção e fascinante no retrato que faz do Brasil"
Irene Buignardi, *La Republica*

"Uma verdadeira obra-prima feita de delicadeza e emoção".
Berliner Zeitung

"Este filme merece o Urso de Ouro. A beleza do filme vem da história do nascimento de uma amizade: Dora (Fernanda Montenegro maravilhosa!) e Josué (Vinicius de Oliveira, que talento!).
Der Tagesspiegel

"Nesta história encenada com muita emoção, brilha o talento de Fernanda Montenegro"
Die Welt

"Um brilhante retorno do cinema brasileiro ao cenário mundial".
Filmecho

"Impossível não se emocionar diante desta história de amor entre uma mulher nada maternal e um menino órfão".
Frankfurter Rundschau

"O público, que se emocionou às lágrimas na projeção, aplaudiu e sorriu, contente com o prêmio".
Berliner Morgenpost

"Um filme comovente e cativante que se lembra de Sica".
Tullio Kezich, *Corriere della Sera*

"Central do Brasil foi apresentado com sucesso no Sundance e mereceu a ovação crítica em Berlim".
Maurizio Carbona, *Il Giornale*

REFERÊNCIAS BIBLIOGRÁFICAS

CARELLI, Wagner. Meu cinema é meu país. *República*. São Paulo, nov 1998, n· 25, p. 78-86).

CARNEIRO, João Manuel & BERNSTEIN, Marcos. *Central do Brasil*. Rio de Janeiro: Objetiva, 1998.

Reinventando diálogos, vínculos, razões e sensibilidades

Cecilia Goulart

Filme: *Nenhum a menos*
Ficha técnica, sinopse e mais informações na página 224.

[...] Recria tua vida, sempre, sempre. Remove pedras e planta roseiras e faz doces. Recomeça.

Cora Coralina

Nenhum a menos: a missão quase impossível

A simplicidade e a extrema pobreza da escola saltam aos olhos logo nas primeiras cenas. A força vital das personagens se revela. Uma pequeníssima aldeia chinesa, também simples e pobre. O professor da única turma da escola, que inclui crianças de diferentes séries, por força da doença da mãe, é obrigado a se ausentar por um mês. A "professora" substituta, trazida pelo prefeito de outra aldeia pobre, é aceita por falta de alternativas.

O professor resiste em deixar seus alunos com aquela mocinha "professora" de 13 anos. Mas, lembra o prefeito, a equação é clara:

– "Ninguém quer vir para cá. Essa aldeia é afastada, distante de tudo. O senhor tem que viajar. As crianças não podem ficar sozinhas por um mês. Eu só encontrei essa pessoa disponível. Não há o que discutir."

O professor Gao sucumbe à ideia e faz um teste sobre os conhecimentos de Wei que, por sua vez, insiste em saber dos 50 *yuan* que receberá pelo trabalho. O professor Gao, com salário atrasado há seis meses, afirma-lhe que esse é um assunto para o prefeito. Ao abordar com veemência o assunto com o prefeito, recebe a resposta de que receberá seu pagamento ao final dos 30 dias.

Wei sabe cantar e o professor pede-lhe que ensine a única canção conhecida por ela aos alunos, "mas sem errar", como o fez. "É preciso aprender para ensinar." E ensina-lhe a canção:

> Nosso país é como um jardim
> As flores lá são lindas
> Cantarão um louvor ao país
> Canções para nosso líder Mao
> Tornando o céu azul de novo
> E levando-nos ao sucesso!

O professor passa-lhe informações sobre o funcionamento da escola. Ninguém pode sair até que o sol atinja um determinado mastro de madeira da sala de aula. Se o tempo mudar, dispense-os mais cedo. Se chover, leve-os para casa. Use um só bastão de giz por dia para escrever a lição diária no quadro que as crianças devem copiar. Escreva com boa caligrafia, nem pequeno, para não estragar os olhos das crianças, nem grande demais, para não gastar giz. Onde dormem as meninas que ficam na escola e a professora; onde dormem os meninos. A tosca escrivaninha em que ela pode trabalhar. As crianças podem brincar fora da sala, mas não podem brigar. Depois, mais lições.

A última e grave recomendação do professor, já na estrada para seguir viagem, é que Wei cuide para nenhum aluno deixar a escola, evadindo-se, como já o fez um grupo significativo. Promete-lhe dez *yuan* caso consiga a proeza. O professor Gao olha-a com seriedade e ternura.

A atenção curiosa dos alunos para o desenrolar dos acontecimentos. Zhang Mingsham é a monitora da classe; Ming Xinhong é uma excelente corredora; Zhang Huike é o aluno bagunceiro.

Em que sentido um filme chinês pode nos mobilizar, considerando histórias culturais tão diferentes, valores, costumes, língua, entre outros aspectos? Libertar-nos da realidade cotidiana? Ou levar-nos a descobrir um outro mundo, reconhecendo-nos nos sentimentos que expressa?[1]

A arte tem a grande força de nos levar para além do óbvio, marcando muitas vezes o nosso viver de modos peculiares, levando-nos a refletir sobre quem somos, como somos, onde estamos e para onde vamos. Guigue[2] propõe que o cinema possa ser apreendido, para além de objeto estético, como experiência de vida.

Entrar na história narrada no filme *Nenhum a menos*, de Zhang Yimou, como experiência de vida, traz-nos a emoção de, percorrendo seus meandros e diálogos, rever, ao mesmo tempo, aspectos da universalidade da cultura escolar e do comportamento das crianças. O filme, desse modo, abre janelas para mostrar o nosso pertencimento a um mundo comum, à comunidade humana. No movimento de nos surpreender e trazer tais revelações, leva-nos do mesmo modo a refletir sobre a formação da menina como professora.

Mas que história é essa narrada no filme que nos provoca de modo tão desafiador, num tempo de estudos tão intensos sobre singularidades, histórias de vida, diferenças culturais, entre outros temas candentes?

Wei é apresentada aos alunos como professora e, embora relutante em relação a seu novo papel, utiliza-se de instrumentos de poder autoritário para tentar resolver os problemas que acontecem. Gritos. Empurrões. Força. Discursos e gestos originados na história que incorporou.

O trabalho com as crianças se desenvolve seguindo a "cartilha" da tradição e as palavras ditadas pelo professor Gao. Forma, marcha, ordem, hasteamento da bandeira, hino nacional, quase tudo sob a vigilância do prefeito. Os alunos a cada dia copiam uma lição da lousa, escrita com determinação pela mocinha de treze anos. A saída só é permitida quando o sol poente atinge uma determinada parte do madeirame da escola. As relações se conflitam com as armadilhas que as crianças aprontam para testar os limites da "professora", desafiando de vários modos suas condutas pedagógicas.

– "Não sabemos essa matéria".

---

[1] Cf. GUIGUE, 2001, p. 327.
[2] Ibidem, p. 324.

– "Não podemos copiar".

– "Ainda não aprendemos isso".

– "O professor Gao não ensinou".

Na correria das crianças na sala, o escasso giz se despedaça no chão pobre da escola. A necessidade de controle gera uma lista de nomes dos alunos elaborada pela monitora, a pedido de Wei, que faz a chamada diariamente.

O cotidiano é marcado por atitudes e sentimentos comuns (humanos?): o xixi na cama, o pudor, a vergonha, o suborno, a alegria inocente, a delação, as normas, o rito, o grito, o desejo de ter, a liderança, o choro, as risadas, anseios de liberdade, a valorização, a desvalorização.

Os embates continuam naquele espaço em que, ao lado gramática da falta, da carência e da "lei", se mostra uma força viva, mas desorganizada, procurando vazão pelo risco. A monitora cobra da "professora" atitudes em relação a Zhang Huike, que tumultua a classe. Este, por sua vez, a denuncia por escrever um texto falando mal de Wei para entregar ao professor Gao em seu retorno. Wei obriga Zhang Huike a lê-lo para a turma. Um certo constrangimento é sentido no silêncio da classe. À noite, a ordem de Wei para o pedido de desculpas de Huike à monitora é negociada com 50 centavos de *yuan* que o menino entrega à menina para comprar o giz despedaçado.

A primeira baixa foi a da menina corredora Ming. Recrutada pelo prefeito para "honrar a escola e a cidade" numa disputa, só foi levada por causa do uso do poder de autoridade superior pelo prefeito e o suborno ao menino Zhang, o líder levado, em troca de duas canetas azuis. A Ming, o prefeito diz que o professor Gao estava ciente de sua partida, com a qual havia concordado.

O início de uma certa cumplicidade da menina "professora" Wei com as crianças se esboça no momento em que escondem Ming, para que não seja levada. O desespero da professora a faz correr atrás do carro. Perderia os dez *yuan* prometidos pelo Professor? Como uma criança pode ficar sem ir à escola? A necessidade ou o compromisso? A necessidade e o compromisso? O prefeito no jipe que leva Ming para a cidade, elogia o trabalho de Wei para o técnico, porque cuida dos alunos e ressalta, explicando as dificuldades para a saída de Ming: "Manter as crianças na escola é mais difícil do que ensinar".

Novas tensões e rumos tomam a escola com a notícia de que Zhang Huike não apareceria mais. Justamente aquele que lhe dava mais trabalho. Havia sido levado com outras crianças de outras aldeias para ganhar dinheiro na cidade. O pai já era falecido e a mãe estava doente e com muitas dívidas. Wei, de novo, se desespera e tenta em vão a ajuda do prefeito.

Expõe o problema para a classe. Convoca os alunos a entregarem o dinheiro que têm para que ela possa viajar à cidade e trazer de volta Zhang – ele precisa estudar. Dos bolsos paupérrimos, surgem moedas insuficientes. Das cabeças, e da cumplicidade e amorosidade, que aos poucos se ampliam, surgem ideias, possibilidades de solução para o problema.

Decidem-se, motivados e unidos, pela olaria. Lá poderão carregar tijolos e ganhar 1,5 centavo de *yuan* por tijolo carregado. Calculam quantos tijolos precisariam carregar para chegarem a nove *yuan* (equivalentes a três passagens no valor de três *yuan*, segundo informações obtidas). As dúvidas dos alunos e da professora para realizar os cálculos – todos participam envolvidos. O trabalho a serviço das necessidades e do desejo crescente entre eles de que Zhang retorne para estudar.

Após muito trabalho coletivamente organizado, a chegada do chefe da olaria traz decepção, mas não desestímulo. O trabalho não havia sido bem feito, não merecia pagamento. Argumentam de forma enfática com o chefe sobre o problema que precisam resolver e acabam recebendo quinze *yuan* como doação "em respeito ao professor Gao e à ajuda a um colega de vocês". A vitória da solidariedade os leva a usar os *yuan* excedentes em duas latas de desejada coca-cola, que são consumidas com olhares cúmplices por todos. A partilha da luta, da sede, da vitória, a comunhão: dividem o mesmo pão. Wei é definitivamente incorporada como professora.

A ida à rodoviária gera novos dissabores e determina novos rumos para o plano. O valor real de cada passagem é 20 *yuan* e 50 centavos! Retornam à escola para rever os cálculos e discutir outras possibilidades de ação. A paciência ativa da professora se destaca na luta pelas soluções. Os erros são apontados e tratados como parte do processo. Cada vez mais se fortalece o grupo com a liderança firme e dedicada da professora, no esforço de produzir os conhecimentos necessários à realização da viagem à cidade. Ao final, devido ao tempo que demorariam para ganhar o dinheiro necessário, a proposta de que Wei viaje sem pagar é reforçada pela causa justa que defendem. O direito humano mais básico prevalece: quem pode, deve, isto é, tem o dever; quem precisa e não pode, tem direito.

A estratégia para a entrada da professora no ônibus é montada com o alvoroço que as crianças fazem à porta do veículo, distraindo a fiscal. Wei segue no ônibus, realizada, até ser descoberta e ser largada em meio a uma deserta estrada empoeirada. Decide seguir a pé.

Na chegada à cidade, o desencontro dos tempos, dos espaços, das referências. O conhecimento construído na vida das aldeias leva a Wei olhares e tratamento como estrangeira, no sentido do estranhamento das perguntas e das atitudes.

A notícia de que o menino desaparecera na estação ao chegar entristece a professora, mas afirma o seu vigor na missão. A moça, responsável pelas crianças levadas para o trabalho na cidade, cobra para ir com Wei à estação procurar Zhang, já que foi obrigada a parar a atividade remunerada que realizava. "Foi só uma criança que se perdeu." A necessidade de dinheiro justifica todos os acontecimentos.

A compra de uma pena, nanquim e papel para preparar uma mensagem, anunciando a procura pelo menino perdido de 11 anos, esgota-lhe os últimos recursos. Escreve a mensagem, uma narrativa de muitas páginas, apoiada nos bancos da estação. Um passante curioso se interessa por lê-la e murmura no caminho, de forma descompromissada, a falta de precisão:

– "Não tem número de *pager*, celular; não tem endereço, região, distrito... tinta clara... Não vai adiantar... Onde fica a aldeia de Shuixian? As pessoas têm preguiça até de pegar o telefone...".

Wei vai atrás de tal homem, cobrando-lhe soluções. Na arena de significantes e significados, os signos se constroem no entremeio. Wei não se sente desprotegida, entretanto. Pede esclarecimentos, solicita caminhos, reage às propostas, em nome da urgência de suas ações para resolver seu problema. Os caminhos indicados não são lineares; passam pelos trâmites institucionais complexos construídos na cidade grande que desconhece. As dimensões anônimas da cidade. Cada um por si e Mao por todos?

O passante curioso instigado pelo vigor da professora indica-lhe a emissora de televisão – "É só aparecer na TV, a cidade toda vai saber". Movida pelo desejo, cada vez mais intenso, de encontrar Zhang, parte a pé para o local da emissora de TV, já que não tem como pagar a passagem do ônibus de número 5, indicado pelo passante. De informação em informação, gerando sempre perplexidade pelo seu jeito campônio determinado, chega à emissora.

Todo o seu corpo fala ao guarda e à moça da recepção que se mantêm irredutíveis à entrada de Wei naquele espaço.

– "O expediente nem começou ainda".

Wei mostra com sua longa mensagem que o seu expediente começou há muito tempo. A recepcionista desdenha a história contida naqueles imensos papéis. "Ninguém lê." "Eu não leio." Aqueles códigos sociais, opacos para Wei, que incluem a necessidade de dinheiro para anunciar na TV, também não esmorecem a saga de Wei.

Precisa apresentar papéis que não conhece, um documento seu, da escola ou da cidade, uma carta de apresentação, quando a questão é um menino perdido? Essa é a urgência.

– "E eu com isso?", replica a recepcionista.

A ordem burocrática prevalece sobre o sentimento e a responsabilidade social da professora.

Sem autorização para entrar no prédio e enxotada pela recepcionista, estabelece-se no portão da emissora em busca do diretor, um homem de óculos, como lhe informaram. O portão é atravessado por inúmeros homens de óculos que, em suas bicicletas ou a pé, surpreendem-se com aquele tipo de abordagem. O dia se exaure no insucesso. Nesse mesmo tempo, Zhang vagueia pelo centro da cidade, tentando porções de alimento em troca de algum serviço. A professora se alimenta de restos de comida encontrados no prato de um bar e acalma a sede nas torneiras do caminho. O cansaço é aplacado na mesma calçada em que seus papéis, cuidadosamente escritos, são varridos pelos garis.

No dia seguinte, no retorno ao portão da emissora, é surpreendida pelo chamado do diretor da TV. Aquela figura obstinada à procura de um homem de óculos que fosse o diretor chama a atenção de um funcionário. Ao saber da história, o chefe chama à sua presença a recepcionista, que é repreendida pela atitude de não comunicar o fato à direção e por chamar a professora de louca.

– "Você não tem compaixão? Louca é você!"

A cidade grande revela suas contradições. A organização e a insensibilidade. A beleza e o descompromisso. A paixão e a compaixão. A fome e a exuberância. Revela também o quanto o ser humano se distancia do ser humano. Ou se aproxima de outros modos?

A oportunidade na TV se mostra no programa "Hoje na China", que tratará da educação no campo. Ao ser entrevistada pela apresentadora sobre o trabalho desenvolvido na escola da aldeia em que trabalha, Wei, nervosa, não consegue esboçar uma palavra sequer. Com quem fala? Para quem fala? Só libera sua voz quando a apresentadora a provoca fazendo alusão à história do menino Zhang, pedindo que Wei fale algo para o "nosso" público. "Olhe para a câmera e fale para Zhang Huike, ele pode estar nos ouvindo..."

– "Zhang Huike, onde você está? Já procurei em todo lugar. Estou tão preocupada. Por que você não volta?"

O discurso se realiza com toda a emoção e dignidade do engajamento, da responsabilidade, da amorosidade de uma professora que já aceitou a sua atividade como um compromisso. O Outro como elemento essencial do ser-professora, do ser humano.

Zhang, por sua vez, vagando no centro da cidade, é chamado às pressas pela dona de um bar em que já era conhecido para ver a televisão. Ao ver a professora na tela da TV, clamando e chorando por ele, o menino afirma sua existência, emocionando-se também.

Wei e Zhang são levados, felizes, de volta à aldeia, juntamente com doações de material escolar e de dinheiro. O fato de precisar mendigar comida na cidade impressionou Zhang. A aldeia festeja a chegada e a escola renasce em vitalidade nas palavras que as crianças e a professora escrevem na lousa com o novo giz colorido: *céu, felicidade, água, nome, diligência*. A aluna pequenina desenha o que sabe: uma flor. Zhang pede para retornar à lousa e escreve *Professora Wei* e a palavra *lar*.

É possível reinventar a escola

O filme chinês de Zhang Yimou nos surpreende com a descoberta de uma realidade que também é nossa. O cinema, nesse sentido, pode apresentar-se como uma reflexão sobre o ser humano e sua universalidade, embora, no caso desse filme, à primeira vista, tantas diferenças se destaquem de modo forte. Pareço ir na contramão. Alguns pontos, entretanto, como já foi adiantado no início do artigo, merecem atenção ao tomarmos como referência a realidade social e escolar brasileira. O modo como a escola se organiza, as reações à nova professora, a concepção de ensino-aprendizagem e de formação humana, a questão salarial, o trabalho infantil, a fome, a pobreza. Todo esse conjunto de destaques heterogêneos envolve ações, carências, relações de poder e sentimentos, analisáveis pelo prisma ético-político. Todos envolvem a materialidade humana que nos identifica como pertencentes a um mesmo mundo.

Quando avanço para as diferenças entre a aldeia e a cidade grande, encontro nas distintas organizações e temporalidades marcas que do mesmo modo encontramos em nossa realidade. Uma cadeia de homens, de instituições e de signos, construída para estruturar uma população letrada e suas necessidades de trabalho, locomoção, informação, alimentação, entre outras, enreda-se para suportar a dinâmica de uma temporalidade rápida, como propõe Santos[3], de uma economia hegemônica. Ao mesmo tempo, convive com uma temporalidade lenta que marca a vida dos homens, das firmas e das instituições hegemonizados. Estes, segundo o mesmo autor, estão ligados a uma economia característica das classes pobres, de bairros pobres. No filme em questão, estão ligados à aldeia pobre. Tais temporalidades e economias são concomitantes e convergentes, tendo como base o fato de que os objetos também impõem um tempo aos homens, dando cara aos lugares, impondo ritmos à sociedade. Impõem, do mesmo modo, interdições aos direitos de muitas crianças, jovens e adultos, de uma vida livre e digna.

Em *Nenhum a menos*, as formas particulares como Wei exercita a sua determinação de encontrar o menino perdido na cidade grande geram, por um lado, perplexidade, curiosidade, descaso e compaixão. Geram, por outro lado, a sua reconstituição como cidadã, lutando pela dignidade humana, teimando em contradizer a afirmação do prefeito: "Manter uma criança na escola é mais difícil do que ensinar". Wei, no afã de manter os alunos na escola, apreende o sentido da educação, gerando também novos significados para a escola, para os alunos, para a aldeia. Uma escola que, motivada por perguntas, vai buscar respostas. Wei aprende ensinando.

---
[3] SANTOS, 2002, p. 22.

Cabe destacar duas questões interligadas: a função social da escola e o papel político da professora. O ato de educar que se faz tanto no trabalho pedagógico na sala de aula quanto no ato político que luta na rua por um outro tipo de escola, para um outro tipo de mundo[4]. Uma menina que se torna educadora, comungando e perseguindo objetivos que se fazem comuns, vinculando-se aos alunos de modo comprometido. A construção de métodos de trabalho se alicerça em conteúdos relevantes porque se constituem em necessidades nascidas dos desejos coletivos de dar soluções a problemas relacionados à experiência de vida do grupo social inserido na escola. O intercâmbio, a troca, a cumplicidade, enfim, a escola aberta para pensar e conhecer outros modos de viver e conhecer no mundo, assegurando um espaço de constituição política, de formação humana e de questionamento para a ampliação do conhecimento de meninos e meninas.

No caso brasileiro, a busca por respostas para a escola pública de ensino fundamental, em todos os cantos desse imenso país, no sentido de garantir a permanência das crianças e jovens na escola, também se mostra como um grande desafio ainda hoje. Melhores condições sociais são necessárias para que, trabalhando e fortalecendo, na escola, as identidades e os conhecimentos gerados nos diferentes espaços sociais, se possa contribuir para criar liames capazes de promover novas relações de cooperação e de solidariedade, novas perguntas.

Como tais conhecimentos se formam como tecido social e como dialogam, ou podem dialogar, no sentido da construção de novas humanidades, "baseadas no enriquecimento mútuo da cultura tradicional e da cultura científica"?[5] E como se formam e dialogam na direção da cultura particular e da cultura geral? Morin nos diz que é preciso encarar os métodos, instrumentos, operadores e conceitos aptos a produzir a reunião dos diferentes campos de conhecimento.

O sentido da educação, da escola, do trabalho que realizam alunos e professores e toda a comunidade que está inscrita no espaço escolar, pode revitalizar-se nele e com ele, no contexto do saber que ali circula e se produz e das relações que ali se criam. Talvez seja esse o ensinamento maior de Wei e de sua classe no filme *Nenhum a menos*.

---

[4] BRANDÃO, 1981, p. 110.
[5] MORIN, 2001, p. 21.

O filme nos ensina a condição humana – o significado de ser humano e de afrontar – como ponto de partida para que se fundam as bases dos encontros e diálogos densos que levam à cidadania e à aprendizagem da professora e dos alunos. O conhecimento, respondendo a desejos, indagações e curiosidades, passa a congregar todos, assumindo um valor coletivizado.

A escola passa a ser um espaço de exercício sobre todos os problemas da experiência e dos conhecimentos. O enraizamento de todos, afirmando-se como humanos, ao reconhecerem e confirmarem nos outros a humanidade, situando-se no mundo, em sua própria terra, sua história, sua sociedade, como também nos alerta Morin, no mesmo texto citado anteriormente.

Penso que devemos aceitar o que Brandão[6] nos propõe: uma espécie de passagem do cotidiano da escola para a educação do cotidiano. Significando, segundo o autor, "abrir as portas da escola e sair a buscar compreender os mundos circunvizinhos, antagônicos, próximos e remotos onde estão, onde vivem e convivem com suas culturas do cotidiano, os próprios personagens da vida escolar". Significaria, ainda, continua Brandão, "trazer para o campo da educação todas as interligações possíveis com todos os outros eixos internos e exteriores das experiências sociais e simbólicas da vida da pessoa, da sociedade e da cultura".

Essa talvez seja uma possibilidade de caminho para enfrentar, principalmente, o trabalho infantil e a formação de professores, temas de um modo e de outro abordados no filme.

Nenhum a menos, ao enunciar as possibilidades de criação de novas relações pedagógicas, humanas, a partir da realidade presente, dos dilemas dos sujeitos presentes, condicionados pela herança histórica e cultural, nos confirma, como indica Bakhtin[7], que são a necessidade e o desejo de um outro futuro, de outros horizontes de possibilidades, que geram e movimentam as práticas presentes. Nessa geração e nesse movimento, nos recriamos.

O cinema, como a literatura, faz com que vejamos os sujeitos em sua singularidade e, ao mesmo tempo, em sua dimensão coletiva e política, desnudando-lhes a subjetividade e a inserção social e histórica. Ajuda-nos, pois, a conhecer a realidade de ângulos diversos, a interpretá-la, abrindo-nos espaço para transformá-la a partir de cada um de nós e coletivamente.

---

[6] BRANDÃO, 2002, p. 156-157.
[7] BAKHTIN, 1992.

REFERÊNCIAS BIBLIOGRÁFICAS

BAKHTIN, M. *Estética da criação verbal*. São Paulo: Martins Fontes, 1992.

BRANDÃO, C. R. *O que é educação*. 25. ed. São Paulo: Brasiliense, 1989. (Coleção Primeiros Passos – 20).

_____. *A educação como cultura*. São Paulo: Mercado de Letras, 2002. (Edição revista e ampliada).

GUIGUE, A. Cinema e experiência de vida. In: MORIN, E. (Org.) *A religação dos saberes* – o desafio do século XXI. Rio de Janeiro: Bertrand Brasil, 2001, p. 324-330.

MORIN, E. Introdução às jornadas temáticas. In: MORIN, E. (Org.) *A religação dos saberes* – o desafio do século XXI. Rio de Janeiro: Bertrand Brasil, 2001, p. 13-23.

SANTOS, M. *O tempo nas cidades*. Revista Ciência e Cultura, SBPC, ano 54, n. 2, out-dez. 2002, p. 21-22.

Quando tudo começa

Lea Pinheiro Paixão

Filme: *Quando tudo começa*
Ficha técnica, sinopse e mais informações na página 226.

O filme *Quando tudo começa*, ao contar uma história que se passa em uma escola do norte da França – onde Daniel, professor primário e também diretor, luta bravamente para tentar resolver problemas de alunos cujas famílias enfrentam dificuldades decorrentes do desemprego –, presta uma inequívoca homenagem a essa profissão[1] e nos convida a ouvir o que têm a dizer esses batalhadores invisíveis do país, heróis do dia a dia.

Seu diretor, Bertrand Tavernier, confessou que dirigiu seu olhar para o universo escolar na busca de uma profissão com a qual se identificasse:

> Eu fiz esse filme para render homenagem às pessoas, esses professores que trabalham com afinco, em condições difíceis, sem considerar hierarquia. Não são jogadores de futebol que ganham milhões de francos. São pessoas devotadas que eu respeito profundamente; pessoas devotadas ao ideal republicano. São meus heróis: gente que tenho vontade de colocar no colo e abraçar. Fiz o filme sob esse impulso: jogar na cara de alguns e abraçar outros. (www.cadrage.net)

---

[1] Na França, o professor que atua na *École Élémentaire* (Escola Elementar) é chamado de *instituteur,* termo traduzido entre nós por professor primário. A *École Elementaire* inclui a escola maternal e a escola primária. Daniel trabalha na escola maternal. Ao focalizá-lo, o diretor homenageia os professores primários em geral. No texto Daniel será referido como professor primário.

Tavernier afirmou que se apaixona por personagens que trabalham de forma leal e lutam para tentar mudar o mundo. Há no filme uma admiração parecida à que ele manifesta aos músicos de jazz em sua outra realização *Por volta da meia-noite* (1986).

Esse sentimento não constitui uma singularidade do diretor. O professor primário, um dos agentes da construção da República e da cidadania, ocupa lugar de prestígio na memória histórica e no imaginário social francês. Talvez isso explique a presença desse profissional e de seu universo como tema na cinematografia daquele país, o que não acontece na nossa, onde tais personagens quase nunca são focalizados.

Tavernier transmite com a câmera sua cólera sobre o fim de século com a morte (que poderia ter sido evitada) de uma mãe de família esquecida, humilhada e não assistida, com o egoísmo de pessoas que evitam enfrentar o sistema em vez de combatê-lo, com a situação de desempregados que têm dificuldade de fazer face às despesas com energia elétrica, aluguel, alimentação e de adquirir os tíquetes para que os filhos comam na cantina da escola[2].

Como este, a maioria dos filmes de Tavernier busca ressonância social onde suas convicções são afirmadas. Por isso, ele foi comparado a um outro cineasta contemporâneo – o inglês Ken Loach[3]. Ambos têm feito o que alguns críticos chamam de filme "social", onde denunciam as misérias do mundo ocidental.

Quando tudo começa foi rodado em Anzin, cidadezinha do norte da França, região de exploração de minas no passado. A escola que serviu de cenário mudou de nome após as filmagens: passou a se chamar Bertrand Tavernier. O filme sensibilizou a França em 1999, ao ser exibido. Professores estavam mobilizados contra políticas anunciadas pelo então ministro da Educação, Allègre. Ele também incomoda e emociona públicos de outros países, apesar de o sentido de referências ao contexto social e escolar,

---

[2] Na França, as famílias pagam uma mensalidade para que as crianças almocem na escola onde permanecem em tempo integral.

[3] Ken Loach, nascido em 1936, filho de operários, formado em Direito, é considerado o mais politizado dos cineastas ingleses. Entre seus filmes, estão: *Meu nome é Joe* (sobre um ex-alcoólico, desempregado treinador de um time de futebol), *Terra e liberdade* (sobre a guerra civil espanhola), *A canção de Carla* (rodado na Nicarágua) e *Pão e rosas* (sobre grupos hispânicos nos Estados Unidos).

em algumas passagens, poder lhes escapar. Obteve o prêmio da Crítica Internacional e o Ecumênico no Festival de Cinema de Berlim em 1999.

A escola dirigida por Daniel Lefèvbre, situada em uma periferia pobre, provoca-nos certa inveja. Quem nos dera que nossas escolas de periferia fossem parecidas: espaço físico, equipamento, mobiliário, brinquedos, apoio de assistentes sociais e de profissionais da infância (*puericultrices*, traduzido de forma equivocada ou por falta de correspondência em português por *pediatras*).

Há uma outra diferença que merece ser apontada. Aquela população carente do filme pode ainda contar com serviços de assistência pública e com a garantia de recebimento de auxílio público (renda mínima). Depender, no entanto, de tais dispositivos, gera um sofrimento de ordem moral que acarreta fechamento sobre si mesmo, vergonha, alcoolismo, renúncia à luta. Acresce ainda o medo de que os filhos lhes sejam retirados. O constrangimento com essa situação é explicitado pela senhora Henry, que, apesar de toda a penúria que a família enfrenta para sobreviver, declara: "Nós vamos nos virar". Ela tem vergonha dos controles a que é submetida e de sua dependência. É dessa dimensão fortemente simbólica que tratam muitos dos estudos sobre exclusão que se ocupam do contexto de países do capitalismo central como a França. É humilhante não poder garantir a sobrevivência com a dignidade de salário obtido com o trabalho. Não é culpa deles se não encontram emprego. Para nós, a dimensão econômica é muito mais incisiva. A exclusão entre nós tem um forte componente de carência material.

Daniel, como alguns pais carentes, também rejeita a sugestão de uma de suas colegas para que a escola seja inscrita como Zona de Educação Prioritária[4] – ZEP, porque isso a marcaria negativamente. E, no entanto, ser incluída como ZEP traria a diminuição do número de alunos por classe e recursos adicionais, como lembra a senhora Delacourt, a professora mais antiga do grupo.

Apesar das diferenças entre o nosso universo e o francês, o drama vivido por Daniel nos toca e mobiliza.

---

[4] No início do governo socialista (1981), a França implantou políticas de atendimento diferenciado (turmas menores, mais recursos, mais profissionais) em escolas que atendiam a crianças com dificuldades de aprendizado. Para isso, estabeleceu Zonas de Educação Prioritária (ZEP).

Ele não defende uma tese, não faz um manifesto político, mas expõe os dilemas a que esse profissional está exposto tanto lá como cá. As tensões de fundo transcendem as diferenças de contexto social.

A clara intenção de prestar uma homenagem aos professores poderia ter gerado um filme maçante. Ou, como dizem certos críticos – didático demais. E, no entanto, a história daquele ano letivo na Escola Léo Lagrange provoca emoções e mantém o interesse. Uma das razões disso é que Bertrand Tavernier consegue provocar nossa emoção, utilizando, expressivamente, recursos de linguagem cinematográfica como se verá a seguir.

Uma história contada em imagens

Se as imagens que abrem o filme podem induzir o espectador a pensar que está diante de uma obra limitada ao ascético e moral universo escolar, a sequência inicial irá desmentir.

Tudo começa com sons de vozes infantis e de um adulto pedindo silêncio, enquanto os créditos do filme começam a desfilar na tela. As primeiras imagens focalizam uma sala de aula, onde um professor canta com crianças pois trata-se de um filme sobre uma escola infantil. Um olhar mais atento percebe ali um cenário menos convencional. À frente da turma está um homem maduro, que canta e faz gestos suaves, harmonizados com sua aparência máscula, parecendo à vontade em seu papel.

Muda o cenário: o professor/diretor sozinho, em uma cozinha, olha através da janela uma casa em frente, com uma xícara na mão. Ele começa a recitar um texto em *off*:

> A duração de um relato é como a duração de um sonho. Não decidimos nem quando dormir nem quando acordar. E, no entanto, continuamos, vamos em frente. Gostaríamos de fazer um gesto, tocar o personagem, cuidar dele, pegá-lo pela mão, por exemplo, mas estamos aqui e não fazemos nada. A vida terá passado e nós nada teremos feito.

Enquanto o texto é recitado, a câmera mostra imagens cujo significado intriga: uma velha senhora, próxima à porta da casa em frente, joga o conteúdo de um balde no chão e abre a porta de uma caixa que parece ser do correio, enquanto é observada pelo professor/diretor, que leva a caneca à boca. Ouve-se o canto de um galo. Corte. Imagens de estrada vazia, de carro com faróis acesos. Começa uma música instrumental. Corte. Novamente a velha senhora, que abre a porta da casa. O professor observa e faz uma careta ao beber o conteúdo da caneca. Corte. O professor, fora de casa, abre a porta do carro, apressado. Seguem-se tomadas do carro na estrada, da paisagem em torno do caminho, do professor dentro do carro pegando uma caneta e fazendo anotações, do carro chegando a um pequeno centro urbano já com o dia amanhecendo. A sequência se fecha com os últimos créditos sendo apresentados e um canto infantil sobrepondo-se à música. A câmera retoma a sala de aula, mostrando o rosto das crianças e de uma mulher – a auxiliar do professor. Um dos alunos parece não acompanhar o ritmo da aula. Permanece calado, enquanto os demais cantam com o professor. O fio central da trama começa a ser desenrolado ao final da sequência: vê-se uma mulher em um carro, passando batom; em seguida, é mostrada dentro de uma casa, perguntando a uma outra intimidada mulher pelo bebê que deve ser pesado.

Nessa sequência/prólogo, são apresentadas algumas personagens e mostrados locais onde a história se passará. A câmera é usada como substituto de uma caneta para descrever – é uma câmera/caneta. Descreve a sala de aula, os arredores, o caminho que o professor percorre para chegar à escola, os campos. A linguagem cinematográfica incorpora sons: a música e a leitura, em *off*, de um texto.

Acompanhando a apresentação dos créditos, o espectador se pergunta sobre o caminho que a história tomará e suspeita de que não se trata de um filme convencional, previsível, didático e maçante sobre o universo escolar. Entre duas cenas típicas de sala de aula anunciou-se um certo mistério na velhinha que apenas é percebida, um frescor, beleza e espontaneidade na forma de captar as crianças, uma dimensão poética na descrição do ambiente e no texto dito em *off* que introduz o mundo interior do professor.

Estética documental

O filme escapa das armadilhas do gênero didático ao construir uma narrativa com o gosto de documentário e ingredientes da ficção.

Não há como esquecer as experiências com diferentes gêneros que o diretor adquiriu em sua trajetória de cineasta, entre eles o documentário. Tavernier confessou que sempre realiza pesquisas documentárias e busca apoio em pessoas que vivem a realidade da qual trata. No filme em questão, teve a colaboração de alguém que conhece a escola por dentro – um antigo professor primário –, Dominique Sampiero, que, em entrevista, contou como muitos de seus colegas se sentem prisioneiros de um sistema em que os recursos financeiros escasseiam e as crianças vêm de famílias em que os pais estão desempregados e se recusam a se levantar pela manhã para levar o filho à escola.

Foi com esse professor e a própria filha, Tyffani Tavernier, que o diretor elaborou um bem-estruturado roteiro. A matéria-prima foram fatos reais relatados por Sampiero. Ele também foi responsável pelos textos lidos em *off*. Sampiero, como Daniel, transita entre a docência e a literatura. O duplo interesse da personagem permitiu belos efeitos plásticos e soluções dramáticas na narrativa.

Cenas que convencem como parte de um cotidiano escolar são elementos de uma narrativa que equilibra emoção e tensão contada na primeira pessoa, o que coloca o espectador mais dentro da história.

Entre os elementos que reforçam a sensação de que se trata de uma escola de verdade, estão as crianças, que reagem de forma espontânea como se estivessem realmente participando de uma aula. A veracidade das cenas na sala de aula se deve muito também não só à competência de interpretação do ator, Philippe Torrendon, que vive o professor, bem como à forma como a câmera é utilizada, as estratégias na composição do elenco e na escolha da escola que serviria de locação para as filmagens. Ao mesmo tempo, essas opções de trabalho do diretor permitiram imprimir um tom ficcional à trama.

Torrendon transita na escola como se fosse um veterano na função e convence em seu papel. Alterna comportamentos que mostram afetividade, carinho, cansaço, desesperança e violência, construindo um professor que cozinha, ama, namora, beija, dança, pesca, briga com o enteado, tem problemas com o pai e dúvidas sobre o que faz.

A câmera passeia na sala de aula mostrando os alunos em atividades normais, sem que isso esteja articulado à evolução da trama. Sua espontaneidade, seu sorriso, a atenção com que seguem o professor constroem o clima de uma escola sem que seja focalizado um fato que sirva para ampliar a argumentação em torno dos eixos da trama. Em muitos momentos, a câmera mergulha entre as crianças e se impregna de sua vitalidade e de seu frescor que, na verdade, sustentam boa parte do filme. Quando a câmera volta à altura dos adultos, é para mostrar seu olhar sobre elas.

O cuidado com a expressão cinematográfica levou o diretor a localizar uma escola dotada de um grande pátio, pensando nos planos do desmaio da senhora Henry e na festa da sequência final.

Tavernier misturou atores profissionais a pessoas da localidade desempenhando papéis que não correspondem aos seus na vida real, para evitar representações constrangidas. Do mesmo modo, criou uma turma com crianças da escola. Queria garantir que suas reações não fossem nem repetições do que fazem no cotidiano nem ditadas por regras cinematográficas.

Uma das qualidades do filme é o ritmo em que a trama evolui durante um ano letivo. Partiu-se de fatos simples, mas tocantes. Há ali um entrelaçamento de histórias: um ano letivo com aulas, reuniões, festas, diálogos entre professores, entre eles e pais de alunos; a vida de Daniel, filho de um mineiro aposentado, que vive com uma escultora e o enteado; as alterações na instituição escolar, trazidas pela senhora Delacourt. Emolduradas pelas mudanças por que passa o mundo, as tramas vão se cruzando num ritmo crescente de tensão, que atinge seu clímax com as mortes na família Henry, mostradas com pudor e dignidade.

A estrutura básica da obra se vale de um recurso de narrativa cinematográfica convencional ao focalizar um universo microssocial – as histórias da vida das crianças e do cotidiano escolar amarradas em torno da figura do diretor – para falar do macrossocial (a sociedade). A câmera visa a um objetivo: mostrar, através de situações verídicas, dos olhares das crianças, o horror econômico, os absurdos de uma burocracia, a insensibilidade de políticos e a ação perversa da empresa que explora o fornecimento da energia elétrica. A propósito dessa opção, o diretor cita, em entrevista, o conselho de um documentarista brasileiro que admira, Alberto Cavalcanti[5]: "Se alguém lhe pede para contar a história dos Correios, conte a história de uma carta".

---

[5] Alberto Cavalcanti (1897-1982) nasceu no Rio de Janeiro e construiu uma reputação no mundo como documentarista. Contribuiu para o movimento de *avant-garde* francesa (1925-30), para o documentário inglês (1935-1945) e para o movimento de renovação cinematográfica brasileiro com a criação da Companhia Cinematográfica Vera Cruz, em São Paulo (1949-1952). Sua cinematografia inclui, entre outros, os seguintes filmes: *Rien que les heures* (1926), *Coalface* (Inglaterra, 1936), *Night mail* (Inglaterra, 1936). No Brasil dirigiu *O canto do mar* (1953-4) e *Mulher de verdade* (1954). Bertrand Tavernier escreveu uma biografia sobre ele, a ser publicada no Brasil. A citação foi retirada de texto da internet.

Dirigindo seu olhar para uma escola do norte, região onde se passa a história de *Germinal,* de Émile Zola[6], e por ela marcada, é a França que é mostrada como um país que vive as consequências das alterações do modelo capitalista contemporâneo e enfrenta rupturas sociais. O prefeito da cidade quer mudar a imagem da região, esquecer a marca de *Germinal* e explorar as potencialidades de turismo.

O filme beira os limites do melodrama ao mostrar um professor/diretor de escola que se bate, sozinho, contra todos, enfrentando problemas no ambiente profissional e na família, mas consegue escapar trabalhando uma realidade sem suprimir o tom ficcional. Aos momentos de tragédia seguem-se outros de emoção e alegria. São saborosas as gozações à cultura francesa: os policiais que quebram o vidro da porta após o saque, explicando que só assim o seguro pagaria os estragos; os nomes de alunos copiados de personagens de seriado americano: Dylan, Wendy, Clayton, Michael, Jack. Isso fica mais engraçado quando se sabe que, na França, até pouco tempo, os cartórios só registravam crianças com nomes retirados do calendário católico. Também tem certo sabor a fúria de Daniel aos argumentos do prefeito comunista para não atender às solicitações vindas da escola, as referências aos sindicatos de professores e aos regulamentos que impedem a solução dos problemas das famílias carentes da escola.

Um tema delicado como o da escola tem ainda um importante contraponto nos sons. Há a voz poética que faz a leitura, em *off,* que aparece ao longo da narrativa e mostra dimensões interiores do protagonista, reflexões que ele faz sobre a vida. No início, o espectador não se dá conta de que tais textos constituem o diário de Daniel. Há também a música que vem do saxofone de Louis Sclavis, tocando músicas compostas por ele próprio. A narrativa flui interrompida, em alguns momentos, por cortes efetuados com a câmera mostrando paisagens.

---

[6] *Germinal* foi escrito por Emile Zola (1840-1902) e publicado na França em 1885. É um épico sobre a greve dos mineiros na região norte da França. Germinal era o nome de um dos meses (primavera) do calendário inventado por Fabre d'Eglantine em 1792 para substituir o calendário cristão. O termo remete a verde, germinação, esperança, renovação. Claude Berri fez uma adaptação para o cinema desse romance (*Germinal*/1993).

Agradeço as contribuições dos amigos cinéfilos, Lea Cutz Gaudenzi, Luiz Antônio Cunha, Luiz Gonzaga Teixeira e Rita Cássia F. Coelho na produção desse texto.

No conjunto, há uma recusa do didático, do rigor da intriga. Há uma história contada com sentimento, surpresa e emoção. Há momentos de tensão: o olhar de Daniel, abrindo a porta da casa da família Henry e descobrindo um mundo de sofrimento, e o saque à escola. Quando Samia, a assistente social, diz a Daniel que valeu toda a confusão que ele fez, porque a escola acabou conseguindo a avaliação das condições de saúde das crianças de quatro anos, parece que a trama evoluirá para um final feliz e que tudo a partir de então irá melhorar. Mas não é isso o que acontece. O suicídio da senhora Henry, após matar os filhos, Laetitia e seu irmão menor, radicaliza a trama do filme. A revolta de Daniel é expressa por imagens tocantes. Ele se recusa a acompanhar o enterro de Laetitia, mas acompanha com o olhar, de sua sala de aula, o cortejo passando na rua. Ele pensou que havia contornado a situação e descobre, com a tragédia familiar, que estava enganado e cai em depressão. A recuperação surge com uma sugestão de Valeria para o encerramento do ano letivo e o filme se fecha em uma sequência de grande lirismo, do ponto de vista cinematográfico, com uma festa feita de muitas cores, danças e músicas.

Daniel – o professor guerrilheiro

Se o filme toca o público em geral pela narrativa, emociona, mais particularmente, aqueles que são sensíveis aos destinos da escola. Para além das cores locais, das diferenças de contexto, coloca em pauta incertezas que não são só francesas. São as da escola no mundo contemporâneo. No pós-guerra ela foi vista como libertadora. Nos anos 70, como reprodutora. E agora? Que pode fazer? Muitos professores sentem-se perdidos e se culpam.

A trajetória pessoal de Daniel representa, de certa forma, a escola de ontem que podia promover os indivíduos. Ao se tornar professor primário, Daniel ascendeu socialmente. Foi a escola que lhe deu condições de ocupar um lugar de mais prestígio social que o do pai operário. Sua mobilidade social não se fez sem um certo desconforto. Lembranças dolorosas da infância ao lado do homem rude que foi o pai são evocadas por Valeria. A distância social entre pai e filho é indicada num diálogo com a mãe, em que Daniel reclama do café. Ela responde: "O café é de mineiro e não de professor primário." Só então nos damos conta do significado de cenas anteriores, algumas delas em frente à janela da cozinha, onde são mostrados momentos de introspecção, em que Daniel reage com caretas de desagrado ao conteúdo que bebe.

A escola que Daniel cursou não é a mesma que dirige. Há uma personagem na narrativa que traz à tona as mudanças sofridas por essa instituição. É a senhora Delacourt, em cuja classe se encontra Laetitia. Ela dá testemunho das mudanças ao recitar um longo texto em uma cena, esteticamente muito bem realizada. Dirige-se a Daniel que sai da sala. Nós o vemos, de costas, afastar-se em direção à porta. Há uma ambiguidade no interlocutor a quem ela se dirige: ao espectador ou a Daniel? Ela diz com emoção e vergonha:

> Há vinte anos eu tinha 45 alunos. Não nos queixávamos. Tinha 45 alunos, heim! Havia disciplina. As crianças eram pontuais e estavam sempre limpas. O que não significava que não houvesse pobreza. Hoje em dia é diferente. Tenho 30 alunos e não dou conta. Eles não só chegam atrasados, como vêm sujos. Os pais estão frequentemente em situação de desespero. São poucos os que trabalham. As crianças nem sabem mais o que é uma profissão. E pode-se dizer que só têm a mim com quem falar. [...] Se eu lhes mostrasse as crianças, o estado em que se encontram! Tão pequenas e tão frágeis. As mães não cuidam mais dos seus filhos como antes. É como se elas quisessem se livrar deles. Elas levam as crianças à escola mesmo com 40 graus de febre. Passam o dia diante da TV. À noite fazem o mesmo com eles para ficarem tranquilos. Até durante o jantar. Resultado: temos de lhes ensinar tudo! Até a dar bom-dia. Tem mais. Alguns nem sabem que podemos conversar com alguém. As palavras servem para dizer: tenho fome, tenho frio, tenho sede. É a sobrevivência.

O discurso da professora Delacourt, que responsabiliza a família e reconhece, como pano de fundo, a deterioração das condições sociais em que vivem, poderia ser dito, e o é muitas vezes, por professoras brasileiras. Ela, ao contrário de Daniel, obtém notas excelentes. Pelos padrões de avaliação do sistema escolar, é uma professora-padrão (obtém 19,5 em 20) e mais dócil às regras que Daniel tenta subverter.

Há um contraponto entre Daniel e a senhora Delacourt. Esta é o exemplo de professora de uma escola que está sendo atropelada pelas mudanças da sociedade e ele o professor que tenta, na prática, desarrumar o instituído. Ela é o exemplo de professora antiga, dedicada. Ele é também um ótimo professor e diretor de escola menos intimidado que ela pelas regras.

Há uma delicadeza no tratamento dado às duas personagens. Ambas são mostradas com respeito e admiração, indicando ambiguidades e incertezas.

Daniel se defronta com os problemas que as famílias das crianças vivem na escola relacionados ao pagamento da cantina, às faltas, à dificuldade de expressão, e se bate para resolvê-los. Não os ignora. Sua luta é recompensada por pequenos sucessos: o convite ao pai de Laetitia para vir mostrar às crianças como faz o seu trabalho, valorizando-o e a filha aos olhos dos colegas, a informação dita em tom de vitória por Samia de que farão a avaliação das condições de saúde das crianças de quatro anos não prevista pelo regulamento.

Outras pequenas vitórias ainda aparecem: o encaminhamento da criança que apanha do companheiro da mãe para o serviço social, a criança cujo problema de surdez só foi detectado com os exames médicos. Mas é em torno da família Henry que é construído o eixo da trama e seus problemas vão se agudizando até serem resolvidos, dramaticamente, pelo suicídio da mãe e morte dos filhos, vividos como um fracasso pessoal por Daniel.

Mas há um sucesso não tematizado e que não constitui elemento da trama: o cuidado e a delicadeza daquela equipe de profissionais no trato cotidiano com as crianças e suas famílias. Trato feito de respeito e competência: Daniel, que incita doce, mas firmemente, Kevin a verbalizar seu apelo gestual de ajuda para amarrar o cadarço do tênis. Daniel, que solicita, gentilmente, que os colegas se dirijam à sala de aula enquanto ele observa as marcas no corpo de Jimmy. Há um cuidado em não expor os sofrimentos e problemas das crianças aos demais. As imagens falam sem necessidade de discursos pedagógicos; como o trabalho é realizado com competência e ternura.

As possibilidades de solução encaminhadas aos problemas que constituem o eixo da trama descartam o coletivo? É o que parece dizer o filme ao mostrar o prefeito comunista insensível, as professoras criticando o sindicato e a impotência do trabalho docente diante dos problemas que as famílias dos alunos enfrentam. Apenas via pequenas vitórias se pode ganhar uma luta mais ampla?

Há desesperança e carinho na forma como a senhora Delacourt justifica o seu trabalho. É tocante a cena em que ela coloca o vestido azul que seria usado por Laetitia na festa, dependurado na entrada da sala, como forma de homenagear a aluna morta. O vestido ali colocado produz um belo e comovente efeito plástico, como se fosse um estandarte. É só o que ela pode fazer: dar afeto às crianças, como explicita no texto recitado:

Esperança? Não é dizer que vão passar no vestibular ou estudar muito. Não creio mais nisso. Mas apenas dar-lhes afeição, pois sou apegada a eles. Enfim, é só a esperança que me resta.

A criatividade, a valorização da expressão e da tomada de consciência pela emoção podem ser formas de resposta às dificuldades, parecem indicar cenas como a do diálogo de Daniel com a professora que puxou os cabelos de Julien, a da reconciliação entre o diretor e o pai e as da sequência final.

Para a professora de Julien, Daniel diz:

Acontece a todos de perder a paciência. Somos todos iguais. Mas quando isso acontece, é melhor conversar. Fomos tão acostumados a esconder os sentimentos!"

A reconciliação entre o pai e o filho é mostrada em uma cena onde a mãe lê em voz alta, para o pai admirado, o texto de Daniel. Em seguida, a voz materna vai sendo substituída pela voz do próprio Daniel, num recurso de transição sonora para mostrar integração entre eles e traduzir sentimento e emoção.

Daniel é um professor/diretor que gosta de escrever e vive com uma escultora. Ela faz provocações a ele – ter um filho, casar e deixar a escola, sobre a qual tece comentários jocosos: os inspetores que tratam os professores como crianças, a avaliação do filho dela que, segundo o boletim, só atingirá média em 2021. Ela fala em levar sua arte para espaços menos elitistas. Vem dela a proposta que tira Daniel da prostração em que ele se encontrou após o suicídio da senhora Henry e morte das crianças: organizar uma festa com a participação de todos, em que a escola fosse invadida pela beleza das cores, da música e da dança. É a beleza da capacidade de expressão dos indivíduos que move a sequência final.

Ele continuará na profissão? Quem sabe? Há seu interesse pela escrita que Valeria procura estimular ao lhe dar de presente uma caneta que não suje os textos. Uma colega comenta que soube da saída dele e lamenta. Ele não confirma nem desmente.

Não há uma leitura única deste como de outros filmes. "O cinema permite que cada espectador conte-se a si próprio, veja-se viver, julgue-se. Revela-nos inúmeros desejos insuspeitos" (BETTON, 1987, p. 98). Da mesma forma, fazemos leituras diferentes do mesmo filme visto mais de uma vez.

Hoje, o filme me diz que a escola é responsabilidade de todos. Assim, os pais têm algo a ensinar e arregaçam as mangas para participar. Vejo-o como um filme sobre o sofrimento, mas também sobre o respeito. Mesmo os alcoólicos são tratados como pessoas respeitáveis que voltam a viver quando deixamos de ignorá-los. Mas nada está ganho em definitivo. É preciso acordar, senão amanhã será tarde demais. Muita coisa está em vias de explosão. Não é apenas uma questão geográfica a referência ao romance de Zola. Ao evocar a luta dos mineiros contra a exploração de que eram objeto, num outro momento explosivo da França – o do século XIX, quinze anos após a Comuna de Paris, é o mito revolucionário que é retomado em *Germinal*. Seria talvez exagero ver em Daniel um professor guerrilheiro. Mas há uma crítica ao desânimo, à inércia, à apatia e uma convocação à ação.

REFERÊNCIAS BIBLIOGRÁFICAS

BETTON, Gérard. *Estética do cinema.* São Paulo: Livraria Martins Fontes Editora, 1987.

BEYLIE, Claude. *As obras-primas do cinema.* São Paulo: Martins Fontes, 1991.

BION, Daniele. *Bertrand Tavernier, cinéaste de l'émotion.* Paris: Hatier, 1984.

CAVALCANTI, Alberto. *Filme e realidade.* Rio de Janeiro: Ed. Casa do Estudante do Brasil, 1957.

COURSODON, J.P. e TAVERNIER, Bertrand. *Cinquante ans de cinéma americain.* França: Omnibus, 1995.

RASPIENGAS, Jean-Claude. *Bertrand Tavernier.* Paris: Flammarion, 2001.

SADOUL, George. *Diccionario des cineastes.* Paris: Seuil, 1977.

ZOLA, Emile. *Germinal.* São Paulo: Abril Cultural, 1972. (Coleção Os imortais da literatura).

TERCEIRA PARTE

Referências e indicações

FICHA TÉCNICA, SINOPSE, DADOS BIOGRÁFICOS E FILMOGRAFIA DO DIRETOR

FICHA TÉCNICA DO FILME *ADEUS, MENINOS* (1987)

Título original: *Au revoir les enfants*

Origem: França/Alemanha.

Direção: Louis Malle (francês). Nasceu em Thuméries, França, em 30 de outubro de 1932. Morreu em Beverly Hills, EUA, em 23 de novembro de 1995. Outros filmes do mesmo diretor: *30 anos esta noite*; *Loucuras de uma Primavera* e *Tia Vânia em Nova York* (seu último filme).

Elenco: Gaspard Manesse, Raphael Fejto, Francine Racette, Stanislas Carre de Melberg, Philippe Morier-Genoud.

Sinopse: Em 1944, durante a ocupação nazista na França, num colégio católico para crianças ricas, os meninos vivem o drama cotidiano do racismo, da delação e da opressão. Baseado na memória do próprio diretor, também roteirista e produtor, é um bom filme sobre a II Guerra Mundial e um belo relato sobre a amizade e o ódio entre as pessoas.

Ganhador do Leão de Ouro no Festival de Veneza.

1h50m. Drama.

Dados biográficos de Louis Malle (1932- 1995):

Louis Malle nasceu em 30 de outubro de 1932 em Thuméries, França, e se tornou um dos mais importantes cineasta francês da atualidade. Dirigiu filmes com temáticas variadas e de elevada qualidade, procurando não se repetir. Muitos dos seus filmes tratam de temas pessoais, focalizando de alguma forma as exclusões presentes na sociedade. Em mais de uma ocasião rejeitou a oferta para trabalhar em Hollywood, para poder dedicar mais tempo e atenção aos seus projetos individuais. Seus esforços foram reconhecidos pelas contribuições inestimáveis para o cinema francês e mundial. Nascido de uma família rica, Malle frequentou universidades de prestígio onde estudou ciência política, mas acabou por se dedicar aos estudos cinematográficos. Apoiado pelo fotógrafo/diretor Jacques Cousteau, teve o privilégio de ser o primeiro diretor do filme de Cousteau "O Mundo do Silêncio" (1956) que serviu para a apresentação de ambos na arena internacional de cinema. Depois de trabalhar como assistente do cultuado diretor Robert Bresson, Malle fez seu primeiro filme, o premiado "Ascensor para o cadafalso" (1958), um melodrama de mistério, que se distinguiu pela música improvisada de Milles Davis e um desempenho poderoso de Jeanne Moreau.

Com "Os amantes" (1958), Malle ganhou notoriedade por mostrar o que, naquela época, foram consideradas cenas de sexo explícito, questionando os limites da censura americana. Felizmente, o filme foi apreciado por vários críticos de cinema que conseguiram ir muito além das análises superficiais que rodearam o filme e, desse modo, o diretor ganhou vários prêmios em festivais de cinema. O filme seguinte, Zazie Dans Le Metro (1960), tinha tanto de inofensivo, quanto de controverso tinha sido seu filme anterior; trata-se de uma comédia impertinente, que relata a história de uma jovem que se afasta dos pais e que acaba sendo conduzida a uma vida caótica.

Malle surpreendeu mais uma vez a América com "*A vida privada*" (1961), supostamente baseado na vida da atriz Brigitte Bardot. Os mais respeitados críticos internacionais ficaram impressionados com seu filme seguinte, "Trinta anos esta noite" (1963), que relata de forma alternada o modo repelente e fascinante dos últimos dias de vida de um alcoólatra. Como aconteceu com "Ascensor para um cadafalso", "Trinta anos esta noite" foi beneficiado por uma música poderosa, composta por Erik Satie. Mais controvérsia provocou seu documentário, de 1969, "Fantasma da Índia" que levou o governo indiano a protestar. "O sopro do coração" (1971), uma coprodução italo-alemã, é uma comédia suave sobre o incesto e valores de família, enquanto "Lacombe

Lucien" (1974) é uma dissecação de França sob a ocupação nazista; ambos, porém, aumentaram a reputação de Malle como um "diretor sexual".

A questão do sexo foi tema do eu filme *Pretty Baby* (1978), o primeiro filme americano de Malle no qual Brooke Shields (no seu primeiro papel importante) é uma prostituta-ninfeta de 12 anos em Nova Orleans. O filme provocou a ira dos censores, mas as reações espalhafatosas foram verdadeiramente desnecessárias; o filme era impregnado de uma suave ertismo, evitando representações explícitas, mas perspicazes, sobre a natureza do desejo. O filme seguinte de Malle, *Atlantic City* (1980) foi saudado amplamente como seu melhor filme americano. O que poderia ter se tornado um olhar péssimo sobre a cultura americana tornou-se um hino à vida. O filme ganhou numerosos prêmios internacionais, inclusive um Prêmio da Academia Britânica para a Melhor Direção. Aclamado de modo semelhante foi *Meu jantar com André* (1982), um diálogo filmado sobre teatro experimental, que comprovou a habilidade de Malle como diretor.

Malle recebeu a maior aclamação da sua carreira com *Au revoir les enfants* (*Adeus meninos*, 1987). Baseado na sua própria experiência como criança que viveu na França ocupada pelos Nazistas, o filme é um retrato catártico da coragem, da traição e dos efeitos horríveis do antissemitismo. Ganhou numerosos prêmios internacionais, incluindo três Césars franceses – para Melhor Filme, Diretor e Roteiro –, o Oscar de Melhor Filme Estrangeiro, o Leão de Ouro no Festival de Veneza e foi elogiado pela representação não sentimental da amizade improvável e da inocência perdida. Alternando permanências entre a Europa e o E.U.A. durante os últimos anos de sua vida (frequentemente na companhia de sua terceira esposa, a atriz Candice Bergen), Malle continuou produzindo trabalhos de grande beleza visual e observação social, como "Loucuras na Primaver" (1989) e "Perdas e danos" (1992) o mantendo-se na ribalta internacional. Em 1994, dirigiu seu último filme, "Tio Vânia em Nova York". Trata-se de uma adaptação triunfante, não ortodoxa de uma peça de Anton Chekhov, que pôs fim à brilhante, original e longa carreira de Malle. Morreu de câncer no dia 23 de novembro de 1995, assistido pela esposa Bergen e a filha de ambos, Chloe.

Filmografia Louis Malle:

1956 - O mundo do silêncio (Le Monde du silence)

1958 - Ascensor para o cadafalso (Ascenseur pour l'échafaud)

1958 - Os amantes (Les Amants)

1960 - Zazie dans le métro
1961 - Vida Privada (Vie privée)
1962 - Vive le tour (curta)
1963 - Trinta anos esta noite (Le Feu follet)
1964 - Bons baisers de Bangkok (TV)
1965 - Viva María!
1967 - O ladrão aventureiro (Le Voleur)
1968 - Calcutta (documentário)
1968 - Histórias Extraordinárias (Histoires extraordinaires)
1969 - Fantasma da Índia (L'Inde fantôme - minissérie)
1971 - O sopro do coração (Le Souffle au coeur)
1974 - Lacombe Lucien
1974 - Humain, trop humain (documentário)
1974 - Place de la république (documentário)
1975 - Black moon
1976 - Close Up (documentário)
1978 - Pretty baby – Menina Bonita (Pretty Baby)
1980 - Atlantic City
1981 - Meu jantar com André (My Dinner with Andre)
1983 - Crackers
1984 - Crackers
1985 - A baía do ódio (Alamo Bay)
1986 - God's country (documentário)
1986 - And the pursuit of happiness (documentário)
1987 - Adeus, meninos (Au revoir les enfants)
1990 - Loucuras na primavera (Milou en mai)
1992 - Perdas e Danos (Fatale)
1994 - Tio Vanya em Nova York (Vanya on 42nd Street)

FICHA TÉCNICA DO FILME *BILLY ELLIOT* (2000)

Título original: *Billy Elliot*
Origem: Inglaterra.
Direção: Stephen Daldry.
Elenco: Jamie Bell, Julie Walters, Gary Lewis, Jamie Dravens, Stuart Wells, Jean Heywood.

Sinopse: Nos anos 80, em pequena cidade inglesa, rapaz com 11 anos, filho de um líder de mineiros, troca as aulas de boxe pelas de balé. Brilhante estreia de Daldry no longa-metragem que concilia com total equilíbrio a análise social, a repressão dos sentimentos e a luta contra a intolerância e os preconceitos.

Em linguagem que tem um pouco de videoclipe e belos efeitos de montagem em função da música, esta ode ao balé ganhou três BAFTA AWARDS (*British Academy of Film and Television Arts Awards,* o Oscar britânico): melhor filme, melhor ator (o menino Bell) e melhor atriz coadjuvante (Walters como a professora de balé). Ela e Daldry foram finalistas em três áreas do Oscar.

1h50m. Drama.

Dados biográficos de Stephen Daldry (1961-):

Stephen Daldry nasceu em maio de 1960 na cidade inglesa de Dorset. Começou a carreira fazendo teatro em Taunton, Inglaterra, antes de frequentar a Universidade de Sheffield. Fez aprendizagem no Teatro de Crisol em Sheffield de 1985 a 1988. Daldry foi em seguida para Londres onde começou a chamar a atenção pelo trabalho que desenvolveu no Teatro de Portão entre 1990 e 1992. Aos 32 anos, Daldry foi designado como diretor artístico do Teatro de Tribunal Real de 1992 a 1997. Daldry dirigiu o seu primeiro filme *Billy Elliot em* 2000. Daldry dirigiu em seguida *As horas* (The Hours, 2002), uma adaptação do romance de Michael Cunningham, e foi indicado para 9 Oscars, ganhando o de melhor atriz para Nicole Kidman (ganhadora também do BAFTA pelo mesmo filme).

Filmografia de Stephen Daldry:

1998 - Eight (curta-metragem)
2000 - Billy Elliot (Billy Elliot)
2002 - As horas

FICHA TÉCNICADO FILME
SARAFINA: O SOM DA LIBERDADE (1993)

Título original: *Sarafina*.

Origem: África do Sul.

Direção: Darrell James Roodt.

Elenco: Whoopi Goldberg, Miriam Makeba, Leleti Khumalo, John Kani, Mbongeni Ngema

1h56m. Drama.

Produção: Warner Home Vídeo.

Filmografia de Darrel James Roodt (1963-):

1983 - City of Blood

1986 - Place of Weeping

1987 - Tenth of a Second

1987 - The Stick, The

1990 - Jobman

1992 - Sarafina

1993 - Um pai fujão (Father Hood)

1993 - To the Death

1995 - Cry, the Beloved Country

1997 - Dangerous Ground

1997 - Terra perigosa

2000 - Matadora de aluguel (Second Skin)

2001 - Queen's Messenger II

2002 - Pavement

2003 - Sumuru

FICHA TÉCNICA DO FILME
GATTACA – EXPERIÊNCIA GENÉTICA (1997)

Título original: *Gattaca*.

Origem: EUA

Direção: Andrew Niccol

Elenco: Ethan Hawke, Uma Thurman, Jude Law, Alan Arkin, Gore Vidal, Ernest Borgnine.

Sinopse: Numa sociedade do futuro onde existem castas de inferiores e superiores, um jovem do primeiro grupo que trabalha com a identidade de alguém do segundo, se vê em perigo depois de um assassinato. Ficção científica sem nenhum clichê do gênero e com o mínimo de ação física e efeitos. Com visual asséptico idêntico ao mundo retratado, transmite uma comovente melancolia em momentos onde Vincent (Hawkw) busca o direito do afeto em meio às rigorosas regras genéticas.

Estreia do diretor Niccol, tem um ritmo lento que pode dificultar a apreciação da trama, complexa e fascinante.

1h46m. Ficção científica.

Dados biográficos de Andrew Niccol (1964-):

Nasceu na Nova Zelândia, estreando como diretor em Gattaca, um drama futurístico que questiona moralidades genéticas e testa o poder de testamento do espírito humano. No ano seguinte se destacou ao produzir e escrever o roteiro de O Show de Truman, dirigido por Peter Weir. Seu mais recente filme é Simone, uma comédia sobre celebridades e Hollywood com Al Pacino.

Filmografia de Andrew Niccol:

1997 - Gattaca (diretor, roteirista)

1998 - O Show de Truman (The Truman Show, produtor e roteirista)

2002 - Simone (Diretor, produtor, roteirista)

FICHA TÉCNICA DO FILME
BICHO DE SETE CABEÇAS (2000)

Origem: Brasil.

Direção: Laís Bodansky.

Elenco: Rodrigo Santoro, Othon Bastos, Cassia Kiss, Altair Lima, Caco Ciocler, Gero Camilo, Linneu Dias.

Sinopse: Jovem é internado pelo pai em hospital psiquiátrico por consumir maconha. Para tratamento, ele é dopado e recebe choques elétricos. Inspirado na experiência de Austregésilo Carrano Bueno, ocorrida na década de 70 e registrada no livro Canto dos Malditos, o filme transpõe a situação para o novo século, ao som de muito rap e nos traços das pichações. Nesse sentido a trilha sonora de André Abujamra e as canções de Arnaldo Antunes ajudam a pontuar o grito de revolta da diretora estreante em longas, Laís, filha do cineasta Jorge Bodansky. Com esmero visual, bom ritmo e ótimo elenco secundário, um drama de protesto, enxuto e contundente.

Vencedor do Festival de Brasília em 2000, com sete prêmios, inclusive os de filme e ator.

1h14m. Drama.

Dados biográficos de Laís Bodansky:

Paulistana, filha do cineasta Jorge Bodanzky (diretor do clássico *Iracema: uma transa amazônica*), Lais formou-se em cinema pela FAAP. Antes de estrear no cinema, realizou trabalhos premiados em vídeo como *Bia Bai*, vencedor do Festival do Minuto de 1993 e *Desliga esse troço* que faturou o prêmio do programa Cine Mania TV Manchete. Seu primeiro trabalho em cinema foi o curta-metragem Cartão Vermelho, que ganhou vários prêmios no Brasil, incluindo Melhor Direção do FestRio 94. A partir de 1996, em parceria com Luiz Bolognesi, o projeto Cine Mambembe, que até hoje realiza exibições itinerantes de filmes brasileiros para públicos que não têm acesso às salas de cinema. *Bicho de sete cabeças* é seu primeiro filme, que recebeu 9 prêmios no Festival de Brasília, 9 prêmios no Festival de Recife e vencedor do Prêmio ANDI – Cinema Pela Infância, por promover os direitos da criança e do adolescente.

Filmografia de Laís Bodansky:

Bicho de sete cabeças é o seu primeiro longa-metragem.

FICHA TÉCNICA DO FILME *INFÂMIA* (1961)[1]

Título original: *The children's hour.*

Origem: EUA.

Direção: William Wyler.
Baseado na peça de Lillian Hellman: Infamous!

Adaptação para o cinema: Lillian Hellman.[2]

Elenco: Audrey hepburn, Shirley MacLaine, James Garner, Miriam Hopkins, Fay Bainter, Karen balkin, Veronica Cartwright. 1h47m. Drama

Chamada: O que faz essas mulheres diferentes?

Sinopse: duas professoras (Audrey Hepburn e Shirley MacLaine) têm suas vidas destruídas quando uma maldosa criança (Mary) erroneamente as acusa de serem lésbicas. A questão é levada ao tribunal, as professoras perdem a ação; uma delas, Karen, desmancha o noivado e a outra, Martha, suicida-se.

Dados biográficos de William Wyler (1902-1981):

Diretor americano. Nunca foi um "autor" na acepção da palavra. Mas na fase áurea de Hollywood não havia melhor diretor de atores, nem ninguém mais competente para contar uma história. Nascido na Alsácia, de pai suíço

---

[1] Embora a peça tenha sido escrita em 1934 e o filme seja de 1961, o diretor o situa nessa época, o que se evidencia pelos costumes, mobiliário, figurino.

[2] Lillian Hellman (1905-1984), autora da peça que dá origem ao filme, foi uma importante escritora americana. Nasceu em New Orleans e foi educada em New York onde fez estudos universitários na Universidade de Colúmbia. Viveu muitos anos com o escritor Dashiell Hammett (lembrar, entre outros: O falcão maltês; filme com o mesmo título, estrelado por Humphrey Boggart e Lauren Bacall) e a seu lado enfrentou a pesada artilharia anticomunista chamada de macartismo, dirigida pelo senador McCarthy. Essa fase é retratada em seu livro *Caça às bruxas*. A peça *Infamous,* que deu origem ao filme *The children's hour* (qual seria a melhor tradução para o que se pode dizer A hora das crianças?), é um drama em três atos sobre a trágica repercussão de uma maliciosa fofoca entre meninas de uma escola, foi encenada e publicada em 1934. Talvez mais famoso do que Infâmia (que dificilmente se acha em locadoras) seja o filme Julia, baseado em seu livro *Pentimento* no qual recria cenas e acontecimentos de sua vida. Vários de seus livros e peças estão traduzidos em português e têm por tema sua própria vida, a vida de uma mulher que, como muitas outras de seu tempo e de quem somos herdeiras, quer ser independente e luta por isto.

e mãe alemã, foi educado em Lausanne e Paris. Foi para a América em 20 cuidar do departamento de publicidade da Universal. Teve vários trabalhos menores no estúdio até passar pra a direção em faroestes classe C. A partir de 1936 passou a dirigir para Samuel Goldwyn. A não ser por uma interrupção durante a guerra, sua carreira foi um desfilar notável de sucessos e prêmios (principalmente para os atores que ele dirigiu).

Filmografia de William Wyler:

1923 - The hunchback of notre dame (como assistente de diretor)

1925 - Crook buster

1926 - Don't shoot

1926 - The fire barrier

1926 - The gunless bad man

1926 - Lazy lightning

1926 - Martin of the mounted

1926 - Ridin' for love (também roteirista)

1926 - The pinnacle rider

1926 - The stolen ranch

1927 - Blazing days

1927 - The border cavalier

1927 - Daze of the west

1927 - Desert dust

1927 - Gun justice

1927 - Galloping justice

1927 - Hard fists

1927 - The haunted homestead

1927 - The home trail

1927 - The horse trader

1927 - Kelcy gets his man

1927 - The lone star

1927 - The ore raiders

1927 - The phantom outlaw

1927 - The silent partner

1927 - The square shooter
1927 - Shooting Straight
1927 - Tenderfoot courage
1927 - The two fister
1928 - Anybody here seen kelly?
1928 - Thunder riders
1929 - Hell's Heroes
1929 - The love trap
1929 - The shakedown (também ator)
1930 - A invernada (The storm)
1931 - A casa da discórdia (A house divided)
1932 - Cadetes de honra (Tom brown of culver)
1933 - Counsellor at law
1933 - O piloto de água doce (Her first mate)
1934 - Fascinação (Glamour)
1935 - Sua alteza o garçon (The gay deception)
1935 - A boa fada (The good fairy)
1935 - Barbary Coast (não reditado, substituído por Howard Hawks)
1936 - Meu filho é meu rival (Come and get it)
1936 - Infâmia (These Three)
1936 - Fogo de outono (Dodsworth)
1936 - These three
1937 - Beco sem saída (Dead end)
1938 - Jezebel (Jezebel)
1939 - O morro dos ventos uivantes (Wuthering heights)
1940 - A carta (The letter)
1940 - O galante aventureiro (The westerner)
1941 - Pérfida (The little foxes)
1942 - Rosa de esperança (Mrs. Miniver)
1944 - The Memphis Belle: A Story of a Flying Fortress
1946 - Os melhores anos de nossa vida (The best yearas of our lives)

1947 - Thunderbolt

1949 - A herdeira (The Heiress)

1949 - Tarde demais (The heiress) (também produtor)

1951 - Detective Story

1952 - Carrie (também produtor)

1953 - A princesa e o plebeu (Roman Holiday) (também produtor)

1954 - "Producers' Showcase" TV Serie

1955 - Horas de desespero (The desperate hours) (também produtor)

1956 - Sublime tentação (Friendly persuasion) (também produtor)

1958 - Da terra nascem os homens (The big country) (também produtor)

1959 - Ben-Hur

1961 - Infâmia (The children´s hour) (também produtor)

1965 - O colecionador (The collector)

1966 - Como roubar um milhão de dólares (How to steal a million)

1968 - Funny girl - A garota genial (Funny girl)

1970 - A libertação de L. B. Jones (The liberation of L. B. Jones)

FICHA TÉCNICA DO FILME *O JARRO* (1992)

Título original: *Khomreh*.
Origem: Irã.
Direção: Ebrahim Forouzesh.
Elenco: Behzad Khodaveisi, Fatemeh Azrah, Alireza Haji-Ghasemi.
Sinopse: Em pequena escola no deserto do Irã, quebra-se o jarro que armazena água para os alunos beberem. Sem o recipiente, eles têm de enfrentar perigosa jornada até um rio.

Por isso, a comunidade se mobiliza na busca de uma solução. Filmado com atores não profissionais que mal conheciam o cinema antes da experiência, o filme traduz com perfeição o naturalismo que caracteriza a cinematografia iraniana, oferecendo um matizado painel da psicologia e das convenções desta cultura.

A obra venceu o Leopardo de Ouro no Festival de Locarno, em 1994, e o prêmio do Júri da 18ª Mostra Internacional de Cinema em São Paulo.

1h23m. Comédia.

Dados biográficos de Ebrahim Forouzesh (1939-):
Nasceu em Teerã e formou-se na Faculdade de Artes Dramáticas. Começou a carreira no cinema como produtor no Instituto para o Desenvolvimento Intelectual de Crianças e Jovens onde trabalhou durante sete anos. Em 1973 escreveu o roteiro para o filme de animação "O Pássaro Preto". Seu primeiro longa-metragem foi *A chave*. A maioria dos seus filmes trata de assuntos relacionados com crianças e jovens.

Filmografia de Ebrahim Forouzesh:
Curtas-metragens:
1969 - Os homens de negócios (documentário)
1972 - Fortaleza de Bam (documentário)
1984 - O Olhar
1985 - Eu, Eu
1988 - Íris Selvagens
1990 - A Palma (documentário)
Longas-metragens:
1987 - A Chave (Kelid)
1992 - O Jarro (Khomreh)
2000 - Mard-ekoochak
2001 - Bacheh-haye naft

FICHA TÉCNICA DO FILME *MADADAYO* (1993)

Título original: *Madadayo*.
Origem: Japão.
Direção: Akira Kurosawa.
Elenco: Tatsuo Matsumura, Kioko Kagawa, Hisahi Igawa.
Sinopse: Na década de 40, a vida de um velho professor aposentado, sempre cercado por ex-alunos. Narrativa tranquila e terna. Aos 83 anos (idade que tinha quando fez o filme), Kurosawa mostra com segurança e serenidade que a rotina tem seu encanto.
2h15m. Comédia.

Dados biográficos de Akira Kurosawa (1910-1998):

"O Imperador" do cinema japonês nasceu a 23 de março de 1910, em Omori, distrito de Tokyo. Seu pai, militar descendente de uma longa linhagem de samurais, vai aplicar à sua família os "princípios de educação terrivelmente separados".

Akira Kurosawa está longe de ser um brilhante aluno, mais um dos seus professores saberá desenvolver nele uma paixão e um talento precoce: a pintura (o que explica seguramente o aspecto frequentemente pictórico dos filmes de Kurosawa, que efetuará ele próprio os roteiros de seus filmes.)

Seu pai, fervoroso admirador de cinema, vai fazê-lo descobrir esta arte, mas é seu irmão, Heigo, que vai influenciá-lo a adquirir uma imensa cultura cinematográfica. Heigo com efeito é um "benshi" (comentador de filmes mudos) e vai fazer entrar o jovem Akira nas salas onde ele trabalha: é o período cinéfilo de Kurosawa, que confessará mais tarde: "eu estou surpreendido comigo mesmo quanto ao número de filmes que vi naquela época, e que marcaram a história do cinema".

Aos 18 anos, recusa-se a entrar para a Escola de Belas-Artes, por ser contra o academicismo. É a época dos "anos da universidade livre", que ele começa a ler, a ir ao cinema... Em 1929, inscreve-se na Associação dos artistas proletários, depois engaja-se em ações mais militantes, frequentemente nos limites da legalidade. Passados dois anos, abandona suas "posições esquerdistas", deixando-o pouco convencido da eficácia das suas lutas.

Continua a estudar pintura e sobrevive ilustrando romances de amor e livros de cozinha, mas não consegue adquirir uma "visão pessoal das coisas", indispensável ao artista-pintor.

Em 1935, vê um anúncio na imprensa: os estúdios de cinema estavam procurando assistentes de realizadores. Após uma entrevista, é aceite nos estúdios Photo Chemical Laboratory (PCL), onde frequenta aulas sobre realização, junto de Kajiro Yamamoto, aprendendo na prática a produção de roteiros, o modo de dirigir os atores...

Kurosawa separa-se de seu mestre em 1941, e propõe seus roteiros aos produtores, que os aceitam, mais os entregam a outros diretores. É perseguido pela censura que procura desesperadamente interditar tudo o que, minimamente se assemelhasse a uma visão "anglo-americana". Para contornar a censura, procura adaptar um livro surgido em 1943, uma biografia de Sugata Sanshiro, campeão de judô no final do século XIX. O tema consegue com efeito, contornar a malha dos censores (o judô é uma glória nacional) e agradar ao público pela mensagem de otimismo. O filme torna-se um enorme sucesso no Japão. A TOHO (empresa de produção) pede ao jovem realizador uma sequência desse filme. É o início de uma carreira surpreendente.

Akira Kurosawa dirige então filmes, quer sejam de época (*Sugata Sanshiro II*), quer virados para uma concepção mais realista, um aspecto pouco conhecido de sua filmografia, na qual se contam algumas obras-primas (*Cão raivoso, L'ange ivre...*). É com *L'ange ivre* que inicia uma parceria que vai durar 17 anos, entre um realizador e seu ator fetiche: Toshiro Mifune.

Torna-se conhecido do público ocidental por um filme magistral sobre o aspecto subjetivo da verdade e da mentira: Rashomon, que obtém o Leão de Ouro em Veneza em 1951, sem que seu realizador sequer soubesse que seu filme seria apresentado, pois os produtores opuseram-se à participação do filme. Alguns meses mais tarde, o filme conquista o Oscar de melhor filme estrangeiro. O ocidente descobre não somente Kurosawa, mas o cinema japonês.

Ocorre então uma sequência de sucessos: *O idiota, Os sete samurais* (que seria objeto de um *remake* americano muito menos poderoso, *Sete homens e um destino* de John Sturges), *Trono manchado de sangue, Yojimbo* (que seria retomado por Sergio Leone em *Por um punhado de dólares*), *O barba ruiva*...

O realizador decide então voltar-se para o cinema americano, mas todos os seus projetos não são aceites e o fracasso de Dodeskaden, de 1970 (seu primeiro filme colorido) levam-no a cair numa profunda depressão que o conduzirá a uma tentativa de suicídio. Depois daquilo que o realizador designou como um "acidente de percurso", vai revelar-se bem mais prolífico na sua produção. Somente em 1975 ele realizará seu próximo filme: Dersou Ouzala, filmado na Rússia (antiga U.R.S.S.). Renova então seu sucesso, obtendo um novo Oscar de melhor filme estrangeiro. Produz então uma nova série de sucessos. Filmes de costumes: *Kagemusha, Ran* (baseado na peça Rei Lear de William Shakespeare); mas também filmes contemporâneos: *Sonhos* (filme inteiramente composto de episódios), *Rapsódia em Agosto* (com Richard Gere) e seu último filme, datado de 1993: *Madadayo* (que na tradução significa *Professor*).

Akira Kurosawa faleceu com a idade de 88 anos, em 6 de Setembro de 1998, em Tokyo.

Filmografia de Akira Kurosawa:
1941 - Uma (algumas cenas – não creditado)

1943 - Sugata Sanshiro
1944 - Ichiban utsukushiku
1945 - Sugata Sanshiro 2 (Zoku Sugata Sanshiro)
1945 - Os homens que pisaram na cauda do tigre (Tora no o wo fumu otokotachi)
1946 - Waga seishun ni kuinashi
1946 - Asu o tsukuru hitobito
1946 - No regrets for our youth
1947 - Subarashiki nichiyobi
1947 - One wonderful sunday
1948 - O anjo embriagado (Yoidore tenshi)
1949 - The quiet duel
1949 - Duelo Silencioso (Shizukanaru ketto)
1949 - Cão danado (Nora inu)
1950 - O escândalo (Shubun)
1950 - Rashômon (Vencedor do "Leão de Ouro" do Festival de Cinema de Veneza de 1951)
1951 - O Idiota (Hakuchi)
1952 - Viver (Ikiru)
1954 - Os sete samurais (Shichinin no samurai, vencedor do "Leão de Prata" no Festival de Cinema de Veneza de 1954)
1955 - Anatomia do medo ou Registro da vida de um homem (Ikimono no kiroku)
1957 - Trono manchado de sangue (Kumonosu jo)
1957 - Ralé (Donzoko)
1958 - A fortaleza escondida (Kakushi toride no san akunin)
1960 - Homem mau dorme bem (Warui yatsu hodo yoku nemuru)
1961 - Yojimbo, o guarda-costas
1962 - Tsubaki Sanjûrô
1963 - Céu e inferno (Tengoku to jigoku)
1965 - O barba ruiva (Akahige)
1970 - Dodesukaden - o caminho da vida (Dodesukaden)
1974 - Dersu Uzala (Dersu Uzala)
1980 - Kagemusha
1985 - Ran
1990 - Sonhos (Yume)
1991 - Rapsódia em Agosto (Hachigatsu no rapusodî)
1993 - Madadayo

FICHA TÉCNICA DO FILME *O CARTEIRO E O POETA* (1995)

Título original: *Il postino.*

Origem: Inglaterra/Itália/França.

Direção: Michael Radford.

Elenco: Massimo Troisi, Philippe Noiret, Maria Grazia Cuccinota, Linda Moretti.

Sinopse: O poeta chileno Pablo Neruda exila-se numa pequena ilha da Itália, faz amizade com um carteiro e acaba mudando a vida do trabalhador com sua poesia.

Grande sucesso de crítica e público, foi indicado ao Oscar na categoria de melhor filme, além de outras três indicações, em ter as quais póstuma de melhor ator para Troisi, morto dias após o término das filmagens. O inglês Radford tem uma direção discreta, intencionalmente voltada para os atores, obtendo um resultado emocionante do começo ao fim.

1h49m. Drama.

Dados biográficos de Michael Radford (1946-):

Diretor inglês vindo da TV. Foi um dos primeiros alunos da National Film School, onde estudou de 1971 a 1974. Trabalhou a seguir como diretor *free lancer* e depois como realizador de filmes e documentários para a BBC. Seu primeiro longa-metragem para o cinema foi bem recebido em Cannes, participando da Quinzena de Realizadores em 1983. O reconhecimento da crítica veio com *1984* (baseado no livro de George Orwell).

Filmografia de Michael Radford:

1967 - The day the fish came out

1979 - Van Morrison in Ireland

1980 - The White Bird Passes (TV)

1981 - Three of a kind (TV Series)

1993 - Homicide: Life on the Street (série TV episódio "Justice: Part 1")

1983 - Another Time, Another Place

1984 - 1984 (Nineteen Eighty-Four)

1987 - Incontrolável Paixão (White Mischief)

1987 - White mischief (1987)
1994 - O carteiro e o poeta (Postino, Il)
1994 - The postman
1998 - B. Monkey
2000 - As dançarinas de Blue Iguana (Dancing at the Blue Iguana)
2002 - Ten Minutes Older: The Cello (seguimento "Addicted to the Stars")
2002 - The Letters

FICHA TÉCNICA DO FILME *FILHOS DO PARAÍSO* (1997)

Título original: Bacheha-Ye Aseman.

Origem: Irã.

Direção: Majid Majidi.

Elenco: Mohamed Amir Naji, Amir Farrokh Hashemian, Bahare Seddiqi, Fareshte Saravandi.

Sinopse: Garoto de família humilde perde o único par de sapatos de sua irmã mais nova, obrigando-o a emprestar-lhe seus tênis enquanto tenta resolver o problema. Este belíssimo drama neorrealista assume tratamento minimalista e os temas tradicionais do cinema iraniano: atores não profissionais e assuntos como família, companheirismo e sobrevivência. O charme do filme vem de sua inocência e o filme é ágil e atraente, ao contrário de muitos outros representantes da sétima arte local. O roteiro do diretor Majidi, explora também o confronto do povo miserável com os novos ricos mimados.

1h29m. Drama.

Dados biográficos de Majid Majidi (1959-):

Majid Majidi nasceu em Teerã, oriundo de uma família de classe média iraniana. Cresceu em Teerã e aos 14 anos começou a participar em grupos de teatro amador. Estudou no Instituto de Arte Dramática em Teerã. Depois da revolução islâmica de 1978, o seu interesse pelo cinema levou-o a participar em vários filmes, principalmente *Boicote* (1985) de Mohsen Makhmalbaf. A estreia como diretor e roteirista ocorre com *Baduk* (1992), seu primeiro filme a ser apresentado na Quinzena de Diretores de Cannes, tendo ganho vários prêmios de âmbito nacional. Desde então, ele escreveu e dirigiu vários filmes que ganharam reconhecimento mundial, principalmente *Filhos do Paraíso* (1997) que ganhou o prêmio de "Melhor Filme" no Festival Internacional de Cinema de Montreal e indicado ao Oscar de melhor filme estrangeiro. O filme *A cor de Paraíso* (1999) também ganhou o prêmio de "Melhor Filme" no Festival Internacional de Cinema de Montreal. No E.U.A., foi selecionado como um dos melhores 10 filmes de ano 2000 pela *Revista Time* e foi selecionado pela Associação de Críticos de Nova York entre os 10 melhores filmes de 2000. Este filme marcou um recorde de bilheteria de um filme iraniano no E.U.A. Seu último filme *Baran* ganhou os sete principais prêmios no Festival Internacional de Cinema de Teerã, em 2001. Produziu *Descalço a Herat* um documentário emocional situado nos acampamentos de refugiados do Afeganistão em 2002.

Filmografia de Majid Majidi:

1981 - Enfejar

1984 - Hoodaj

1988 - Ruz-e emtehan

1989 - Yek rooz zendegi ba aseer

1992 - Baduk

1993 - Akhareen abadeh

1995 - Khoda miad

1996 - O pai (Pedar)

1997 - Filhos do Paraíso (Bacheha-Ye aseman)

1999 - A cor do paraíso (Rang-e khoda)

2001 - Baran

2002 - Barefoot to Herat

FICHA TÉCNICA DO FILME *CENTRAL DO BRASIL* (1998)

Origem: Brasil/França.

Direção: Walter Salles.

Elenco: Fernanda Montenegro, Vinícius de Oliveira, Marília Pera, Matheus Nachtergaele, Caio Junqueira, Othon Bastos, Otávio Augusto.

Sinopse: Professora aposentada que escreve cartas para analfabetos ajuda um garoto órfão de mãe a reencontrar o pai, desaparecido no Nordeste do Brasil. Há muitos anos que uma produção nacional não desfrutava de tamanha visibilidade internacional. Um *road movie* sentimental de impressionante eficácia, a partir da amizade entre uma mulher que busca uma segunda chance e um garoto que quer encontrar suas raízes. Apesar de dramaticamente simples, o filme é um cuidadoso arcabouço de emoções calculadas e imagens poderosas, diálogos enxutos e grandes interpretações.

Entre os mais de trinta prêmios arrebatados, destacam-se o Urso de Ouro de melhor filme e o Urso de Prata de atriz para Fernanda Montenegro, conquistado no Festival de Berlim de 1998; e o Globo de Ouro de melhor filme estrangeiro. Além disso, o filme recebeu duas indicações ao Oscar, de filme estrangeiro e de atriz. Fernanda em incrível e sutil caracterização, foi a primeira atriz latino-americana a ser indicada ao Oscar. É um feito histórico.

1h55m. Drama.

Dados biográficos de Walter Salles (1956-):

Natural do Rio de Janeiro, filho do falecido embaixador e banqueiro Moreira Salles e irmão do também cineasta João Moreira Salles. Cursou economia na PUC-RJ e fez mestrado em comunicação audiovisual na Universidade da Califórnia. Em 1985 abre com o irmão João Moreira Salles e mais outro sócio a produtora VideoFilmes. Estreou-se como roteirista e diretor em 1986 com *Japão, uma viagem no tempo: Kurosawa, pintor de imagens roteiro*. Seu grande reconhecimento nacional e internacional veio com o filme *Central do Brasil* que ganhou 8 prêmios internacionais. Seus filmes *O primeiro dia* e *Abril despedaçado* ganharam igualmente reconhecimento internacional, tendo conquistado várias premiações.

Filmografia de Walter Salles:

1986 - "Japão - Uma Viagem no Tempo" (TV Série)

1987 - Franz Krajcberg: o poeta dos vestígios (roteiro direção)
1987 - China, o império do centro (montagem)
1989 - Chico ou o país da delicadeza perdida (roteiro e direção)
1991 - A Grande Arte
1995 - Socorro Nobre (curta, direção, roteiro e edição)
1996 - Terra Estrangeira (codirigido com Daniela Thomas, roteiro e edição)
1998 - Central do Brasil (direção e roteiro)
1998 - O Primeiro Dia (codirigido com Daniela Thomas e roteiro)
1999 - Adão ou somos todos filhos da terra (direção)
2000 - The assumption of a virgin (direção)
2001 - Abril Despedaçado (direção e roteiro)
2001 - Onde a terra acaba (elenco)
2002 - Frida (roteiro produção executivo)
2002 - Castanha e Caju Contra o Encouraçado Titanic (curta, codirigido com Daniela Thomas)
2002 - Diários da motocicleta (direção)
2003 - The Motorcycle Diaries

Produção:
2002 - Madame Satã (produtor)
2002 - Cidade de Deus (coprodutor)

FICHA TÉCNICA DO FILME *NENHUM A MENOS* (1998)

Título original: *Yi Ge Dou Bu Neng Shao.*

Origem: China

Direção: Zhang Yimou

Elenco: Wei Minzhi, Zhang Enman, Sun Zhimei.

Sinopse: Menina de treze anos assume o posto de professora num vilarejo pobre chinês.

Quando um aluno é forçado a trabalhar na cidade, ela empreende uma busca obstinada para trazê-lo de volta.

Este melodrama neorrealista de Yimou (*Lanternas vermelhas*) ganhou o Leão de Ouro no Festival de Veneza de 1999 e foi o filme favorito do público na 23ª Mostra Internacional de Cinema de São Paulo.

De forma seca e direta o cineasta compõe um filme de imagens simples e evidente indignação social, acusando de frente a precariedade do sistema educacional chinês. A garota Wei Minzhi impressiona por sua entrega ao papel, e o público reage emocionado à exploração sentimental do elenco infantil.

1h46m. Drama.

Dados biográficos de Zhang Yimou (1951-):

Nasceu em Xi'an, China. Participou na Revolução Cultural de 1968 a 1978 trabalhando numa fazenda. Como passatempo, tornou-se fotógrafo. Quando a Academia de Cinema de Beijing foi reaberta em 1978, inscreveu-se e foi admitido, apesar da idade relativamente avançada de 27 anos. Começou a sua carreira no cinema como roteirista de *Oito* (1982). Como diretor, começou de forma auspiciosa com *Sorgo vermelho* (1988), seguidos de *Amor e sedução, Lanternas vermelhas* e *A história de Qui Ju*. Sua grande força decorre do domínio da técnica de filmagem: fotografia, movimentos de cena, uso de som e da cor sempre brilhante e impecável. Como narrador, constrói melodramas complexos, trágicos que delineiam o centro inconstante de poder e do controle das relações humanas. Os seus filmes foram frequentemente apreciados como alegorias políticas. Em decorrência, apesar de considerável aclamação no exterior, foram proibidos ou muito restringido pelo governo chinês. Um homem do Renascimento do cinema, Zhang não só dirige, mas age notavelmente na ação-comédia.

É o diretor chinês mais premiado de todos os tempos, com prêmios nos Festivais de Veneza, Berlim e Cannes.

Filmografia de Zhang Yimou:

1987 - O sorgo vermelho (Hong gao liang)

1989 - Operação Cougar (Daihao meizhoubao)

1990 - Amor e Sedução (Ju Dou)

1991 - Lanternas Vermelhas (Da hong deng long gao gao gua)

1992 - A história de Qiu Ju (Qiu Ju da guan si)

1994 - Tempos de Viver (Huozhe)

1995 - Operação Xangai (Yao a yao yao dao waipo qiao)

1996 - Lumière et compagnie

1997 - Keep Cool (You hua hao hao shuo)

1999 - Nenhum a menos (Yi ge dou bu neng shao)

1999 - O caminho de casa (Wo de fu qin mu qin)

2000 - Tempos de viver

2001 - Happy Time (Xingfu shiguang)

2002 - Ying xiong

FICHA TÉCNICA DO FILME *QUANDO TUDO COMEÇA* (1999)

Título original: *Ça commence aujourd'hui*
Origem: França.
Direção: Bertrand Tavernier.
Roteiro: Dominique Sampiero, Tyffani Tavernier e Bertrand Tavernier.
Elenco: Philippe Torrendon (Daniel), Maria Pitarresi (Valeria), Nadia Kaci (Samia), Nathalie Bécue (Cahty), François Bette (Madame Delacourt), Véronique Ataly (Senhora Lienard)
Direção de Produção: François Hamel
Produção: A. Sarde, F. Bourboulon

Sinopse: No interior da França, o diretor de um jardim de infância enfrenta os problemas da comunidade miserável em que vive. O roteiro é um esforço conjunto de amigos do diretor Tavernier (*Por volta da meia noite*). Partindo de fatos reais, eles construíram um panorama melancólico e pessimista da realidade social nas regiões do interior de França. É difícil não se emocionar com imagens que registram sem maquiagem a precariedade do sistema educativo em tempos de crise.

Vencedor de vários prêmios da crítica internacional e do Juri ecumênico do Festival de Berlim de 1999.

1h57m. Drama.

Dados biográficos de Bertrand Tavernier (1941-):

Bertrand Tavernier faz um cinema de conteúdo político. É um cineasta engajado que acredita na força de um filme para falar de problemas sociais contemporâneos. Ele nasceu em Lyon, na França (1941), durante a Segunda Guerra Mundial. Começou a carreira como crítico de cinema nas prestigiadas revistas *Cahiers de Cinema* e *Positiv*. Foi assistente de Jean-Luc Goddard e de Claude Chabrol. Sua vasta filmografia inclui diferentes gêneros: policial (*L'horloger de Saint Paul/O relojoeiro de Saint Paul*), documentários (*Philippe Soupault; Mississipi blues; Lyon: le regard interieur*), *L627 e De l'autre côté de periph*), ficção científica (*La mort en direct/A morte ao vivo*), políticos (*Coups de torchon/A lei de quem tem poder*). Filme que mostra admiração pelo impressionismo (*Un dimanche à la campagne*), pela música americana (*Mississipi blues; Autour de minuit/Por volta da meia-noite*).O seu filme *Le juge et l'assassin* (*O juiz e o assassino*), de 1976, é considerado uma das obras-primas do cinema.

Filmografia de Bertrand Tavernier:

1963 - Les Baisers (episódio 2 "O Beijo de Judas – Le Baiser de Judas")
1964 - A chance e o amor (La Chance et l'amour (episódio "Une chance explosive")
1974 - O relojoeiro de Saint paul (L'Horloger de Saint-Paul)
1974 - Que a festa comece (Que la fête commence...)
1976 - O juiz e o assassino (Le Juge et l'assassin)
1977 - Des enfants gâtés
1977 - La lettre
1980 - A morte ao vivo (La Mort en direct)
1980 - Um olhar para a vida (Une semaine de vacances)
1981 - A lei de quem tem o poder (Coup de torchon)
1982 - Philippe Soupault (documentário para TV)
1983 - Mississippi Blues
1983 - Ciné citron (curta)
1983 - La 8ème génération (curta)
1984 - Um sonho de Domingo (Un dimanche à la campagne)
1986 - Por volta da meia-noite (Round Midnight)
1987 - La Passion Béatrice
1988 - Lyon, le regard intérieur (TV)
1989 - A vida e nada mais (La Vie et rien d'autre)
1990 - Daddy Nostalgie
1991 - Contre l'oubli
1992 - A guerra sem nome (La Guerre sans nom)
1992 - Corrupção policial (L.627)
1994 - A filha de D'Artagnan (La Fille de d'Artagnan)
1995 - A isca (L'Appât)
1996 - Capitão Conan (Capitaine Conan)
1997 - La Lettre (TV)
1998 - De l'autre côté du périph (TV)
1999 - Quando tudo começa (Ça commence aujourd'hui)
2001 - Laissez passer
2001 - Histoires de vies brisées: les 'double peine' de Lyon (doc.)
2001 - Les Enfants de Thiès (TV)
2002 - YLaissez-passer

SUGESTÕES DE ATIVIDADES A SEREM DESENVOLVIDAS A PARTIR DOS FILMES E DOS TEXTOS

Seguem abaixo algumas sugestões de atividades a serem desenvolvidas a partir dos filmes e artigos desta coletânea. Muitas outras podem ser criadas e recriadas pelos professores e alunos, segundo seus interesses, necessidades e contextos. Trata-se apenas de um pequeno exemplo, sem qualquer intenção de esgotar as inúmeras possibilidades de se sentir e trabalhar as faces e interfaces existentes entre a educação, a escola e o cinema. Recomendamos, ainda, aos que desejarem conhecer outras alternativas e possibilidades de se trabalhar o cinema na escola e sala de aula, a leitura do livro *Como usar o cinema na sala de aula*, de Marcos Napolitano. São Paulo: Contexto, 2003.

Exemplo de roteiro para utilizar em sala de aula no Ensino Fundamental

(com base na proposta de PELLEGRINI, Denise. No escurinho do cinema. In: *Nova Escola*, n° 114, ago 1998 (10-20).

1. Quando usar um filme

Não há regras gerais. Utilizar o filme apenas como ilustração de um tema que está sendo estudado é a forma mais pobre, mas ainda assim é um começo. Já a partir das séries iniciais, o professor deve desenvolver no aluno a capacidade de entender a linguagem das imagens em movimento. "Um filme pode ser usado como ilustração, confirmação, variante ou até negação do que foi trabalhado por escrito ou verbalmente nas aulas" (SALIBA *apud* PELLEGRINI, 1998, p. 11).

2. Como escolher o filme

Cabe ao professor subordinar a escolha de um filme ao que pretende ensinar. A opção deve ser adequada também à faixa etária dos alunos. O primeiro cuidado é utilizar sempre filmes de qualidade. Assista ao lançamento nos cinemas ou em vídeo e, se não puder, leia críticas publicadas em revistas e jornais.

3. A preparação da turma

Deve evitar-se aprofundar o enredo do filme antes da projeção, pois pode causar desinteresse nos alunos.

4. Ficção ou documentário?

O professor deve preferir os filmes de ficção. O documentário pode ilustrar um assunto que está sendo estudado em aula, mas nem sempre desperta a emoção sobre a questão de que trata. Da mesma forma que o romance, o filme de ficção possui uma vocação narrativa e o público, especialmente as crianças tem sempre a curiosidade de saber "como acaba". Use esse atrativo em benefício do aprendizado. Mas os bons documentários não devem ser descartados. Às vezes eles são mais diretos, práticos e curtos.

5. A linguagem da tela

O mais importante é mostrar aos alunos que as *imagens* vistas na tela foram colocadas ali por alguém. Mas tudo o que diz respeito à linguagem cinematográfica, como *roteiro, movimentos de câmara* e *enquadramentos*, é importante.. Esses termos devem ser explicados aos alunos depois de assistido o filme. Assim , os alunos compreendem como a técnica serve para o diretor transmitir sua emoção e o porquê de um *close* num objeto, por exemplo.

6. Combine cinema e vídeo/DVD

A projeção de um filme em uma sala de cinema não tem comparação com o vídeo. Quanto ao DVD a qualidade de imagem é igual a do cinema. Mas não despreze o vídeo. Filmes de toda a natureza são encontrados nas locadoras e podem até estar disponíveis em casa. Cada vez mais os filmes em DVD, se vêm impondo e, dentro de pouco tempo, esta nova tecnologia substituirá totalmente o vídeo. O vídeo e o DVD, ao contrário do cinema, permitem que as cenas sejam vistas e revistas, abrindo a possibilidade para novas interpretações. O ideal seria ver o filme no cinema e revê-lo todo ou em partes no vídeo ou DVD, para uma melhor análise.

7. Saiba dosar filmes e livros

Planejar o ano letivo com muitos filmes pode ser sedutor, mas pouco adequado. As crianças já vivem uma sobrecarga de imagens. As imagens não substituem a palavra escrita. Por isso, dose bem os filmes com a leitura de livros.

REFERÊNCIAS SOBRE CINEMA

LIVROS

AMANCIO, Tunico. *O Brasil dos gringos; imagens no cinema*. Niterói: Intertexto, 2000.

ANDREW, J. Dudley. *As principais teorias do cinema: uma introdução*. Rio de Janeiro: Jorge Zahar Editor, 1989.

ARAÚJO, V. P. *A Bela Época do Cinema Brasileiro*. São Paulo: Perspectiva, 1976.

AUMONT, Jacques et. al. *A estética do filme*. São Paulo,: Papirus, 1995.

AVELAR, José Carlos. *O cinema dilacerado*. Rio de Janeiro: Alhambra, 1985.

BERNARDET, Jean Claude e PEREIRA, Miguel. *O desafio do cinema: a política do Estado e a política dos autores*. Rio de Janeiro: Zahar, 1985.

BERNARDET, Jean Claude e RAMOS, Alcides Ferreira. *Cinema e História do Brasil*. São Paulo: Contexto, 1992.

BERNARDET, Jean-Claude. *Brasil em tempo de cinema*. São Paulo: Paz e Terra, 1993.

BERNARDET, Jean-Claude. *O autor no cinema*. São Paulo: Brasiliense/EDUSP, 1994.

BERNARDET, Jean-Claude. *O que é cinema*. São Paulo: Brasiliense, 2000.

BULLARA, B. & MONTEIRO, MP. *Cinema: uma janela mágica*. Rio de Janeiro: Cineduc/Embrafilme, 1979.

CANEVACCI, Massimo. *Antropologia do cinema: do mito à indústria cultural.* São Paulo: Brasiliense, 1990.

CARRIÈRE, Jean-Claude. *A linguagem secreta do cinema.* Rio de Janeiro: Nova Fronteira, 1995.

DUARTE, Rosália. *Cinema & Educação.* Belo Horizonte: Autêntica, 2002.

FERRO, Marc. *Cinema e História.* Rio de Janeiro: Paz e Terra, 1992.

FERRO, Marc. "O filme: uma contra-análise da sociedade?" In: LE GOFF, Jacques & KRACAUER, Siegfried. *De Caligari a Hitler: Uma história psicológica do cinema alemão.* Rio de Janeiro: Jorge Zahar Editor, 1988.

GOMES. Paulo Emílio Sales. *Cinema: Trajetória no subdesenvolvimento.* Rio de Janeiro: Paz e Terra, 1996.

KAPLAN, E. Ann. *A mulher e o cinema.* Rio de Janeiro: Rocco, 1995.

LABAKI, Amir. *O cinema dos anos 80.* São Paulo: Brasiliense, 1991.

METZ, Christian. *Linguagem e cinema.* São Paulo: Editora Perspectiva, 1980.

NAPOLITANO, Marcos. *Como usar o cinema na sala de aula.* São Paulo: Contexto, 2003.

SOARES, Mariza de Carvalho & FERREIRA, Jorge. *A história vai ao cinema.* Rio de Janeiro: Editora Record, 2001.

SKLAR, Robert. *História Social do Cinema Americano.* São Paulo: Cultrix, 1978.

TARKOVSKI, Andrei. *Esculpir o tempo.* Trad. Jefferson Luiz Camargo. São Paulo: Martins Fontes, 1990.

TOULET, Emmanuelle. *O cinema: invenção do século.* São Paulo: Objetiva, 1998.

TURNER, Graeme. *Cinema como prática social.* São Paulo: Summus, 1997.

VIANY, Alex. *Introdução ao cinema brasileiro.* Rio de Janeiro, Embrafilme/Alhambra, 1987.

XAVIER, Ismael. *O discurso cinematográfico: a opacidade e a transparência.* Rio de Janeiro: Paz e Terra, 1984.

XAVIER, Ismael. Cinema: revelação e engano. In: NOVAES, Adauto. *O olhar.* São Paulo: Companhia das Letras, 1993.

XAVIER, Ismael. *O cinema brasileiro moderno.* São Paulo: Paz e Terra, 2001.

PERIÓDICOS

BALALAICA – Revista Brasileira de Cinema e Cultura - Associação Cultural Grupo de Cinema de São Paulo. São Paulo.

CINEMAIS – Revista de Cinema e outras Questões Audiovisuais. Rio de Janeiro: Editorial Cinemais.

ESCOLA & VÍDEO. Projeto Vídeo Escola. Fundação Roberto Marinho.

PALAVRA IMAGEM - SEE/MG

GUIAS / CATÁLOGOS

EMBRAFILME – Catálogo Geral / Divisão de Pesquisa / Banco de Dados – Rio de Janeiro.

DICIONÁRIOS

MIRANDA, Luiz Felipe. *Dicionário de cineastas brasileiros*. São Paulo: Art Editora/ secretaria de Estado da Cultura, 1990.

FILHO, Rubens Ewald. *Dicionário de cineastas*. Porto Alegre: L & PM Editores S/A, 1988.

SADOUL, Georges. *Dicionário dos Cineastas*. Lisboa: Livros Horizonte,1979.

ANAIS

ANAIS DO SEMINÁRIO: PEDAGOGIA DA IMAGEM, IMAGEM NA PEDAGOGIA. Niterói: Universidade Federal Fluminense, Faculdade de Educação, Departamento de Fundamentos Pedagógicos, junho de 1995.

INDICAÇÕES DE SITES SOBRE CINEMA

- www.estacaovirtual.com

O *site* traz críticas e artigos publicados na grande imprensa sobre alguns dos filmes (sinopse, ficha técnica e algumas fotos) exibidos pelo Grupo Estação.

- www.curtaagora.com

Traz informações sobre mais de 3600 filmes. Possui uma relação de festivais nacionais de curtas-metragens.

- www.cinemabrasil.org.br

O *site* disponibiliza mais de 500 títulos de filmes nacionais e estrangeiros, com imagens e *trailers*.

- www.cinemaoito.hpg.com.br

Traz informações e críticas de filmes, principalmente os grandes sucessos do cinema americano.

- www.ecrannoir.fr

Site em francês sobre "filmes de arte" e outros mais comerciais. Apresenta fotos e críticas, bem como informações sobre celebridades do cinema.

- www.kinoforum.org

Traz a programação dos principais festivais brasileiros de cinema e vídeo. Dá também informações sobre eventos internacionais da área. Disponibiliza textos sobre cinema.

- www.cineclick.com.br/cinebrasil/historia_br.html

O *site* traz a história do cinema no Brasil, através de textos e fotos.

- www.cineduc.org.br

Estabelece um diálogo entre cinema e educação, abordando aspectos relativos á história do cinema, de atualidades e do uso do cinema na escola.

OS AUTORES

Alfredo José da Veiga-Neto
Doutor em Educação; professor das Faculdades de Educação da ULBRA e da UFRGS.

Arnaldo Leite Alvarenga
Mestre em Educação; professor da Escola de Belas Artes da UFMG.

Bernardo Jefferson de Oliveira
Doutor em Filosofia; professor da Faculdade de Educação da UFMG.

Célia Frazão Soares Linhares
Pós-Doutora em Tecnologias e Formação Docente, Reformas Educacionais e Novos lugares das Instituições Sociais; professora da Faculdade de Educação da Universidade Federal Fluminense.

Eliane Marta Teixeira Lopes
Pós-doutora em História da Educação; professora (aposentada) da Faculdade de Educação da UFMG.

José de Sousa Miguel Lopes

Doutor em Filosofia e História da Educação; professor-visitante do UNILESTE/MG.

Lea Pinheiro Paixão

Pós-Doutora em Sociologia da Educação; professora da Faculdade de Educação da Universidade Federal Fluminense.

Cecilia Goulart

Doutora em Letras; professora da Faculdade de Educação da Universidade Federal Fluminense.

Maria Cristina Soares de Gouvêa

Doutora em Educação; professora da Faculdade de Educação da UFMG.

Miguel G. Arroyo

Doutor em Políticas da Educação; professor (aposentado) da Faculdade de Educação da UFMG.

Mirian Jorge Warde

Pós-doutora em História da Educação e História dos Estados Unidos; professora da PUC São Paulo.

Neidson Rodrigues

Doutor em Educação; ex-professor da Faculdade de Educação da UFMG.

Nilma Lino Gomes

Doutora em Antropologia; professora da Faculdade de Educação da UFMG.

Este livro foi composto com tipografia Ottawa, e impresso
em papel Off Set 75 g/m² na Gráfica Forma Certa.